明清以降的宗教城市與啟蒙

李孝悌 著

目次

序

這本書裡面收集的文章，不管是內容，還是寫作年代，都橫跨甚廣。但細究其論旨，則和我過去多年來處理的幾個重要課題：啟蒙、宗教、城市，息息相關，可以視為那幾本專書的餘論。附錄中兩篇關於社會史和文化史的討論，既有我關切的理論問題，也算是對過去幾十年美國中國研究的一個簡單評述。

〈胡適與白話文運動的再評估：從清末的白話文談起〉一文，談的是五四新文化運動之前，清末各地大量出現的俗話報。這些俗話報，一方面說明五四的白話文不是突然冒出來的新興事物，一方面也為白話文運動發凡奠基。五四白話文的主張能夠一出現，就風起雲湧，席捲天下，和晚清打下的基礎有一定的關係。

〈建立新事業：晚清的百科全書家〉一文，頗有為人作嫁的味道。在我個人的寫作歷程中，很少有文章寫得如此吃力的。百科全書在20世紀初的中國，是一項新興的體裁和創舉。要建立一番新事業自非易事。和晚清，特別是五四時期的白話文比起來，這些百科全書當然有著濃厚的啟蒙意義，但其讀者顯然有從大眾走向分眾的趨勢。

我在研究南京的文人士大夫時，從冒襄、王士禎開始，就特

別注意到宗教在這些人生活中扮演的角色。在寫顧起元和甘熙時，更訝異這兩位博學鴻儒——前者是晚明的狀元，後者家藏萬卷詩書，又深受乾嘉考據學風的影響——對南京家鄉里巷、院落、衙署和宅邸的暗處，不可測度的幽靈、鬼魅之事，已經到了耽溺、迷戀的程度。有了所有這些上層士大夫言之鑿鑿的證辭，我們自不難想像朱元璋會把怪力亂神之事，納入他的統治理念中。

除了宗教外，我要特別指出《客座贅語》和《白下瑣言》這兩本描寫南京城市生活的筆記，是建構南京歷史和城市認同的里程碑式的作品。雖然被歸類為筆記小說，這兩本書都和南京的方志有著密切的關係。筆記／文學，方志／歷史間的界限，竟遠比我們想像的更為模糊和流動。

在看了那麼多明清士大夫和統治者的狂亂宗教信仰和實踐後，再反過來看我這麼多年一系列的宗教論述中，最早發表的〈明清的統治階層與宗教：正統與異端之辨〉，不免有些反高潮的失落。我們，或者正確地說，我，幾乎完全把「理性的」儒生們，尊古禮、罷釋道的呼聲與主張拋到九霄雲外了。這自然反映了我對明清思想文化史有意無意的去取和選擇。

少數熟悉我過去研究興趣的同事們，大概聽我說過要寫一本明清南京城市的專書。但不幸的是，這麼多年來，真正花了精神而開花結果的，也只有收入於《昨日到城市》一書的〈斷裂的逸樂：桃花扇底送南朝〉這一篇文章。事實上，與此同時，我也花了極大的心力，寫了半篇〈大報恩寺：歷史與神話〉。但因緣不具足，隨著大報恩寺地宮在 2008 年重建天日，我那另外半篇重建大報恩寺的志業，也只好永遠的束之高閣了。

接下來的顧起元和甘熙，都只寫了一半，或只勾勒出眉目，卻都匆匆問世。我的明清南京，看來就像六朝煙粉一般，逃不出金陵殘夢的宿命。收在本書的幾篇文章，就當作我未盡之志的紀念吧！

我過去十年，致力於明清和近代中國戲曲的研究。但在寫作〈清中葉以降開封演劇活動概述〉以前，我除了知道豫劇是最大的地方劇種外，對20世紀前河南的戲曲演出，所知不多。一直到寫這篇文章時，才驚訝的知道明代開封的戲曲活動，竟然可以媲美晚明金陵，而並稱南北歌舞之都。宮廷演劇、士大夫的家班，都和我過去的研究相呼應。清乾隆初年，河南梆子興起後，也和全國各地的演劇活動一樣，以會館演劇和神廟演劇為主。但與眾不同的是，不論在城市還是在鄉村，豫劇的演出，都是高度流動的活動。而從一開始，以鄉村和下層民眾為主要對象的河南梆子，就和「粗陋鄙俗」牢牢掛鉤，經過了兩百年，還脫之不去。到了20世紀，就和我研究的上海改良京劇一樣，豫劇也出現了一波波的改良運動。

我在上網搜索這些改良豫劇時，兒時的記憶不禁一一浮現。我小時住的眷村，隔壁的年輕姑姑，是一位來自河南的寡婦，以賣饅頭為生。每次我在幫她揉麵時，只要她的黑膠唱片一吼出秦雪梅吊孝，或是穆桂英掛帥的唱腔，我就像聽到鬼哭神號一樣，立刻放下手中的麵團，奪門而出。但這些用生命呼喊而出的聲音，是如此強烈而濃郁，竟像模板一樣印在我的心頭。所以當我聽到網路上播出的那些清淡如水，什麼都改良掉的現代版秦雪梅吊孝，和穆桂英掛帥的唱腔時，心裡充滿了無限的悵然。

去年在港大的一次會議中，林載爵先生突然冒出一句：「你

的中文新書什麼時候給我啊？」我一時沒有會意過來。等我突然
想起來時，時間已經非常緊迫了。我要特別謝謝林載爵先生的好
意，讓此書得以問世。我更要謝謝胡金倫先生，在時間緊迫的壓
力下，讓本書能順利問世。葛兆光教授、唐力行教授及中研院史
語所和近史所的同事，都在這個過程中施予援手，謹此致謝。

第一章

天道與治道
明太祖統治意理中的神怪色彩[*]

---

* 本文是香港研究資助局（RGC）撥款資助項目「明清南京的宗教生活」（GRF
  Project no. 11405614）的部分研究成果，謹向該局致謝。我也要特別謝謝審查
  者的各項寶貴建議。

一、問題與資料

　　我在另一篇文章中，曾經提到五四時期的「科學論述」，如何遮蓋住明清時期的「宗教論述」，而影響到我們對明清統治階層的宗教觀的判讀；我也簡要地討論到明清士大夫對超自然力量及民間信仰的態度。[1]在這篇文章中，我將繼續針對相關議題作更進一步的探討，不過討論的中心，將從士大夫對民間信仰、儀式的態度轉到明朝中央政府，特別是皇帝本身對超自然力量的信仰。討論的時段集中在明朝，而非明清兩朝，並不意味這兩個朝代的宗教取向有任何本質上的差別，而主要是因為處理的方便和篇幅的限制。

　　我在這裡用的幾種主要資料，都是由明朝政府或士大夫編纂的典章和大政紀要。我的目的是要證明即使在具有強烈官方色彩或趨近正式官方文書的文獻記載中，也可以發現大量類似筆記小說或稗官野史的神怪記敘。這種神怪的記敘出現在筆記小說中，也許可以輕易地解釋成文人狂野、荒誕的想像，但當它們重複出現在記載國家典章制度和朝政大要的文獻中時，我們就必須重新思考帝國統治意理的構成成分。

　　在以四書五經取士的明清兩朝，這個問題的意義尤其突顯。一般的說法認為：制度化地以四書五經取士，意味著程朱理學成為明清兩朝的主導意識形態。如果從忠孝、倫常、經世濟民的基本現世取向——所謂的「內聖外王」——來看，這樣的說法當然

1　見李孝悌，〈明清的統治階層與宗教：正統與異端之辨〉，《近世中國之傳統與蛻變：劉廣京院士七十五歲祝壽論文集》（台北：中央研究院近代史研究所，1998），頁83-102。

沒有問題。但如果我們透過五四「科學論述」的折射鏡片，刻意地突顯明清這一套統治意理的現世、人文和「理性」成分，那麼我們所看到的勢必是一個片面、不完整的圖像。本文的目的，就在說明在明朝統治意理中一個沒有受到重視的面向──一套充滿神祕、「非理性」色彩的天道思想。

明朝統治意理中的神怪色彩，當然有一大部分襲自盛行於漢代的「天人感應」哲學。在這一套哲學中，君主的施政和天道的獎懲密切結合在一起。董仲舒所謂「孔子作春秋，上揆之天道，下質諸人情；……故春秋之所譏，災異之所加也，春秋之所惡，怪異之所施也。書邦家之過，兼災害之變，以此見人之所為，其善惡之極乃與天地流通而往來相應。」（《漢書，董仲舒傳》）董仲舒的說法，固然是對孔子思想的極大扭曲，但這套災異思想，卻為天道與治道的相互流通、呼應作了最佳的注釋。[2]

我們從下文的討論中，可以看到這種以災異為骨幹的天人感應說，在明朝統治意理中所占的分量。但明朝統治意理中的神怪色彩卻不僅只是天人感應說的演繹，還糾雜了其他的宗教信仰。我們都知道，在天人感應的哲學體系中，天道是依照陰、陽、五行的力量，規則而有韻律的運行。自然現象因為完全可以和人世現象對應、共鳴，而可以為人所理解乃至操縱。李約瑟認為這套系統是經由合作的過程，而導致天人的和諧、一致。換言之，這個天道是人能夠理解、言說的。[3]

---

2 參見勞思光，《中國哲學史》（台北：三民書局，1981），第2冊，頁22-25。

3 參見馮友蘭，《中國哲學史》（香港：太平洋圖書公司，1956），頁497-514。
Benjamin Schwartz, *The World of Thought in Ancient China* (Cambridge: Harvard University Press, 1985), p. 369.

　　這種可以言說的哲學思想，一種可道之道，既不同於老莊哲學中恍兮惚兮、不可言說的神祕思想，也不同於以巫術／魔術為主幹的古代宗教信仰。史華慈教授對看似神怪的天人感應體系和一般所謂的宗教信仰間的差異，作了精闢的分析。在他看來，漢代的天人感應思想，在操作層次固然不像李維史陀所言，可以和無限、不可知的宗教信仰完全劃分；但在本質上，天人感應哲學和一般我們所言的宗教，確實是有極大的區別。他並以秦始皇和漢武帝的例子，說明這些君主不願完全接受天人之說的禁錮，不斷試著透過方士等天人間的中介者，求取更直接而立即的神聖力量。[4]

　　這種非天人感應式的宗教成分，在明代的統治意理中，也隨處可見。對古代的巫術信信仰[5]、天人感應哲學和災異、讖緯之說的實際例證，我們已經有相當充分的了解。但天人感應的思想和「怪異亂神」的宗教信仰，在帝制後期，究竟是用什麼樣的面貌出現，我們卻沒有全面的掌握。這篇文章的目的，一方面是要用具體的例子，說明天人感應說和各種宗教信仰用什麼樣的形式，在帝制後期體現；一方面則希望進一步指出，在明（清）的統治意理中，儒家思想和天道觀都占有重要的位置。只著重在現世、「理性」的一面，而忽略了對神祕、超自然力量的信仰，勢必無法掌握傳統帝國統治者的思想全貌和其與現代世界的斷裂。

　　關於本文使用的資料，除了《大明會典》、《明太祖御製文集》是標準的官方文獻，其他幾種著述也都是由上層士大夫，根

4　見 Benjamin Schwartz, *The World of Thought in Ancient China*, pp. 369-378.

5　關於古代的巫術觀和巫者的職掌，見林富士，《漢代的巫者》（台北：稻鄉出版社，1999再版）。

據官方資料輯纂而成。合而觀之，正足以顯示在主流論述中，什麼樣的事件是被視為「朝政大要」而記錄下來。其中有部分記載，或是因為事涉玄怪，又沒有確切的出處，而受到《四庫全書總目》作者的批評。但在本質上，這些記載並不比其他事有所本的記載更不可思議。同時這些著述因為是用典章的名義被士大夫選錄，正足以顯示在一般統治階層的心目中，「國政」的疆界可以延伸到何種境域。

《明典故紀聞》的作者余繼登是萬曆朝進士，官至禮部尚書。本書記載洪武至隆慶朝大事，大抵以記注、實錄為本，加上作者的潤色之詞。《四庫總目》的作者對這本書略有微辭，認為所記「頗及瑣屑雜事，不盡關乎政要。如太祖攻婺城時，見五色雲，無論其事真偽，總不在法戒之列」。[6]

《四庫總目》的這項評論值得再加以評註。從作者的口氣，我們知道他並未完全斷定太祖攻城時的軼聞為偽，重點是在瑣屑小事，不關政要上。換句話說，作者似乎認為「怪力亂神」的事情可能發生，卻不應該在這樣的脈絡下被登錄下來。但站在禮部尚書余繼登的立場，這則軼事，正足以突顯先帝天與人歸的能耐，自然要大書特書。

有意思的是，在《四庫總目》的作者看起來，余繼登的紀聞有些不關政要，甚至是真偽莫辨的「瑣屑雜事」。但在他同時代的士紳官僚間，這本書卻正好可以糾正野史中不雅馴的傳說。同樣是進士出身、做過侍讀學士、經筵日講官，負責起居注編撰的馮琦，在這本書的序言中說作者余世用（繼登）曾經和他同官史

6　〈典故紀聞〉，永瑢，《四庫總目提要》（北京：中華書局，1965），卷54〈史部十，雜史類存目三〉，上冊，頁485。

局，寫作本書期間，徵用了「列聖之典謨」和「故府紀所見聞」，就像是「躬入山而尋斧」「非官師所材，則弗取也」。這和一般野史紀本朝事，「其書不雅馴，又遞相祖述轉傳，轉失其真。譬之貿薪者，轉相貿也。」大不相同，換句話說，馮琦認為和他同樣任職國家史局的余繼登，憑著一手的見聞，對本朝的「文謨武烈，識大識小」，作了真實的記敘。[7]

　　《國朝典彙》卷帙浩繁，達兩百卷，記載了洪武到隆慶朝的典故。根據的資料「上自實錄，下訖裨乘」。《四庫總目》雖然認為其中的某些資料，「未免無徵不信」，但也承認其記載「頗為繁富」。本書作者也是上層士紳，萬曆年間進士，官至副都御史，巡撫福建。[8]

　　《皇明經世實用編》由馮應京總纂。從經世實用之名，我們知道這是一本以儒家經世、外王之旨編成的政書。書首收錄了太祖的心法和祖訓，然後是取士、任官、重農、經武等日用政事的大端。除了卷首的太祖心法、祖訓，在各個部門中，也「大都稟祖訓為律令，而以歷朝沿革附之」。太祖的影響，在此可以進一步看出，我在下文中還會論及。[9]

　　《明大政纂要》共63卷，《四庫》將之歸在史部、編年項下。全書從洪武元年開始，按年記敘，直到穆宗隆慶六年。作者譚希思是萬曆年間進士，官至四川巡撫。[10]

7　見馮琦，〈序文〉，余繼登，《皇明典故紀聞》，頁1-2。

8　〈明朝典彙〉，永瑢，《四庫總目提要》，卷83〈史部三九，政書類存目四〉，上冊，頁714。

9　〈經世實用編〉，永瑢，《四庫總目提要》，卷83〈史部三九，政書類存目一〉，上冊，頁714。

10　〈明大政纂要〉，永瑢，《四庫總目提要》，卷48〈史部四·編年類存目〉，上

　　《皇明通紀》系列。《皇明通紀》的作者陳建是廣東東莞人，嘉靖年間進士，曾在南閩作過縣令，[11]是一位知名的理學家。他曾經撰寫《皇明啟運錄》，記明太祖事。後來續輯永樂至正德八朝事，成《通紀》一書，復將二書合為一書，題為《皇明通紀》。[12]這本書問世後，應該受到極大的重視，有些人就以陳建的《皇明通紀》為基礎，陸續增補。由沈國元訂補的稱《皇明從信錄》，共四十卷，到萬曆朝為止。由江旭奇補訂，在崇禎間刊刻的本子，稱《皇明通紀集要》，共60卷，增補了天啟年間的大事。

　　從上面的簡單介紹，我們可以看出：上述諸書大量徵引實錄、邸報和起居注的記載，相當程度地反映了最正式的官方觀點。但和直接徵引實錄記載不同的是，透過這些士大夫和上層官員的描繪，我們不僅可以了解到最正式、最核心的官方統治意理，還可以進一步掌握到更寬廣的統治階層的心靈圖像。在個別的事件上，某些士大夫的某些記敘也許顯得狂野不馴，但在交互參照之後，我們發現各家的記載不僅在精神上類同，在論述的架構上也無二致。他們其實是用同樣的語言，說了一些大同小異的故事。

二、意理篇

　　明太祖朱元璋對整個明帝國的影響，不僅見於世俗政治秩序

　　冊，頁435。

11　見陳建，《學蔀通辨》前附小傳，收於《叢書集成》（台北：新文豐出版公司，1985），第23冊，頁14。

12　見陳建，《皇明通紀》，明末刊本，傅斯年圖書館善本室，序1-2。

的規劃與維繫，也同樣表現在他的天道思想和神明崇祀上。在他的御製文〈心法九章〉中，有兩篇文章——〈甘露論〉和〈鬼神有無論〉——有系統地揭露出他的天人感應思想和宗教觀，對我們理解他在超自然領域中的各種言行措施，提供了最好的理論背景，值得詳加描述。

〈甘露論〉作於洪武八年。這一年11月18日，太祖在圜丘祭祀上帝。在檢查壇場的道路時，從一棵松樹下走過，忽然看見松枝上掛滿了像明珠一樣的露水。本來他以為是晨露未消，但隨即了解到：「此必天垂甘露矣」「採而啖之，入口甘如飴餳。誠然天恩下墜，未審禎兆何因而何人矣！」太祖因召隨行諸臣，審問原故。好容易等到逢迎的機會，儒臣們紛紛賦詩歌詠。但「生年不滿百，常懷千歲憂」的洪武皇帝，對臣下的缺乏憂患意識感到不滿。他馬上想到「近日以來，雞鳴半夜，乖逆之氣不數日見」。種種異象，皆「上帝之所惡，惟恐不答。心驚晝夜，如履薄冰，豈敢以甘露之降禎祥以為必然者也」。他還舉了幾個例子來說明為什麼不敢以禎祥為必然：舜雖然因為得鳳凰來儀而天下安，孔子卻獲麟而絕筆；元末天下將亡，卻見河水清，正至年間還降下甘露。

前面提到，天人感應的理論基本上認為天道和人事兩個領域彼此對應，自然的災祥皆有一定的人事為之對應。但對明太祖來說，天道其實並不容易測度：「靜思禎祥妖孽，可不令人日夜憂惶？所以憂惶者，正為鬼神之機，人莫可測。」為了趨吉避凶，太祖得到一個重要的結論：即寧願相信惡兆的警告，而不輕易接受禎祥的麻痺：「若以禎而非我之兆，或福漸臻；若以妖之為害必逼其身，肯日新其已，其禍消矣！前代忠君碩士，若有妖魅之作，必致君宵衣旰食，以回天意；若見禎祥之見，急奏恐兆他

人，非天恩於己也。特以警省，務在四海咸安。」[13]

洪武的這段結論，讓我們清楚看出天道如何與治道結合在一起。在下面的敘述中，我們也會看到他如何不斷要求百官奏報災異，不要錦上添花地歌頌祥瑞。對一個身經百戰、創業垂統的曠世雄主來說，太祖在取法天道、禮事神明上表現的戒慎恐懼，令人印象深刻。但在這個敬神事天的恭謹形象之後，我們看到的，實際是一個對帝國的安危、政事的良窳、天命的維繫和人民的福祉念茲在茲，不敢須庾或忘的踏在土地上的統治者。

如果禎祥妖孽不能正確無誤的解讀，鬼神更應該是幽渺不可測了。但洪武卻不同意儒臣不信鬼神的看法。他不但相信鬼神確實存在，還從人事的觀點，建立了一套特有效的鬼神觀。

事情的緣起，在有臣下上奏：「野有暮持火者數百，俟之倏然而滅。」又聽說井裡有人汲水，但「驗之無迹，俄而呻吟於風雨，間日悲號於星月。有時似人，白晝誠有」。有人投石頭下去試探，人形忽現忽隱。出現時像人形，隱藏時則「寂然杳然」。這個奇怪的物體有時祟人以禍，有時又佑人以福，一般人都認為是鬼神。

皇帝看到奏摺，詢問左右。左右用理學家氣之升降、聚散加以解釋，洪武不同意的批評道：「爾所言者，將及性理而未為是，乃知膚耳。其鬼神之事，未嘗無，甚顯而甚寂，所以古之哲王立祀典者，以其有之而如是。」洪武認為左右用理學家氣之升降聚散來解釋鬼神，是一種膚淺的看法。古代聖王立祀典祭拜鬼

13　此處的引述，俱見〈太祖高皇帝御製文（心法九章）──甘露論〉，收於馮應京編纂，《皇明經世實用編》（台北：成文出版社，1967），第1冊，頁36-38。

神，就說明鬼神確實存在，只不過有的現形，有的隱身。對於現身、隱形的道理，洪武也有一番說辭，認為和人是否得其死、得其時有關。「壯而夭」和「屈而滅」都是不得其死，這些人「因人事而未盡，故顯」。得其死而人事盡者，則隱。

　　接下來，洪武從人事的角度，對鬼神的出現作了詳盡的闡釋。在上古堯舜之時，人民生有家、死有墓，野無鏖戰，所以沒有遊鬼。但漢以後，卻是野有遺恨：

　　　自秦漢以來，兵戈相侵，君臣矛盾。日爭月奪，殺人蔽野。鰥寡孤獨於世，致有生者死者，各無所依。生無所依者，惟仰君而已。死無所依，惟冤是恨。以至於今，死者既多，故有隱有現。

這個從人事失序的角度闡明鬼神出沒的論點，在文章結尾又作了一次扼要的敘述：

　　　卿云無鬼神，將無畏於天地，不血食於祖宗，是何人哉？今鬼神忽顯忽寂，所在某人見之，非福即禍，將不遠矣！其於千態萬狀，呻吟悲號，可不信有之哉？[14]

太祖的意思，其實蘊含在字裡行間：如果不相信鬼神能施加禍福，人民很可能就不會畏天法祖，人間秩序的維持也將受到威脅。

　　將鬼神和人事等量齊觀，在洪武的言論中不斷出現。二年正

14　以上引述，俱見〈太祖高皇帝御製文──鬼神有無論〉，馮應京編纂，《皇明經世實用編》，第1冊，頁48-51。

月，他告訴中書和禮官說：「明有禮樂，幽有鬼神。」[15]在某些場合，兩者的牽聯更緊密。洪武二十年正月，皇帝下詔修闕里孔子廟宇。在表述了孔子闡述先王之道的功績後，他進一步說明修建闕里的目的：「而闕里又啟聖降神之地，廟宇廢而不修，將何以妥神靈。」[16]從文意判斷，此處的神靈不管指的是孔子或其他神明，其意涵已不是簡單的聖賢崇祀，而有了宗教的意涵。人事、治道的重要源頭，和幽明的鬼神，在洪武的詮釋下，有了不同尋常的接軌。

不語怪力亂神的孔子聖殿可以成為降神之地，更古遠的三代聖王，自然也可和神明同日而語。嘉靖十四年八月，皇帝認為「西海水神，祭于道側，非禮」，因此命大學士費宏在北閘口設祠祭之。費宏稱讚皇帝「無時不敬，與堯舜同」，皇帝謙虛了一下後說：「但敬者，聖學始終之要。」[17]靠著敬字，祀神和聖學、堯舜都有了關係。

除了和聖賢交通，鬼神也和更切身的政事發生關係。洪武元年十月，太祖打算舉行籍田禮，為了強調這次儀式的重要，他舉了幾個理由：「欲財用之不竭、國家之常裕、鬼神之常享，必也務農乎。」[18]作為俗世生活基礎的耕種，其目的不僅是為了國家、財用，還為了讓鬼神常享。太祖對幽明世界主宰的重視，不言而喻。

15　朱睦㮮，《聖典》，卷1；收於《續修四庫全書》（上海：上海古籍出版社，1995），第432冊，〈史部・雜史〉，頁267。

16　同前注，卷2，頁299。

17　吳瑞登，《兩朝憲章錄》，《四庫全書存目叢書》，〈史一六〉（台南：莊嚴文化公司，1996），頁638。

18　朱睦㮮，《聖典》，卷1，頁270-271。

　　由於鬼神和人事、治道有密切的糾葛，而且對後者產生重大的影響，所以必須恭謹地對待。洪武元年正月大祀南郊之前，皇帝特別對百官進行了一次精神講話：

> 　　人以一心，對越上帝。毫髮不誠，怠心必乘其機；瞬息不敬，私欲必投其隙。夫動天地、感鬼神，惟誠與敬耳！人莫不以天之高遠，鬼神幽隱，而有忽心。然天雖高，所監甚邇；鬼神雖隱，所臨則顯。能知天人之理不二，則吾心之誠敬，自不容於少忽矣！[19]

　　誠、敬是理學家修身的基本功夫，太祖卻將之轉化成動天地、感鬼神的不二法門。相反地，誠敬不足，也將會帶來可怕的後果：「見前代帝王，當祭祀時，誠敬或有未至，必致非常妖孽，天命亦隨而改。」每想到這一點，他就覺得「心中惕然」。[20]

　　為了表達對神明的崇敬，洪武二年三月，命令翰林學士朱升等撰寫了一篇齋戒文。在文章中，他一再強調祭祀天地、社稷、宗廟、山川等天地百神的目的，是替天下生靈祈福，是為了「禱祈福祉，以祐民生」，而不敢為自己求取恩惠。接著，他說明齋戒的目的，是要表達誠意，而「誠之至與不至，神之格與不格，皆係於此」。為了期盼神明降臨，他自己每次齋戒時，「不敢有一毫懈怠」。原來齋戒的日期，訂的是大祀七天，中祀五日，但怕

19　婁性，《皇明政要》，卷19，收於《續修四庫全書》，第424冊，〈史部·雜史〉，頁117-118。余繼登，《皇明典故紀聞》，卷1，收於《續修四庫全書》，第428冊，〈史部·雜史〉，頁16。

20　余繼登，《皇明典故紀聞》，頁26-27。

日期太長，人心容易倦怠，所以改成祭前三天齋戒：「務致專
精，庶幾可以感格神明矣！」[21]

三、典章制度篇

太祖除了在理念層次，對天道、鬼神觀作了詳細的闡述，還
進一步制禮作樂，為天地、鬼神的崇祀，訂定了行之久遠的制
度，讓禮敬天地、神明的思想，成為具體可行的國家經制。這套
崇祀制度，雖然在日後做過一些細部的增減，但大體的格局卻沒
有變動。

洪武元年，天下初定，皇帝就下令中書省、翰林院等機構議
定禮儀制度。三年九月，禮書修成，名《大明集禮》，包括了吉
禮、凶禮、軍禮、賓禮、嘉禮等各種名目。從這套禮制的結構來
分析，我們可以看出一個有趣的現象，就是祭祀天地鬼神的禮制
項目，所謂的「吉禮」部分，在重要性上似乎超過俗世的典禮。
世俗禮儀的部分包括了嘉禮、賓禮、軍禮、凶禮及相當細瑣的冠
服、車輅、儀仗之禮。嘉禮有五種，分別是朝會、冊封、冠禮、
婚禮、鄉飲酒禮。賓禮有兩種：朝貢、遣使。軍禮有三種：親
征、遣將、大射。凶禮有兩種：吊賻、喪儀。這其中婚喪、喜
慶、冠禮、鄉飲酒禮都可以劃歸到儒家的禮制範疇。朝貢、遣
使、親征、遣將則是國家的軍政大事。

吉禮的部分共包括十四個項目，除了最後一項祭三皇、孔子
外，其他均與超自然力量有關。這些祭祀分別是天，地，宗廟，
社稷，朝日，夕月，先農，太歲、風、雲、雷、雨師，嶽鎮、海

21　朱睦㮮，《聖典》，卷1，頁267。

瀆、天下山川，城隍，旗纛，馬祖、先牧，祭屬和祀典神祇。[22]在
祭祀的規格上，作為國家主導意識形態的儒學的宗師孔子，低於
一些對超自然力量的崇拜。在明朝初年，郊廟、社稷、先農屬於
大祀，後來先農被降一等，和山川帝王孔子旗纛並列為中祀，諸
神為小祀。這個時期，孔子的地位高於一般神祇，和山川帝王甚
至旗纛之神並列。到了嘉靖中期，朝廷禮制經過一番變更，朝
日、夕月、天神、地祇都改為中祀。[23]孔子的地位從某方面講，和
山川帝王並列，不可謂不高。但另一方面，世俗的孔子和超自然
力量，甚至旗纛之神並列，卻顯示儒家思想在國家的統治理念
中，並不是唯一的主導力量。[24]至少從禮制的結構來看，世俗、
「理性」的儒家思想，其實和超自然的、「非理性的」信仰，一起
構成了國家的統治意理。

　　另一方面，諸神祭祀雖然在位階上是小祀，低於孔子的中
祀，但在實際操作過程中，帝王對諸神的重視顯然高過孔子。
《大明會典》中明白規定「凡郊廟社稷、山川諸神，皆天子親
祀」。祭孔廟則和祭帝王陵寢一樣，「傳制特遣」[25]，換句話說，就
是派特使前往。這裡的諸神究竟何指，《會典》的記載有些籠
統。另一條記載則說得相當清楚：「（洪武）六年二月癸酉朔，上

22　徐學聚，《國朝典彙》（北京：北京大學出版社，1993），第7冊，頁5188-
　　5189。

23　見《大明會典》（台北：華文書局，1964），卷81，第3冊，頁1265。

24　黃進興的研究顯示，明太祖其實是有意壓低孔子在國家禮制中的位階，原因
　　在他認為人臣之祭不得享受帝王之禮，否則即是僭越。世宗嘉靖九年，孔廟
　　改制，祭祀禮儀更進一步降級。詳見黃進興，〈道統與治統之間：從明嘉靖
　　九年（1530）孔廟改制論皇權與祭祀禮儀〉，收入《優入聖域：權力、信仰
　　與正當性》（台北：允晨文化公司，1994），頁154-155、124-163。

25　《大明會典》，頁1265。

諭太常寺臣曰：今後祭太歲，風、雲、雷、雨、嶽鎮、海瀆、山
川、城隍、旗纛諸神，朕親行。」[26]皇帝對各種超自然力量的重
視，顯然超過了對孔廟的興趣。在中央的層次，孔子崇祀的位階
低於山川神祇；在地方，則是一體祭拜，不分軒輊：「洪武二十
六年，再度著令天下府州縣合祭風、雲、雷、雨、山川、社稷、
城隍、孔子及無祀鬼神等。」[27]。雖說是一體祭拜，如果嚴格依照
排名順序追究，孔子的地位只比無祀鬼神略高一籌，而在各種超
自然力量之後。[28]

　　為了表達對神明的虔誠崇祀，《會典》內對祭祀的細節作了
詳細的規定，下面擇要言之。洪武三年，首先定大祀之禮，命百
官沐浴更衣，在自己的衙門內過夜，第二天聽完誓戒，開始吃齋
三天。洪武九年再度規定，郊祀大禮時，「雖有三年之喪亦不敢
廢」，天地崇祀又一次高過儒教的儀節。對於祭祀的犧牲，也有
明確的規定。洪武初年，定「神牲所」，設官牧養神牲。三年改
「神牲所」為「犧牲所」，中間的三間牲房養郊祀牲，左三間養宗

26　朱睦㮮，《聖典》，卷1，頁269。

27　《大明會典》，卷94，頁1469。

28　我們觀察朝廷對某項祀典的重視與否，大中小祀的排列是一個指標，是否天
　　下通祀（從中央到地方）是另一個指標。這也是為什麼洪武二年，太祖下令
　　不必通祀孔子後，引起極大的爭議，尚書錢唐、侍郎程徐都疏言力爭。不過
　　根據程徐的說法，古今祀典中，獨社稷、三皇與孔子是通祀。如果再加上洪
　　武元年指示的天下普祀城隍，通祀的對象共有四種。見黃進興，〈道統與治
　　統之間：從明嘉靖九年（1530）孔廟改制論皇權與祭祀禮儀〉，頁148-150。
　　我們拿這四種通祠的祀禮和其他崇祀相比，會發現前者的地位未必就比非通
　　祀的祀典重要。旗纛之祭是一個例子，下文會提到的永樂皇帝大力提倡的真
　　武神是另一個例子。所以在觀察某項祀典受重視的程度時，我們必須同時考
　　慮在禮制中的位階、通祀與否、皇帝個人的偏好等因素。

廟牲，右三間養社稷牲，剩下的房間養山川百神之牲。郊廟用的
犧牲，如果進入規定的洗滌程序，發現受傷的，必須請出去，死
掉的埋起來。生病的則「養于別所，待其肥腯，以備小祀中祀之
用」。[29] 慎重可見一斑。

　　除了犧牲外，音樂是祭祀進行中必不可缺的部分。這一點在
《會典》中也都有相關的記載。[30] 有趣的是，為了慎重其事，太祖
還專門設立了一處「神樂觀」，專門培養祀禮時的樂生。在表示
設置此觀的目的時，他特別表示不是要學古代帝王，求長生之
法，而是要「備五音以奉上下神祇」。觀的主事，由朝廷命正官
掌理，下面的樂生，洪武卻希望由道士出任，這裡道教和神仙信
仰的影響顯而易見。禮拜諸神的目的原來就是要與神通，講求神
仙之術的道士，則是理所當然的通神人選。太祖先解釋設「觀」
的原因，是因為「觀者，皆慕僊之士，其仙之教也」。道士在精
挑細選的幽渺之地，經過虔心的修行，「則倏然忽然，躡雲衢而
神遊人極，往無不違，交無不接。如此者，安得不與神通。」現
在的道士，雖然無法像漢天師張陵那樣「致神倏忽」「斡旋造
化」，但仍然可以訓練：「今之道士，祖而效之，雖未若是，人皆
清淨，斯可職而奉神，彼得樂於修煉之者也。」[31]

　　禮樂、犧牲之外，祭祀的地點因為是神聖的界域，更不能有
所輕忽。太祖即位之初，就命儒臣遍覽群書，對周以降到宋元的
祀事之典，做了通盤的研究。可是在實際舉行祀禮時，卻發現除

29　《大明會典》，卷81，頁1266。

30　同前注。

31　此處的敘述，分見〈諭神樂觀勅〉、〈神樂觀提點勅〉、〈神樂觀知觀勅〉，俱
　　收於《明太祖御製文集》（台北：台灣學生書局，1965），頁260-262、270-
　　272。

了宗廟合乎人情外，南北二郊和社稷的祭所，都有不合人情之處。以社稷來說，一是五土之神，一是五穀之神，關係密切，卻「各處壇而祭」，實不合人情。難怪祭祀時，總是風雨不斷：

> 朕自即位以來，祀天享地，奉宗廟、社稷。每當齋期，必有風雨，臨祭方歇，每常憂之。京房有云，交祀鬼神，必天道之雍和，神乃答矣。若有飄風驟雨，是為未善。

洪武十年，太祖決定把社稷改在闕右，一壇合祀，以奉二神。結果是「神乃我答，人事歡悅」。

天地之祀的情況也一樣，接古人的禮制，天地是分開祭祀，南郊祭天，北郊祭地。洪武十一年，命三公率領工部工人，在京城之南建立大祀殿，合祀皇天后土。這年冬天，大功告成。十二年1月11日，洪武合祀天地。天地以種種祥瑞之象答應太祖明智的抉擇：

> 三日正齋，風和日暖。及夜升壇，山川草木不搖。海息波濤而浪靜，輕雲縹緲於昊穹，獨露大陰於天中，纖塵不動。

對於這樣的異象，太祖的結論是：「斯必神之降臨，合祀之宜也。」為了報答神休，雖然自己「失學無文」，還是將事實經過寫下來，並作九歌詠之。[32]

對於像太祖這樣的虔信者來說，對儀式大端細節的講究，絕不是繁瑣的具文，而是獲取神明感應的先決條件。經由誠敬的奉

---

[32] 〈大祀文并歌九章〉，《明太祖御製文集》，頁389-395。

祀，太祖得以不斷和神明及超自然力量接軌，並記載下各種切身
的神祕體驗。

一切準備停當，皇帝在陪祀官員陪同下，進入祭壇，行禮如
儀，並宣讀告文。洪武九年，大祀的拜禮規定是迎神四拜，飲福
受胙四拜，送神四拜，共十二拜。至於祭告的贊詞，嘉靖十七年
留下一個極有趣的範本：

> 大明嗣天子（御名）謹文移告于
>
> 大明之神。
>
> 夜明之神。
>
> 五星列宿周天星辰之神。
>
> 雲雨風雷之神。
>
> 周天列職之神。
>
> 五嶽五山之神。
>
> 五鎮五山之神。
>
> 基運翔聖神烈天壽純德五山之神。
>
> 四海之神。
>
> 四瀆之神。
>
> 際地列職祇靈。
>
> 天下諸神。
>
> 天下諸祇。
>
> 戊戌太歲之神。
>
> 十月神將直日功曹之神。
>
> 郊壇司土之神。曰：朕祇於來月朔旦，躬率臣民，上尊
> 皇天上帝泰號。仰高玄九重，預告於
> 諸神眾祇，煩為朕運爾神化，昭爾靈顯，通朕

微衷於上帝。[33]

彷彿之間，我們來到眾神的國度，「未能事人，焉能事鬼」，「不語怪力亂神」的聖賢明訓都遺留在塵世。

太祖親祀天地、社稷和世宗大祀諸神，都是國家最重要的祀典。其他的一些祀禮，規模也許不大，卻有特殊的意義。譬如太祖在底定天下之初，就特命功臣代替自己前往祭祀嶽鎮海瀆之神，答謝百神協助攻克天下的功績。

> 朕與卿等，當群雄角逐之時，戰勝攻取，非上天后土之眷命，嶽鎮海瀆之效靈，安能如是。今者新秋在邇，嶽鎮海瀆之祀，理當報謝。古者君狩方隅，詣祠而祭。朕為新造邦基，民生方始，未獲親往，特命卿等代朕以行，奉犧牲祝帛於神所。[34]

此外，為了真正達到通神的目的，他又不止一次地命令道士祭拜嶽鎮海瀆之神：「今年秋報之禮，特命爾效仙人等詣神所在。爾其一乃心志，必欲神交。」「爾諸效仙人等，律己修身，道法清虛之玄，去貪嗔、絕妄想，一精英以步昂霄。為斯清淨，特命奉　神於嶽鎮海瀆。」[35]開國十年之後，在另一次祭告北鎮醫無閭山的場合，他乾脆派功臣和道士一起主祭。[36]

33　《大明會典》，卷82，頁1291-1292。

34　〈命功臣祀嶽鎮海瀆勅〉，《明太祖御製文集》，頁181-182。

35　兩篇〈命道士祭嶽鎮海瀆〉，分見《明太祖御製文集》，頁224-225、269。

36　〈遣功臣祭北鎮醫無閭山文〉，《明太祖御製文集》，頁549-550。

　　除了天地、山川、雲雨、風雷、嶽鎮、海瀆的大祀之禮，對於某些攸關國家大政的特殊神祇，也制定個別的祭禮。洪武元年，首先令諸臣斟酌古禮，制定親征遣將的禮儀：「古者天子親征，則于上帝，造于祖，宜于社，禡於所征之地，祭所過山川。若遣將出師，亦告於廟社，禡祭旗纛而後行。」然後根據諸儒議定的儀節，將「牙旗六纛藏之內府，其廟在山川壇。每歲仲秋祭山川，日遣官祭于旗纛」。永樂以後，又別有神旗之祭，專祭火雷之神。[37]「國之大事，惟祀與戎」，難怪旗纛之祭的規格要高於祭孔。

　　不過為了求取勝戰，在旗纛以外，再祭火雷之神，大概是現代人難以想像的吧！祭火雷神的文告是這麼寫的：

> 　　維年月日，皇帝遣具官某致祭于　天威神儀火雷無敵大將軍之神。維　神威勇猛属、剛勁精彊。訇雷掣雷，焱欠火奔風。護國庇民，厥功顯著。……遇有征討，惟　神是賴。驅鋒遣鏑，端直奇妙。萬發萬中，疊貫連穿。[38]

　　事實上，在別立火雷神祭之前，太祖已經在二十六年制定的〈仲秋祭儀〉中，將和戰爭有關的一干神明全部祭到了。這項祭儀屬中祀，齋戒日期是兩天，用的是牛、羊、豕三牲；奉祀的神有七位，分別是：旗頭大將、六纛大將、五方旗神、主宰戰船正神、金鼓角銃砲之神、弓弩飛鎗飛石之神、陣前陣後神祇五昌等眾。[39]

這種接近原始宗教的泛靈信仰，大概是我們在高談儒教立國時，難以想像的吧！

要祭祀這麼多的神明而經常維持恭敬的禮數，誠非易事。洪武為此還特地想出一個警惕自己的辦法：「太祖因享廟謂禮部臣曰：經言鬼神無常享，享于克誠。人謹方寸于此，而能格神明于彼，由至誠也。然人心操舍無常，有所警而後無所放。乃命禮部鑄銅人一，高尺有五寸，手執簡，書齋戒三日。凡致齋之期，則置朕前，庶朕心有所警省而不敢放也。」[40] 這種銅人牙簡的功能，和禪師的響板及太祖另一項用木鐸老人四處宣講聖諭六言的設施，有異曲同工之妙。洪武五年，銅人牙簡的精神進一步擴充，令各衙門放置一塊木製齋戒牌，上面刻著「國有常憲，神有鑑焉」，在祭祀之期陳設出來。[41]

為了讓天下百官和後世子孫在祭祀天地諸神時，維持一貫的誠敬肅穆，太祖可說是費盡心機。除了設立銅人、牙簡和木齋戒牌，還下令臣下編了一本事神不敬的可怕後果的反面教材《存心錄》，以昭炯戒。洪武四年七月，《存心錄》成，太祖看後，特別說明編纂此書的原因：

> 朕觀歷代賢君事神之道，罔不祗肅，故百靈效祉，休徵類應。及乎衰世之君，罔知攸儆，違天慢神。非惟感召災譴，而國之禍亂，亦由是而致矣！朕為是懼，每臨祭必誠必敬，惟恐未至。故命卿等編此書，欲示警戒。……是編所以彰善

40　余繼登，《皇明典故紀聞》，卷3，頁33。

41　《大明會典》，卷81，頁1266。

瘴惡，豈惟行之於今，將俾子孫，永為法守。[42]

　　這已經不是洪帝第一次說他祭神時是如何必誠必敬，卻是第一次把違天慢神的後果說得這麼嚴重。他還特別從《存心錄》中舉了兩個例子來印證災譴的說法：一是慕容超在郊禮時，有異獸出壇側；一是隋煬帝在祀圜邱時，因為有暴風而未成禮而退，結果「二人皆不旋踵而亡」。太祖對此的評論是：「古人言惟德動天，夫不德亦動天。善則降祥，不善則降殃，但各以類應之。」[43]

　　《存心錄》原書有十卷，根據《四庫全書總目》的說法，這本書記載的都是「明初壇廟祭祀之制，而附以災祥物異」，書前有序，稱「臣等承命作此錄，以堅誠敬之心」。[44]正好和太祖的本意相合。但可惜的是，這本書在編集四庫全書時，已經殘缺不全。我現在手邊看到的，是藏在傅斯年圖書館的二卷本殘本。這個本子只有卷十、十一兩卷，裡面沒有任何有關「明初壇廟祭之制」的記載，而都是附錄的「災祥物異」。包括了地異、山異、水異、水災、地生異物等項目，分朝代條例。這些記敘，和我們在各地方志災異項下所見的記載相彷彿，但由儒臣奉皇帝之命編

42　朱睦㮮，《聖典》，卷2，頁280。

43　譚希思，《明大政纂要》（台南：莊嚴文化公司，1996），卷14，《四庫全書存目叢書》，〈史部一四〉，頁546。在另一個場合，他又舉了一個祀神不敬而招亡的例子。這個故事的主角是成肅公。他和劉康公會晉侯伐秦，祭於社稷之神，然後出師。祭祀完畢，照例有一項「受脤之禮」。成肅公在受脤時，出現「慢神而不恭之貌」，結果在伐秦時死掉。太祖的按語是：「是以知敬者，必有動作禮義威儀之則，以定命也。於斯祀神之道，能者養之以福，不能者敗以取禍。」〈諭神樂觀敕〉，收於《明太祖御製文集》，頁261。

44　〈存心錄〉，永瑢，《四庫總目提要》，卷83〈史部三九‧政書類存目一〉，上冊，頁715。

纂而成，卻予人不同的感受。再加上長篇累牘的摘引條列，格外能達到撼人耳目的效果。如果我們將視野集中在上述的祀神之禮和此處血肉淋漓、天搖地動的災譴感應上，勢必要對儒教清明理性的影響產生深刻的懷疑。

四、垂訓後世

太祖對禮敬神明的重視，在前面的敘述中已經看得很清楚。作為一位創業垂統的開國皇帝，他的治國理念及奠立的典章制度，當然會對後世產生重大的影響。但除了透過各種敕令、文告和禮制表達自己的信念外，為了強化對後世朱姓子孫及中央、地方官員的規範、制約，他還是不斷地利用各種機會，表達自的看法。我們從《皇明祖訓》中，就可以清楚地看出他意欲為後世立法的意圖。

在《皇明祖訓》的序文裡，太祖說他為了開導後人，特地寫作祖訓一篇。因為要立為家法，所以他慎重其事地「大書揭於西廡，朝夕觀覽，以求至當」。前後共花了六年時間，七次謄稿，方告底定。[45]他對這篇文章的期待，由此可見。

這篇精心製作的訓誡文，共分十四章。在首章之後，接著是持守、嚴祭祀、謹出入、慎國政、禮儀、法律……。僅僅從章目的字義來判斷，十四章中，就有兩章和祭禮、禮制有關，重要性不言而喻。細究內文，我們則發現討論超自然力量的實際文字，還遠超過我們望文生義所得的第一印象。

在祖訓首章，洪武提到帝王平日行止應注意的要項時說：

45　〈皇明祖訓序〉，收於馮應京編纂，《皇明經世實用編》，第1冊，頁69-70。

「凡夜當警省,常聽城中動靜,或出殿仰觀風雲星象何如。不出,則聽市聲何如。」[46]仰觀天象和俯察人事一樣,都成為帝王訓練中的一部分。

　　在〈謹出入〉一章,仰觀天道的重要性再一次為太祖所強調,他在這一章開頭說:「凡動止有占,乃臨時之變,必在己精審,術士不預焉。」就在告誡子孫,作為帝王,必須有不仰仗術士,自己就能判讀異象的能力。接下來說的馬忽有疾,飲食、衣服、旗幟、甲仗的變化和「匙筯失,杯盤傾」,都在提醒子孫注意可能的人為姦偽禍患。然後重點轉到天道:「或烈風迅雷,逆前而來,或飛禽走獸,異態而至,此神之報也,國之福也。」「設若不信而往,是違天取禍也。」他並用自己的親身經歷,說明這個警語的有效性:「朕嘗臨危幾凶者數矣!前之警報皆驗,是以動止必詳人事、審服用、仰觀天道、俯察地理,皆無變異,而後運用。」[47]這種君王仰觀天象的本領,下面會有具體的例子,進一步說明。

　　在〈嚴祭祀〉一章,太祖再一次強調誠敬的重要性:「凡祀天地、祭社稷、享宗廟,精誠則感格,怠慢則禍生。故祭祀之時,皆為極其精誠,不可少有怠慢。」他還告誡子孫,對於風雲、雷雨師、山川等神,必須親自祭祀,不可遣官代祀——雖然他自也不能完全做到這一點。他還詳細記錄了不同祭祀的不同要求。祭天地,要五天前午後沐浴更衣、吃齋三天。享宗廟、祭祀稷,四天前沐浴更衣、吃齋三天。祭太歲風雲……山川城隍等神,則三天前沐浴更衣、吃齋二天。祭歷代帝王、旗纛孔子等廟

46　〈皇明祖訓〉,收於馮應京編纂,《皇明經世實用編》,第1冊,頁81。
47　同前注,頁91-92。

「則前一日沐浴更衣。第二天遣官致祭」。五祀中的戶神、灶神、門神、井神，在孟春四月遣內官致祭，中霤則在夏天土旺時，遣內官致祭。[48]在篇幅不長的祖訓文字中，如此不厭其煩地寫下每種祭禮的要求，可以反映太祖終極關懷的所在。

在〈禮儀〉一章的開頭，同樣先交代在各王國宮城外，立宗廟社稷、風雲雷雨山川、旗纛、五祀的壇廟，接下來才述敘百官朝賀、朝臣奉使、親王朝覲等世俗性的儀節。[49]

祖訓的對象是朱姓子孫。對於一般中央、地方官員，太祖則藉著告諭和官箴重述他的關懷。在一篇給禮部的告諭中，太祖為了非常具體的祭物問題，對祭祀之禮，作了一次原則性的通告。告諭開頭，他首先強調各級官員的工作，「首以祀戎為先」。然後指責天下有司，近來不以誠心奉祀「該祀之神」。既不能祀神，「其於人事，又何懼焉？」「儒者在任，不明於理。或粗俗者居官，亦不訪於賢」，以致怠忽祀禮的大事。孔子「未能事人，焉能事鬼」的先後順序，在此被太祖完全顛倒過來。

對於近來天下有司不虔心敬神的指責，主要是因為溧水縣官的怠忽所引發。這位縣官在舉行祀禮事，因為缺少鹿醢，就自作主張，以牛醢代替，因而被人檢舉。雖然禮部表示：「凡祭品缺者，曾許以他物代之。」太祖卻認為溧水縣並不是真的缺鹿，只是地方官員不用心羅致。經御史查明真相後，依律治罪。太祖為此，作出下面的指示：

朕思人之在世也，若不畏神人，是不可教者也。世之所以

48　同前注，頁88-90。

49　同前注，頁94-100。

> 成世者，惟在人與神耳，豈可慢耶？今天下有司，凡四時祭
> 祀之物，若在典故，境內所產，及商人貨而有之者，務備，
> 不許有缺。若境內不產，及商人無販賣者，從缺毋代。

然後命令禮部遍告諸司。[50]用鹿肉醬還是牛肉醬，在現代人，甚至
明初的地方官員看起來，也許是枝微末節的繁瑣儀節，但在講求
誠敬的洪武皇帝看起來，卻是絲毫不能馬虎的原則，必須慎重其
事的周告天下百官。

深究其事，溧水縣縣官的輕忽，確實是罪有應得。因為地方
官在履任之初，都應該熟讀〈到任須知〉〈責任條例〉中間的訓
示。在這些訓示中，太祖明白的告訴地方官員上任時應該注意的
事項，是「首祀神」，然後分別是「次恤孤」、「次田土」、「次制
書」、「次印信」、「次倉庫」、「次會計」、「次公廨」、「次學
校」。[51]所有日常庶務的推動，和祭神比起來，都是次要的。

在「首祀神」項下，首先說明祭祀是國家的大事，因為攸關
人民的福祉。接著規定官員到任後，應該先索知社稷、山川、風
雲、雷雨、城隍諸神及地方無祀厲鬼的祭祀日期，境內有幾處壇
場、祠廟，並調查祭器、什物有無完缺，「務以時修飾，副國家
事神誠慎之意。」[52]

---

50 〈命禮部諭有司謹祭祀〉，《明太祖御製文集》，頁248-250。

51 〈履任〉，馮應京編纂，《皇朝經世實用編》，卷14，第2冊，頁990-998。

52 同前注，頁990-991。根據濱島敦俊的研究，朱元璋即位後，進行了一系列
的禮制改革，城隍是其中之一。雖然從宋以來，城隍祭祀即「遍天下」，但
一直要到洪武二年，城隍神才被納入整個國家的祭祀制度中：「城隍祭祀作
為一種完整的制度，第一次出現在國家的祭祀體系中。」濱島敦俊，〈朱元
璋政權城隍改制考〉，《史學集刊》，1995年4期，頁7-8。

　　設想周到的洪武皇帝，甚至連祝文都幫地方官員準備好了。
祭風雲雷雨、山川、城隍之神的格式是：

　　維洪武　　年，歲次　　月　　朔　　日
　　某官某等敢昭告于
　　風雲雷雨之神。
　　某州府縣境內山川之神。
　　某府州縣城隍之神。曰：惟神妙用神機，生育萬物。奠我
　　民居，足我民眾。某等欽承
　　上命，（職守方面——布政司用）（忝職茲土——府州縣
　　用）。今當仲春／秋，謹具牲禮庶品，用申常祭。尚享。[53]

連布政司用「職守方面」，府州縣用「忝職茲土」這麼細微的差
別，都預為設想，可見其周到與用心。
　　城隍除了和其他自然神祇一起祭祀，在某些場合也可以單獨
祭祀：

　　某府遵承禮部箚付，為祭祀本府無祀鬼神，該欽奉　皇帝
　　聖旨。普天之下，后土之上，無不有人，無不有鬼神。人
　　鬼之道，幽明雖殊，其理則一。今國家治民事神，已有定
　　制，尚念冥冥之中，無祀鬼神。命本處城隍，以主此祭。鎮
　　控壇場，鑑察諸神等類。其中果有生為良善，誤遭刑禍，死
　　於無辜者，神當達於所司，使之還生中國，永享太平之福。
　　如有素為兇頑，身死刑憲，雖獲善終，亦出僥倖者，神當達

53　《大明會典》，卷94，頁1472-1473。

於所司，屏之四裔。善惡之報，神必無私。欽奉如此，今某
等不敢有違。謹於某月某日於城北設壇，置備牲酒羹飯，享
祭本府無祀鬼神等眾。然幽明異境，人力難為，必資神力，
庶得感通。今特移文於神，先期分遣諸將，召集本府闔境鬼
靈等眾，至日悉赴壇所，普享一祭。神當欽奉勅命，鎮控壇
場。[54]

在前述地方官履任須知項下，原本就包括了祭祀「郡邑厲無
主後者」一項。這篇〈告城隍文〉，顯然就是針對境內無祀厲鬼
而發。如果只看「特移文於神，先期分遣諸將，召集本府闔境鬼
靈」，我們還以為這是道士打鬼、捉妖的檄文，但實際上卻是出
現在國家最正式典制中的記載。天道與治道的緊密糾葛，在此再
度表露無遺。城隍在此擔負的職責，不僅是用神力幫助俗世的政
府超渡亡魂，驅除冤厲之氣，還要進一步根據人間的道德法則，
在幽冥眾生中也做出善惡的鑑別。在此，天道反而是根據治道的
準則在運作。

事實上，對山川諸神和厲鬼的祭祀，並不僅從中央延伸到地
方。在明太祖希望垂諸後世的帝國宏規中，還進一步擴展到每個
鄉村：「凡各處鄉村人民，每里一百戶內，立壇一所，祀五土五
穀之神，專為祈禱雨暘時若、五穀豐登。」「凡各鄉村，每里一百
戶內，立壇一所，祭無祀鬼神，專祈禱民庶安康，孳畜蕃盛。每
歲三祭：春清明日，秋七月十五日，冬十月一日。」[55]在太祖精心

54　〈告城隍文〉，《大明會典》，頁1475-1476。

55　同前註，頁1476-1477。從《明史·禮志·厲壇》的記敘，我們知道這套從
　　中央到地方、到鄉村的厲鬼祭祀制度，在洪武三年規劃完成。林富士認為這

繪製的治國藍圖中，人民不僅是帝國的子民，也同時是諸神的子民。

五、洪武的神祕經驗

太祖對超自然力量和鬼神的虔誠信仰，驅使他在制度層面，作了宏大而細緻的規劃。從前面的敘述中，我們多少可以看出這些制度規劃的影響。但在理念、制度層次之外，關於這位開國皇帝在神怪領域的親身體驗，也有非常豐富的資料，值得特立專章討論。下面將分別條目，加以敘述。

（一）求雨

在沒有即位前的吳元年五月，朱元璋因為天久不雨，親自「減膳素食」，同時也令宮中上下吃素，以體會民生艱難。同時為了不再煩擾百姓，原來宮中需要的「蔬茹醯醬」，皆由大官供給，現在也一律改由內官來解決。這次的乾旱持續了一段時間，到六月戊辰大雨。群臣請太祖復膳，朱元璋則以有德之君的口吻回答道：「亢旱為災，實吾不德所致。今雖得雨，然苗稼焦損必多，縱肉食，奚能甘味。」「得乎民心，則得乎天心。」[56] 還沒有正

套從中央到地方，在各級政府轄區內設置厲壇的作法，是明太祖首創。清政府入關後，便接受了這套制度。林富士並用康熙年間通用的〈邑厲壇祝文〉，對清代官府祭厲的動機，作了細緻的分析。見林富士，《孤魂與鬼雄的世界：在台灣的厲鬼信仰》（新北：台北縣立文化中心，1995），頁209-213。

56 朱睦㮮，《聖典》，卷21，頁480-481；《皇明政要》，卷3，頁22。另明太祖禱雨研究，可參陳學霖，〈朱元璋祀龍禱雨紀事小考——兼述地方官《禱雨文》〉，《宋明史論叢》（香港：香港中文大學出版社，2012），頁199-222。

式即位，洪武已經對天人感應的哲學有了清楚的掌握。

　　洪武二年春天，又是久旱不雨。太祖這次親自演練各種祀神之禮，告祭風雲雷雨嶽鎮海瀆等神一十八壇。[57]但真正讓我們印象深刻的還是三年之後的這一次。太祖告訴中書省的官員說：仲夏不雨，讓他為農民擔憂，所以選在六月初一這一天，請自赴山川諸壇禱雨。他命令皇后和諸妃親執爨，為「昔日農家之食」，並令太子、諸王「躬饌於齋所」。天還沒有亮，太祖就穿著素服草鞋，徒步走到山川壇所，在地上鋪了草蓆露坐。白天任憑太陽曝晒，片刻不移；晚上則睡在地上，衣不解帶。皇太子捧著餐盒給皇帝，裡面裝的是蔬食雜麻麥粟。這樣經過三天，「既而大雨，四郊霑足。」[58]對一位帝國天子來說，用這樣自苦的方式祈神，當然不是容易的事。除了強烈的求治之心，恐怕還需要堅定的信仰，才能驅動他作這樣的犧牲。

　　這些在帝國京師祭告山川的祀神之禮，固然讓我們看到洪武事神之誠，但真正讓我們感受到一個血肉之軀的神祕經驗的，還是在一些更具體的場景和更私密性的記述中。在太祖文集中，有兩篇禱雨的文章，是很好的例子。一篇請城隍先轉告諸神自的禱雨心願，一篇是禱雨後的謝文。在前面一篇文章中，他先說天久不雨，是自己的過錯，本來應該親自祈禱上帝、后天，但「慮恐煩聽，以致因循至今」。結果使得良民失望，皆有憂心。但他不敢逕行與天地溝通，只好層層轉達：「不敢逕達　上帝、后土。

57　余繼登，《皇明典故紀聞》，卷2，頁25。

58　朱睦㮮，《聖典》，卷21，頁482；余繼登《皇明典故紀聞》也有大致相同的記載，只在中間加了一段，說太祖露宿三天之後，始還宮，仍齋宿於西廡，「遂大雨，四郊霑足。」余繼登，《皇明典故紀聞》，卷2，頁29-30。

於今月十一日，親告于鍾山之神，望神轉達於上帝、后土。惟京都城隍之神，先期與報。至日祝焉。」[59]

但還沒有來得及親告鍾山之神，雨已經下了。太祖猜想一定是城隍善盡轉告的責任，所以特別赴鍾山謝神：

> 天久不雨，烝民懷憂。予將告神而未施，乃先城隍。必城隍善予所云，故告旱之辭未訴，神其我知，即日大雨時行。今來詣山而謝神，神正無私，祐我烝民，謹謝。[60]

這兩篇祭神文，雖經過儒臣文字的潤飾，但卻不像其他華麗繁縟的禮儀性文字，遮掩住質樸躍動的信仰。太祖覺得必須通過城隍轉告，經過鍾山之神，再上達天地的想法，似乎更貼近一般庶民的信仰。

這種貼近一般「愚夫愚婦」鬼神信仰的文字，在另一篇關於求雨的文字〈祭柏子潭龍文〉中，顯現得更清楚：

> 昔兵駐滁陽，適當秋首。正禾苗暢茂，時乃無雨，軍民惶惶，予亦甚沮。詢及土人，言豐山之東，潭有神龍，每遇旱患，禱之輒應。予親詣懇切於祠，神不我棄，三日乃答。俄風生萬壑，倏墨雲遍於太虛，須庾霖雨，濟我軍民。[61]

這裡說的「昔兵駐滁陽」，應該是元至正十四年（1354），朱元璋

59 〈禱雨咨京都城隍文〉，《明太祖御製文集》，頁579-580。

60 〈禱雨有應謝鍾山神祭文〉，《明太祖御製文集》，頁580。

61 〈祭柏子潭龍文〉，《明太祖御製文集》，頁570-571。

南下攻占滁州時的事。距離他1344年第一次在皇覺寺出家，和
1348年再回到皇覺寺，立志勤學佛經[62]的經過都不太遠。少年出
家，勤讀佛經的經驗，必定讓平民出身的朱元璋，比一般「愚夫
愚婦」還有著更強烈的宗教情操。這份情操，在神潭求雨的過程
中可以看出。

這篇文章的後半段，寫的是二十年後，已經稱帝多年的洪武
皇帝，遣官祭神的因由：

> 然雖去此而常想：二十年間，凡旱患，猶極目于神方。今
> 年群牧在斯，掬淵泉飲。有告我者，蛇入神祠，予想非蛇，
> 必神有所為而至。豈牧豎褻瀆而有所惡歟？抑神心悅而至
> 歟？嗚呼！倏然忽然，予所不知。特遣官致祭，並禁掬水，
> 神其鑑焉。[63]

一般無知牧童，以為是蛇入神祠，平民出身的洪武皇帝，卻堅信
是「神有所為而至」，慕道之心，果然迥異常人。

（二）感應、天象與兵象

洪武二年，因為侍臣談到醫生吮癰的行為，太祖因而想到人
子和父母的關係，並進一步用自己的親身經驗來說明。原來洪武
的母墳，在兵亂之際，被敵軍破壞。洪武後來回來收拾遺骸，少
了一根指骨，在墳墓附近遍尋不得。忽然找到一根骨頭，卻不敢
確定就是母親的指骨。這時，他想到一種「以指血相驗」的習

---

62 見楊國楨、陳支平著，《明史新編》（新北：雲龍出版社，1995），頁18-22。
63 〈祭柏子潭龍文〉，《明太祖御製文集》，頁571。

俗，「遂齧指滴自其上，果透入其中。及以他骨驗之，則血不
入，乃知親之氣血相感如是。」他的結論是：「常思人子於其親，
一體而分者也。思念之篤，精誠之至，必相感通。」[64]

很多的感應都在夢中出現。吳元年，太祖夢到有人用一塊璧
放在他的頸項下。以後，頸部的肉稍稍突起，隱隱作痛。最初懷
疑是疾病，擦了藥也沒有效。「後遂成骨，隆然甚異。」[65]

這個夢雖然詭異，卻只帶來個人身體的變化。有的夢，卻意
味有大事要發生。太祖在文集中，有一篇題為〈紀夢〉的長文。
文章的前半部，描述他在元末為僧時，曾為了將來的出路抉擇，
多次在神前卜筊，終於決定加入濠州紅軍。後來轉戰四方，底定

64　朱睦㮮，《聖典》，卷1，頁273。

65　余繼登，《皇明典故紀聞》，卷1，頁15。留傳至今的朱元璋畫像中，有一類
是容貌豐偉的帝王像，另一類異像，則將朱元璋畫得醜陋不堪，歷來對朱元
璋的「異相」有不少討論。一派認為朱元璋生性多疑，為了方便自己微服出
行，考察民情，特別假造了一種面貌，以混淆視聽，方便自己外出時，不被
識破。另一派說法認為朱元璋真的長得容貌不堪，用的證據，就是此處夢人
置璧於項，後遂成骨的記載。太祖實錄吳元年戊申條下的原文是：「上夢神
人以璧置于項，既而項肉隱起微痛，疑其疾也，以藥傅之，無驗，後遂成
骨，隆然甚異。」見潘齋（索予明），〈明太祖畫像考〉，《故宮季刊》，卷
7，第3期，1973，頁61-75。王正華認為明太祖「異相」的出現，在明中葉
以後。一般對此有兩種解釋：一是太祖的多疑，以此故布疑陣；另一種說法
則認為太祖的容貌顯示他有超凡的能力，註定成為帝王。見Wang Cheng-hua,
"Material Culture and Emperorship: The Shaping of Imperial Roles at the Court of
Xuanzong," r.14, 26-35（Unpublished Ph.D. thesis, Yale University 1998）, pp.
126-129。王耀庭則從相法的角度，解釋異相的涵義。根據傳統的相法，朱元
璋的異相是「七十二煞（痣），豬龍形」，乃大貴之相。豬就是朱，龍是天
子。朱元璋的異相，展示了他的神性，也註定生下來就是真命天子。見王耀
庭，〈肖像、相勢、相法〉，《美育》，第99期，1998，頁21-30。不管是夢中
以璧置項，或是天生異相，都說明朱元璋神祕非凡的屬性。

江南，準備在戊申年（1368）稱帝。在稱帝前一年（1367）秋天，他忽然作了一個怪夢，夢見「群鳥如燕大小，數不可量」。然後又在群鳥中看見一隻仙鶴。隨著夢境轉移，他看到西北天上，有一處木製的朱台，上面站了兩個人，好像廟裡的金剛。鏡頭又轉了幾轉，他看到台上「中立三尊，若道家三清之狀，其中尊者，美貌脩髯，人世罕見」。

夢到一半，朱元璋回家轉了一趟後，再度出門。他問旁邊的人說：「昨來天神何往？」回答說到朝天宮去了。他急忙趕去，走不了多久，中途碰到幾個紫衣道士，以絳衣綏之。朱打開細看，但見五綵，問道士這是什麼東西，一個道士回答道：「此有文理真人服。」朱元璋穿上，「忽然冠履俱備」。還有一個道士給他一把劍，教他行走。他走了一陣子，過了一條小河，河南山北，有房子十餘間，見東宮太子穿著青衣站在那裡。「忽然而夢覺，明年即位於南郊。」[66]夢中的仙鶴、道士、金剛、道家真人、神仙，都為太祖稱帝的天命，提供見證。親授絳衣的一幕，更為太祖幾個日後的皇袍加身，作了一次暖身的預演。

另一次事緊要的「太祖之夢」發生在洪武三十一年。這一年，太祖享太廟。禮成，皇帝步出廟門，徘徊不去，指著前面的桐梓對太常侍臣說，以前種下這些樹，不覺成林。說著說著竟「感愴泣下」。接著又說道，當年太廟落成時，把神主遷到室內，「禮畢，朕退而休息，夢朕皇考呼曰：西南有警。覺即視朝，果

66　〈紀夢〉，《太祖御製文集》，頁447-454。美國學者Romeyn Taylor曾將〈紀夢〉一文翻成英文，並對照其他資料，作了許多考證。大體而言，他認為朱元璋在這篇文章中的記敘相當坦白真實，這種記夢、解夢的作法，在當時也相當流行。見Romeyn Taylor, "Ming T'ai-tsu's Story of a Dream," *Monumenta Serica* 32, 1976, pp. 1-20。

得邊報。」[67]年邁的皇帝也許顯得有些感傷，但他總不怠於和近臣談論自己的神祕經驗，不管是他的父皇，還是他的母后。

洪武五年，他就和近臣說過另一個關於兵象的故事。不同的是感應並非來自夢中，而是來自不能入夢：

> 朕前數日心中弗寧，夜不安寢，若有所驚者。忽聞中都皇城萬歲山雨雹甚大，其在是乎。索占書冰雹乃兵象，宜遣人戒飭守禦官，嚴加防護，以備不虞。[68]

洪武告誡子孫要時時仰觀天象，俯察地理，絕不是徒託空言，而是身體力行的肺腑之言。

天象之所以重要，在於它和邊防、征伐有密切的關係。洪武九年九月，太祖命吳英到北平告訴徐達，七月火星犯上將，這個月金星再一次犯上將。根據占法，表示有奸人刺客。太祖要徐達小心戒備，傳諭諸將同時提高警覺。即使左右的將校，也不可讓他們近身，特別要防範元朝的閹官。[69]

十二年四月，太祖遣使敕告李文忠、沐英最新的天象消息：「四月庚申日，交暈在秦分，主有戰鬥。己未，太白見東方，至於甲子，順行而西，西征大利。爾等宜順天時追擊番寇。」[70]這麼專業的知識，皇帝理當有所憑依，這點我們在下面討論到永樂皇帝時會進一步交待。但從下面的記敘來看，洪武似乎自己就具備

---

67 朱睦㮮，《聖典》，卷1，頁275。譚希思，《明大政纂要》，卷10，頁493。

68 同前注，卷21，頁482。

69 徐學聚，《國朝典彙》，卷114，第7冊，頁5497。

70 同前注，頁5499。

一些觀天的能力：

> 洪武三十年五月庚申夜，有星大如雞子，尾跡有光，自天
> 廚入紫微。垣下有二星隨之至，游氣中沒。上觀天象，占在
> 北虜。遂勅晉代遼寧各諸王曰：驗之歷代天象，若此者，邊
> 伐不寧，往往必驗。今天象與往者正同，不可不慎也。[71]

天象雖然常常和征伐、兵險有關，卻不侷限於此。洪武二十
六年，皇帝發現原來凝聚在奎壁間的黑氣突然消失，非常高興。
原來他「每觀天象」，自洪武初年，就有黑氣凝於奎壁間，「奎乃
文章之府，朕甚憂焉。」現在黑氣沒有了，表示文運當興。洪武
因此命令群臣應「有所述作，以稱朕意」。[72]

（三）災異

災異、祥瑞是天人感應思想中的根本要素，明太祖對這套哲
學有深刻的掌握。前面提到為了求雨而減膳素食的例子中，朱元
璋用的就是典型的感應哲學中的術語。在稱帝前的吳元年，他就
曾經因為居住宮殿的獸吻被雷震壞、雷火燒掉備倭戰船、大風又
吹翻了海舟，而忐忑不安，下詔修省。他自我反省後得到的結論
是，在戰爭期間，他失之嚴切、喜怒任情，倉卒行事的結果，造
成了一些冤屈。[73]

即位之初，他又因為京師失火、四方水旱頻仍，而夙夜不

71　同前注，頁5502。

72　朱睦㮮，《聖典》，卷2，頁279。

73　譚思希，《明大政纂要》，卷1，頁347。

寧。他檢討造成這些災異的可能原因是刑罰不中、武事未息、徭役屢興、賦斂不時，因而要求中書省的重臣，和他一起脩省，「以消天譴」。[74]這些罪己的內容，似乎成為一種格套，但對有企圖心的君主來說，卻是革新吏政的契機。

這次的修省在洪武元年八月。事實上，在七月，皇帝已經歷過另一次震撼。這次的災異和吳元年一樣，是雷震宮門獸吻，不同的是留下了印記——「得物若斧，形而石質。」太祖把這個天譴的石斧藏起來，「出則使人負於駕前；臨朝聽政，則奉置几案，以祇天戒。」[75]從木鐸、銅人到石斧，教育程度不高的朱元璋似乎發展出一套特有的道德教化工具。

洪武不僅自己對災異、祥瑞異常敏感，並以此告誡子孫。二十四年，他命皇太子巡撫陝西，以「省觀風俗、慰勞秦民」。沒有多久，他又命特使告訴皇太子他對天道的觀察。先是在太子渡江之際，「天道赫然有變，雷起東南。」太祖分析之後，認為是吉兆：「爾征西北，以造化言之，雷，天威也。爾前行，雷後從，威震之兆也。」但是十天之內，卻出現久陰不雨的現象。依照占法，久陰不雨，「主陰謀事」。太祖因此告誡皇子：「爾宜慎舉動、節飲食、嚴宿衛、親君子、遠小人。務在存心養性，施仁布惠，以回天意。雷之嘉兆，未可恃也！爾其慎之。」[76]對天道的重視，真到了「造次必於是，顛沛必於是」的地步。

君王失德，固然會導致天降災異。官員失職，同樣也會導致異象。洪武十年正月丁酉，浙江全境「夜雨黑水如墨汁，池水皆

---

74 《皇明政要》，卷3，頁22。

75 朱睦㮮，《聖典》，卷21，頁481。

76 同前注，卷3，頁289。

黑」。而根據占法,「黑靄霧下天下冤」。第二年,按察司經歷王尚賢到浙江全境視察,發現因為酷刑擾害而死亡、遷徙的有五百家,找出了天人感應的癥結所在。[77]

(四)祥瑞

太祖告誡皇太子「雷之嘉兆,未可恃也」,而應該留心災異的意涵,相當一貫地反映了他對災異、祥瑞的整體態度。在他的言論中,不斷要求各地官員留心災異之象,而不要錦上添花地用祥瑞的報導取悅他。這種重災異、抑祥瑞的立場,和他的後世子孫有相當大的差異,一方面顯示了他的求治之心,一方面未嘗不反映出他對自己的信心,不需要利用各種祥瑞來證明自己是天與人歸的真命天子。[78]

洪武四年十月,皇帝要求天下報憂不報喜,對他在天人之際上採取的立場,作了明確的宣示:

> 上謂省臣曰:祥瑞、災異,皆上天垂象。然人之常情,聞

---

77 徐學聚,《國朝典彙》,第7冊,頁5498。

78 君王過於重視祥瑞和統治危機間的關係,在雍正身上可以看出。由於他即位的合法性,一直受到質疑,所以在明清的皇帝中,雍正對祥瑞的偏好似乎有些讓人側目。專研雍正的楊啟樵教授就說:「世宗性喜祥瑞。」見楊啟樵,《雍正帝及其奏摺制度研究》(香港:三聯書店,1981),頁26-28。但雍正的好祥瑞,顯然有很強烈的政治意涵和現實取向。他接受、利用某些祥瑞,卻對某些官員的奏報不以為然,甚至加以駁斥。他還特地點名批評明世宗嘉靖皇帝的嗜談祥瑞。事實上,作為一位勵精圖治的統治者,雍正對災異和天人感應的關係,也相當重視。參見楊乃濟、馮佐哲,〈雍正帝的祥瑞觀與天人感應說辨析〉,收於中國社科院歷史研究所清史研究室編,《清史論叢》(北京:中華書局,1984),第5輯,頁192-220。

禎祥則有驕心，聞災異則有懼心。朕嘗命天下勿奏祥瑞，若有災異，即時報聞。尚慮臣庶，罔體朕心，遇災異或匿而不舉，或舉而不實，使朕失致謹天戒之意。中書省其行天下，遇有災異，即以實上聞。[79]

在《聖典》卷二十三中，有一節題為「抑瑞」，記錄了十件太祖對官民獻瑞的保留和批判態度。其中一則說：洪武二年，淮安、揚州等地獻瑞麥十二本，群臣稱賀。皇帝不滿地評論道：漢武帝時曾經獲得一角獸，九莖芒，大家都認為是祥瑞，武帝因此變得驕傲，「卒使國內空虛，民力困竭。」[80]洪武三年，又有人獻瑞麥十餘本，有的一禾二穗，有的三穗，有的五穗。皇帝告訴廷臣說：鳳翔幾個月前才發生饑荒，我還派人賑災，現在卻來獻瑞麥。「借使鳳翔民未粒食，雖有瑞麥何益？苟其民皆得所養，雖無瑞麥何傷？」[81]

洪武五年，又有句容縣民進獻兩個「同蒂而生」的嘉瓜。洪武先是說：「縱使朕有德，天必不以一物之禎祥示之。苟有過，必垂象以譴告。」接者又說：即使有嘉祥的草木生於土地上，也應該是對當地人士的回應，和我有什麼關係。[82]

這些例子即說明篤信神異力量的明太祖，在祥瑞現象上，採取了非常實際的態度，不斷從人事的觀點，提醒自己不要被天道的異象所麻痺，招致像漢武帝那樣樂極生悲的不幸後果。從這些

79　朱睦㮮，《聖典》，卷15，頁422；《皇明政要》，卷3，頁23。
80　同前注，卷23，頁497。
81　同前注，頁498。
82　同前注，頁499。

文字來看，太祖並不否認「嘉禾並蓮」、「兩歧之麥」、「同蒂之瓜」是一種「草木之瑞」。[83] 但一旦君主對祥瑞採取來者不拒的態度，曲意迎合上意的佞幸之臣，就會用更多的祥瑞將君主團團圍住。對這樣的發展，太祖有清楚的認識，所以不時告誡自己和百官對祥瑞抱著警醒之心。[84]

　　但即使像太祖這樣對祥瑞的腐蝕性意涵抱持高度警覺的君主，也不能完全抗拒異象帶來的誘惑。在他即位之前，將群臣推戴的意思告於上帝。說：「如臣可為生民主，告祭之日，帝祇來臨，天朗氣清。」相反的，如果不配當皇帝，為天下主，「當烈風異景，使臣知之。」結果，在告祭上帝前幾天，「連日雨雪陰沍」。到正月初一，雪突然停了。再過三天，宰割犧牲時，「雲陰悉斂，日光皎然。」到正式行禮時，「天宇廓清，星緯明朗，眾皆忻悅。」[85] 相對於其他在位的皇帝利用祥瑞來錦上添花，這裡的天清氣朗，星宇澄明，似乎有些雪中送炭的意味。對一位亟待證明

83　同前注，頁498。

84　洪武四年，太祖就以史為鑑，對臣下說明不能沉溺於祥瑞的理由：「上謂汪廣詳曰：朕觀前代人君，多喜佞諛，以飾虛名。甚至臣下詐為瑞應，以恣驕誣。至於天災垂戒，厭聞于耳。如宋真宗亦號賢君，初相李沆，日聞災異，其心猶存警惕。厥復澶淵既盟，大臣首啟天書，以侈其心。群下曲意迎合，苟圖媚悅，致使言祥瑞者繼於途，獻草芝者三萬餘本。」朱睦㮮，《聖典》，卷23，頁498。一個君主可以容許臣下獻草芝到三萬多棵，顯然已陷溺到不可自拔的地步。《宋史》中記載，宋真宗搞天書封禪運動，擔心王旦反對，「會幸祕閣，驟問杜鎬曰：『古所謂河出圖、洛出書，果何事耶？』鎬老儒，不測其旨，漫應之曰：『此聖人以神道設教爾。』」帝繇此意決，遂召旦飲，歡甚，賜以尊酒，曰：『此酒極佳，歸與妻孥共之。』既歸發之，皆珠也。由是凡天書、封禪等事，旦不復異議。」見《宋史》（北京：中華書局，1977），卷282〈王旦傳〉，頁9545。我要感謝范家偉教授提醒我這則史料。

85　余繼登，《皇明典故紀聞》，卷1，頁16-17。

自己確實得到天命的統治者而言，有無與倫比的重要性。

　　前面提到，洪武十一年，太祖下令修改禮制，合祀皇天后土。十二年春正月，皇帝第一次祀天地於南郊，自齋誓至祭祀之夕，天宇澄霽，風和日麗，太祖大悅。[86]這是太祖統治期間，對象徵祥瑞的天象，少見的正面反應。

　　即位後的朱元璋，用戒慎恐懼的心情排斥臣下的祥瑞奏報。但在和群雄逐鹿天下時，卻屢次藉著特殊的天象和物件，來顯示自己不同於群雄的帝王之氣。龍鳳二年（至正十六年，1356），朱元璋在江南建立地方政權後，「以漢高自許」。龍鳳七年（1361），朱元璋被封為「吳國公」。[87]這個時候，就開始出現祥瑞的記載：「辛丑年十一月，黃河清，自平陸三門磧卜至孟津五百里皆清，凡七日。命祕書少監程徐記之。」[88]接下來，在朱元璋攻婺城時，我們又看到五色雲的記載：「太祖攻婺城未破。先一日，有五色雲見城西，氤氳似蓋城，中望之，以為祥。及城下，乃知為駐蹕之地。」[89]

　　這種在戰爭時的神助，格外有加以渲染的必要。朱元璋在攻陳埜先時，有一天正在假寐，一條蛇沿著他的臂遊走，左右驚慌地稟告。朱元璋端詳了一下，得到的結論是「蛇有足，類龍而無角，意其神也」。他向神蛇祝禱說：「若神物，則棲我帽纓中。」蛇果然慢慢地爬到帽纓中。太祖戴上帽子，奔向敵營，向敵軍勸降。回來後，忘了剛才看到的神蛇，很久才想起來，脫帽視之，

86　同前注，卷4，頁48。

87　參見楊國楨，陳支平，《明史新編》，頁24-25。

88　徐學聚，《國朝典彙》，卷113，頁5432。

89　同前注。

蛇神色自若的待在帽纓中。朱元璋倒了些酒，自己喝起來，拿給蛇，蛇也照喝不誤。後來蛇蜿蜒繞著神櫃爬到神主牌頂，好像是雕出來的物品。過了很久，才升屋而去。[90]

在戰爭的過程中，不管是像龍的蛇或真正的龍，都可以用來鼓舞士氣，營造神話。朱元璋占領太平後，陳埜先企圖再搶攻回來：「太祖按兵城上，令徐達等轉戰至城北。忽有雙龍見於陣上雲端，敵眾驚愕仰視，我師因大破之，遂擒埜先。」[91]這種稗官野史式的情節，由出身官史局的上層士大夫傳述出來，自然有不同的意涵。

（五）誌怪

有些災異的表徵和天象無關，給人更強烈的怪誕之感，值得獨立出來討論。洪武八年八月，京師大旱。庫錢庫銀紛紛向外飛出，大家都認為是陰盛陽衰的徵兆。有一天，南台民家的屋頂上，發現有錢豎立瓦上，民眾紛紛用竹條穿過錢孔，「或得一二十文，始知皆庫錢也。」庫錢飛到民宅屋頂，讓民眾賺了些小錢。更不可思議的是大塊的庫銀，飛向更遠的稻田中，讓一位有識見的儒生坐享橫財：

> 又廣積庫內鎮庫銀，其重數百斤。忽穿庫飛出。一儒生夜坐，見田間火起，曰此必有寶，因往識其地。比旦，乃在秧田中，去土尺許，見白銀。有球填廣積字，大不可舉，遂告相識者十八人，同掘取。

90　余繼登，《皇明典故紀聞》，卷1，頁3。

91　同前注。

這件事之所以迅速傳開，是因為這些前往尋寶的人分贓不均，起了爭議，而為官府知悉，並傳到皇帝那裡。洪武上體天意，作出下列慷慨的裁決：「此銀已失三塊矣！此天所以田卝是儒也，其賜之，餘止與傭工錢。」[92]在這段充滿怪誕色彩的紀錄中，最讓人驚異的是，皇帝也繪聲繪影的捲入其中──雖然用的是審案，而非下詔罪己的方式。

下面這段記載的前半部，屬於相當典型的災異論述：「十一年元旦早朝，文武已集。鳴鼓，數扣忽斷為二。上怒甚，欲罪工部官，得胡丞相奏，始免。及朝，有鷗鶒自天而隕，死於丹墀，見者異之。」精彩的是後半段：「又，瑞昌縣奏有大聲如鐘，自天而下，無形，蓋妖鼓也。次年，官民皆災。」[93]我們因此得知，災異發生時，會從天上掉下來的，不只有鷗鶒，還有庫銀和妖鼓。

對現代讀者來說，在士大夫關於國政大要的記敘中，看到這些神怪的情節，難免有突兀的感覺，但如果我們知道作為統治集團首腦的皇帝，是如何嚴肅認真地對待類似的情節，我們就應該更認真地思考神怪之說在這一套統治意理中占有的分量。

洪武十一年四月十四日，永嘉侯差百戶上奏於皇帝：「安東縣沐陽縣地方，民人暮驚，謂野有夜持炬者數百。或成列，或星散。巡檢逐之，無有。擊之，有應。朕不敢聽而匿，特差人致牲體，　爾鬼神於現形所在。」除了人到現場致祭，洪武還特地寫了一篇〈祭安東縣沐陽縣鬼火暮繁文〉，對事件的來由，作了詳細的交代。

在祭文中，他首先表明「幽有鬼神，朕嘗信之不惑」。但不

92　徐學聚，《國朝典彙》，卷114，第7冊，頁5496-5497。

93　同前注，頁5498。

管陽世的君主、百官、庶民都應該按照一定的禮數，祭所當祭。
在陰間的各種神明，也應該本著「福善而禍淫」的原則行事，而
不應倒過來「禍善而福惡」。接下來，他就想打聽清楚，這些持
炬的鬼神，為什麼要到人世間恐嚇百姓。

照洪武的說法，中原之地，「因有元失政，生民塗炭者多，
死者非一而已。」這些持炬的鬼魂，必定是在這個大環境下，因
為某種原因，結夥出來示警。他共列出四種具體的狀況，詢問這
些漂泊的鬼火：

> 爾持炬者，莫不五姓無主孤魂，而欲祭若此歟？正為懸隔
> 父母妻子，而有此歟？乃無罪而遭殺，冤未伸而致是歟？莫
> 不有司怠恭而怒之念歟？朕切問爾持炬者，四事果屬何耶？

如果這些鬼魂真的是因為某些具體原因而來，洪武自問無愧於
心，要求他們不要為人民帶來災害，自招天譴：

> 朕自即位以來，凡前王載在祀典者，各有時而奠。他不敢
> 倖，於正直鬼神之禮，未曾缺焉。爾持炬者，禍應禍而福應
> 福，勿妄為民害，自招天憲。[94]

朱元璋少年出家為僧的經歷，讓他對鬼神之說，有異於常人
的敏感。也因此讓他對一個看似魔幻的地方傳說，這麼慎重地遣
官致祭，並專文和這些為數眾多的持炬者，煞有介事的論辯起
來。但換個角度看，其實是出於對人間秩序的關切，讓他願意以

---

94 〈祭安東縣沭陽縣鬼火暮繁文〉，《明太祖御製文集》，頁566-568。

帝王之尊，出面代表地方民眾和荒野中數百個持炬的漂泊鬼魂交涉，扮演起人鬼間仲裁者的角色。

（六）異能

洪武之所以對超凡神祕的天道深信不疑，除了和僧人出身的背景有關外，其實還可以遠溯到他的先人。洪武二年，太祖追封他的外王父（外祖父）為揚王，並在京師立廟。在祭祀時，他穿著通天冠和絳紗袍。這樣的穿著，似乎引起群臣的議論。祭禮完畢後，洪武問宋濂為什麼這樣的穿著會引起大臣的議論。宋濂回答道，只有祭天地和宗廟才如此穿著，其他的場合，禮制規格都該降低。但對太祖來說，外祖父的特異能力，似乎配得上這樣的禮制。

原來這位外王父叫陳其祥，在元末的一場戰役中，同袍多半戰敗溺死，他僥倖逃脫。由於糧食斷絕，一同逃出來的人打算將死馬煮來吃。陳這時正倒地而睡，夢中看到一個白衣人，對他說，你千萬不要吃馬肉，晚上會有船來載你。陳恍惚之間，不相信夢中所聞。不久，又作了同樣的夢。晚上睡夢中，聽到櫓聲，一個穿紫衣的人告訴他：船來了。陳驚嚇而起，突然發現已在船中，以前指揮他的統領官也在船上，但已降元。後來船遇颶風，統領官知道他會巫術，就向元將推薦。他「仰天叩齒，風濤頓息」，因此得到元將喜愛。陳沒有兒子，但生了兩個女兒，次女就是朱元璋的母親。宋濂在評論時說：「王之平生，其詳雖不可知，即此神人之佑，則其積德之深厚可想矣！是宜鍾慶聖女，誕育皇上，以啟大明萬年無疆之基。」[95]原來在朱元璋血統中，就有

95　譚思希，《明大政纂要》，卷2，頁360。

一份巫師的因子，難怪他對神怪之說迷戀不捨。

　　天道在太祖統治理念中占有的分量，從他下詔設卜筮之官也可以看出。洪武十二年十二月，他對中書省下令：「卜筮者，所以決疑。國有大事，必命卜筮。」「朕觀往古終日乾乾履道不息之君，雖其視聽聰明，猶不能無疑焉。故必以不息之誠，決疑於龜筮者，所以通神明之意，斷國家之事也。」因此他打算設卜筮之官，並命中書禮部令天下廣詢博訪，由皇帝親自考驗後任用。[96]

　　洪武對卜筮之術和卜筮之士的重視，和他舉兵期間的幾次神祕體驗有關。他在攻克金華後，曾經找了一個叫劉日新的術士來算命。劉說：「將軍當極富極貴。」又對諸將校說將來或為公、或為侯。朱元璋對他不說出自己的官職感到憤怒，在屏去左右後，劉日新告訴他說：「極富者，富有四海。極貴者，貴為天子。」朱元璋聽完，龍心大悅。洪武四年，召劉日新至朝，問他願不願意變成富貴之人，劉說自己既不願貴，也不願富，只求一符，可以遊遍天下。太祖因此在自己手揮的白扇上題了幾句話：「江南一老叟，腹內羅星斗。許朕作君王，果出神仙口。賜官官不要，賜金金不受。持此一握扇，橫行天下走。」

　　劉日新拿了這把蓋有御璽的扇子，遊遍天下十二年後，回家告訴妻子，自己即將死於非命，而且當死於京師。原來他幫都督藍玉算命，算出藍當為梁國公，但七天後，當有一劫，自己也會和藍一起送命。太祖聽到劉日新幫藍玉算命的消息後，逮到朝廷訊問：「汝與藍玉算命？對曰：曾算。又問汝命盡幾時？日盡今日。因殺之。」為了證明這真有其事，記事者還在故事最後申

96　朱睦㮮，《聖典》，卷9，頁355-356。《明太祖御製文集》中有一篇〈命中書省禮部訪求卜士〉的文章，意思相同，見頁226-227。

明：「今其家子孫猶在，賜扇尚存。」[97]

　　另一個鐵口直斷的例子是鐵冠道人張中。相傳朱元璋有一次微行到一座寺廟，看見群僧跪伏門道旁迎接。他詫異的問眾僧人如何知道他造訪，僧人說是鐵冠道人說的。洪武因召道人至，手上的餅還吃不到一半，隨手賜給鐵冠道人，對他說：你既然能預先知道我來，就試著說說國事。「道人信口誦十句，中有曰戊寅閏五龍飯海，壬午青蛇火裡遜。至洪武建文間始驗。」[98]戊寅年是1398年，是洪武在位的最後一年，五龍飯海指的是太祖駕崩。壬午年是1402年，這一年燕王攻陷京師，自立為帝，火裡遜指的顯然是惠帝出亡。鐵冠道人看起來似乎確有特異的預知能力。

　　然而真正讓這一則鄉野傳奇具有非凡色彩的，是洪武二年，皇帝親自寫下關於張中的十件事，然後命宋濂作傳。下面就是在宋濂寫的傳記中呈現的面貌。

　　原來張中是江西臨川人，曾以春秋應進士舉，不中，遂放情山水。後來碰到異人，授以太極數學，因而有了特異的預知能力。1362年，在朱元璋稱帝前六年，他受到薦舉，和朱元璋有如下的對答：

　　　問曰：予定豫章，生民自此蘇息否？中對曰：未也。旦夕
　　此地當流血，廬舍焚燬殆盡，鐵柱觀亦為灰燼，惟一殿存耳。

後來指揮康泰造反，一切果然像張中預言的那樣發生。

　　接著，陳友諒圍豫章三月不解，朱元璋舉兵伐之，特地詢問

97　徐學聚，《國朝典彙》，卷136，頁6539-6541。
98　同前注，頁6547-6548。

張中的意見。張中說：「五十日當大勝。亥子之日，獲其首領。其戰必在南康。」朱元璋命張中隨行，船行到一處孤山，無風不能進，張中說應該祭拜一下。祭完，風大作，順利到達彭蠡湖。

接下來，常遇春和敵軍大戰於康郎山，被敵軍包圍，情勢危殆。張中卻很篤定的預言：「亥時，當自出。」到時，常遇春果然突圍而出。在此後的戰役中，朱元璋的部隊都獲得大勝。陳友諒被箭射死，部眾五萬人出降。在最初豫章被包圍時，朱元璋曾問張中何日可以解圍，張中鐵口直斷在七月丙戌。戰報傳來，卻是乙酉日，差了一天。再仔細推究，原來是日官推算錯誤，實際上是在丙戌解圍。「其他奇中，往往如此。」[99]

類似太祖的經歷，在現代的政治人物中，也時有所聞。不同的是，太祖命儒臣將鐵冠道人張中的神奇事蹟，載之史冊。而在當代科學論述的影響下，這一類的事蹟，卻只能不見天日的在口耳之間流傳。

下面這則關於周顛仙的記載，和張中相彷彿。不同的是，周顛仙似乎有更大的法力，在個性上也不似張中拘謹守分，反而讓人想到瘋瘋顛顛的濟公和尚。

周顛仙的名字不詳，自稱是建昌人。「身長壯，貌奇崛，舉止不類常人。」十幾歲的時候，得過顛病。他曾經跑到省府，說「告太平」，人皆異其言，遂呼為顛。幾年之後，天下果然大亂，陳友諒入南昌，周顛仙則隱跡不見。

等到朱元璋平定南昌，要回金陵的時候，顛仙從道路旁跑出來拜謁，並悄悄地跟著朱元璋來到金陵。每碰到朱元璋外出，顛

99　譚思希，《明大政纂要》，卷2，頁361-362。徐學聚，《國朝典彙》，卷136，頁6549-6550。

仙就跑過來：「告太平」「告太平」。有時捫蝨而談，擊節而歌，言辭多隱諱。朱元璋非常厭惡，命他喝下燒酒，「酣暢不輟」，第二天又再度現身。朱元璋賜以新衣，看見他的舊衣帶上掛著一條三寸長的菖蒲，顛仙又語帶玄機的說：「細嚼飲水腹無痛。」顛仙嘗自言入火不熱，「上命巨甕覆之，積蘆薪五尺許，燔甕四旁。火盡滅發而視之，端坐如故，如是者三。」

朱元璋有一次問他能不能一個月不吃飯，顛仙說可以。於是命他坐在密室中，果然不吃不喝二十多天。朱元璋後來來到寺裡賜食，走的時候，顛仙在路旁畫地作圈，曰：「破一桶成一桶。」這時中原尚未平定，陳友諒復圍南昌。朱元璋欲率兵往援，問顛仙道：「陳氏已僭號，吾此行何如？」顛仙仰視良久，說：「可行，上面無此人分。」朱元璋要求顛仙同行。舟行至皖城，無風不能進。顛仙說：「行則有，不行則無。」朱元璋前行不數里，果然風大作。行至馬當，見江豚戲水，顛仙說：「水怪見前，損人必多。」朱元璋認為他說話狂妄，要投到江中，顛仙回答說自己能「入水不濡」。太祖遂命人投之於江。過了很久，他又跑來謁見求食，太祖將他放回到廬山。

陳友諒敗死後，朱元璋派人到廬山找周顛仙。到太平宮旁邊，碰到一個老人說：「我告太平來，不食且半月，今去不見。」

洪武十六年秋天，有一個僧人自稱受廬山一老人差使前來求見，太祖覺得所言虛誕而不見。接著，「上不豫，飲藥未瘳。前僧復徒跣至，云周顛仙遣進藥。上不納，僧具言前事，乃餌其藥。覺有菖蒲丹砂氣，是夕疾愈。僧亦去不知所之。」

上面這些片片斷斷、事涉玄怪的記載，因為太祖的背書，而不致流入全盤的荒誕。根據記載，太祖病好後，在廬山立了一座周顛仙碑，「親為文勒石紀其事，命員外潘善應，司務譚孟良往

祠焉。」[100]

　　上面的記載，不管再玄怪，都和整個帝國肇建過程中的征戰，以及太祖的健康，有密切的關係，因而具備強烈的現實意涵。下面這則記載，和實際政事沒有太大的關係，但因為牽涉到朝廷的命官和皇帝的審訊，仍然能讓我們看出關於統治階層的記敘中的超凡色彩。

　　故事的主角冷謙之所以引人注目，一方面是因為他嘗遇異人，傳仙術；一方面因為他官至禮部尚書。冷謙有一個朋友，貧苦不能自存，向他求救。冷謙說我可以指點你到一個地方，不過你千萬不要多取過分。朋友答應後，冷謙在壁上畫了一扇門、一隻鶴，令友人敲門。門應聲而開，走到房間裡，發現都是金銀珠寶，原來是朝廷的內帑。這個人「恣取以出」，卻不小心把票引遺留下來。沒有多久，守庫的官吏發現金子遺失，根據留下的票引，逮到這個人。因為供詞中提到冷謙，所以將他一起逮捕。

　　冷謙對逮捕他的人說：「吾死矣！安得少水以救。」逮捕他的人用瓶子裝了一些水給冷謙，冷謙一邊喝，一邊將腳插入瓶子，身體也漸漸隱遁。前來逮捕的人驚慌莫名，說你不要這樣，否則我們會一起連坐而死。冷謙說不要怕，只要把瓶子帶到御前：

> 至御前，上問之，輒於瓶中應如響。上曰汝出見朕，不殺汝。謙對：臣有罪，不敢出。上怒命擊其瓶碎之，片片皆應，終不知所在。日（？）是不復見，移檄四方，物色之，

100 這裡的敘述，是綜合《明大政纂要》和《國朝典彙》兩者的記載而成，見譚思希，《明大政纂要》，卷9，頁477。徐學聚，《國朝典彙》，卷136，頁6544-6547。

竟不能得。[101]

　　在士大夫的記敘中，出現這樣狂野的情節，實在令人有些難以置信。但按諸史籍，也不能遽然斥為無稽。明史對冷謙的記敘，和《國朝典彙》前半部關於冷謙通音律的記載，大致相符，說他「知音，善鼓瑟，以黃冠隱吳山，召為協律郎」。[102]但不曾提到他做過禮部尚書，也沒有各種特異功能的記載。但《四庫總目》中，〈修齡要指〉項下，卻有這樣的描述：「舊本題明冷謙撰。謙字啟敬，嘉興人。洪武初，官太常協律郎。世或傳其仙去，無可質驗也。」[103]顯然，冷謙求仙或成仙而去的傳說，傳布得相當久遠，到幾百年後，還被另一批士大夫傳述下來。

結論

　　我們在討論古代中國的思想風貌或政治運作時，大概不會輕

101 徐學聚，《國朝典彙》，卷136，頁6550-6551。《國朝典彙·異術》中，還有一則約略相仿的記載。主角于梓人是洪武乙丑年進士，他的父親曾經夜夢梓橦神，遂能雕塑神像。梓人長大後，有雋才，且多異術。在做登州府知府時，有虎傷人，梓人命衙役持牒至山中將老虎帶回。老虎伏伏貼貼的走進城裡，至庭下伏不動，梓人厲聲叱杖之百。後來梓人被仇人構陷，說他用妖術惑眾，下刑部治罪，數月後死於獄中。但他死而復生，又回到家中，「不自晦匿，日與故舊遊宴，或泛舟不用篙楫，逆水而上以為樂。」接著，他設計讓控訴他的仇人入罪。報了仇後，就此消失不見蹤影。見徐學聚，《國朝典彙》，卷136〈異術〉，頁6542。
102 張廷玉等，《明史》（北京：中華書局，1974），卷61〈樂志〉，頁1500。
103 〈修齡要指〉，永瑢，《四庫總目提要》，卷147〈子部五七·道家類存目〉，下冊，頁1263。

易放過巫的影響。到了漢代，焦點轉移到天人感應哲學和讖緯之說。魏晉有玄學，4世紀到8世紀的中古，則呈現「外儒內道」或「外儒內佛」的生命基調。104到了宋代，隨著儒學的復興，我們的目光幾乎全都轉移到理學上面。明清科舉取士，則讓學者在討論國家的治道基礎時，將注意力完全放在儒學身上。在這個不斷被強化的以儒術治國的論述影響下，我們幾乎無法想像「國之大事，唯祀與戎」的說法，可以跳越古代，應用在與我們貼近的現代（西方）世界有過直接交涉的明清帝國。換言之，當代學者對明清帝國的大量研究，讓我們不知不覺誤以為這個我們熟悉的、被西方學者稱為帝制中國晚期（late imperial China）的歷史時段，因為可以隨意進出，而弭平了彼此之間的鴻溝，成為和我們身處的現代世界，沒有斷裂的連續存在。105

　　但如果我們僅從和現代世界理性、世俗的基調相契合的儒家思想入手，是否真能窮盡帝制晚期中國的底蘊呢？我在前面的敘述，就是試圖透過大量而近乎重複的資料，來突顯超自然、非理

---

104 陳弱水，〈柳宗元與中唐儒家復興〉，《新史學》，卷5，第1期，1994，頁26-39。

105 最近也有西方學者漸漸注意到國家祭儀的問題。Evelyn Rawski, *The Last Emperors: A Social History of Qing Imperial Institutions*（Berkeley: University of California Press, 1998）。Angela Zito, *Of Body and Brush: Grand Sacrifice as Text/Performance in Eighteenth-Century China*（Chicago: The University of Chicago Press, 1997）。Rawski在第6章、第7章中分別討論了郊禮、祈雨、巫術、喇嘛教等。不過她的重點還是從儒家的立場出發，探討君王在祀典中應盡的職責。此外，她也認為滿清帝王有意藉著一些典禮來維持滿人特有的、有別於漢人的文化認同（見頁295-299）。這些都和本文的主要關懷不同。Zito在第五章中討論到郊禮，重心放在郊禮的空間背景和安排，她把郊禮看成一個以君王為中心的文本和表演，並未觸及到意識形態的問題。

性、不可知的神怪力量，在明帝國統治階層——特別是皇帝們
——的言行舉止間所占有的分量。

從現代的眼光回顧明帝國統治意理中的神怪成分，我們不難
發現現代世界與明帝國的斷裂。但另一方面，如果我們把明朝的
各項祀禮放在整個中國的禮制傳統中考察，我們會發現明朝的超
自然崇拜，其實承繼了一個悠久的傳統。像是圜丘祀天、祭風師
雨師，及山川瀆鎮之禮，都可以遠溯到《周禮》。[106]洪武三年修成
的《大明集禮》，就是立基在這個悠久的禮制傳統上，損益修補
而成。近代的學者，或是有意無意的忽略這個傳統，或是無法體
會制度條文背後的實際意涵，自然無法真正掌握住當時統治階層
的心靈結構。

從上面的敘述中，我們可以清楚地看出，對明代的帝王，特
別是對明太祖而言，對天地、山川、鬼神的崇祀，絕不像我們現
代人所推想的，只是繁縟、裝飾性的具文，而是和帝國的興衰、
人民的福祉及一家一姓的存滅、安危息息相關的現實政治中的首
要工作。透過國家的典制和太祖本人的訓誡，對鬼神和超自然力
量的崇敬，更變成地方官日常政務的一部分。

在一般常規性的日常政務中，儒家思想也許提供了一個規範
性的指引，但落實到實際的事務，不論是徵稅、用兵、審判、地
方秩序的維持或公共建設的推動，靠的都是官僚體制長久累積下
來的專業知識，和儒家思想本身也沒有太大的牽涉。這是我們在
討論儒學和國家意識形態間的關係時，必須特別注意的一點。

---

106 可參考秦蕙田，《五禮通考》（桃園：聖環圖書，1994），卷1、2、36及46的
　　記載。林素英，《古代祭禮中之政教觀：以《禮記》成書前為論》（台北：文
　　津出版社，1997），第2章、第3章對祭天和望祀山川之禮，有深入的分析。

　　崇祀神明固然也被納入中央和地方政府的經常性行政事務中，但顯然又和一般政務有所區別。一般日常瑣屑政務的推動，靠瑣屑的吏胥或律令。具有超凡能力的神明，則必須用在非凡的時刻。祀典中用「能禦大災，能捍大患」作為國家進取神明的準則，正說明了神明工作的特質。

　　在實際運作的層次，神怪力量固然是在戰亂、災異和各種猶疑不決的特殊時刻介入。但如果提升到理念層次，我們發現對神怪和超自然力量的敬畏、崇祀，實際上是和整體的治道密不可分。從太祖的例子中，我們可以看出，他對超凡能力的渴慕，讓他在面對政事或俗世事務時，有更強烈的信心，因為他覺得神明總是會在他需要時出現。另一方面，他對政事和人民福祉的強烈關懷及責任感，又強化了他對天道的依賴和堅信。他越是希望在重大的時刻，作出正確的抉擇，或是在一般的日常政務上順利推展，就越渴切期望天地山川和鬼神的庇佑。天道和治道在此互相加強，形成正面的循環。

　　朱元璋對超自然力量的信仰，除了和他的出身、家世有關外，他二十幾歲重回皇覺寺出家為僧時，正是元末天下大亂，群雄並起的年代。其中，韓山童等人創建的紅軍，信奉白蓮教，大力鼓吹「明王出世」「彌勒降生」的信仰。朱元璋也深信這樣的說法，隨後自己也加入了紅巾軍。[107]

　　在理論上，朱元璋的出身和信仰，都使他和儒家思想存在一定的緊張性。他有意壓低孔子崇祀在國家禮制中的位階，在某個意義上，正是這種緊張性的顯現。但他對天道的強烈信仰，因為全盤導入對現實政治的關切，大體符合儒家外王之道的理想，而

---

[107] 陳梧桐，《洪武大帝朱元璋傳》（貴陽：貴州人民出版社，2006），頁50-51。

使得天道與治道的潛在衝突，壓縮於無形。

　　但明中期以後，帝王沉溺於宗教和神怪的領域，嚴重影響到現實政務的推動。儒臣罷釋道的呼聲，此起彼落，統治意理中儒家的成分，因此和超凡的神祕成分，產生明顯的矛盾。但即使在這個時候，儒臣所堅持的儒家式禮教，也不必然處在怪力亂神的對立面。只要能夠主導儀禮的進行，儒臣完全不在乎將神怪的力量引進。[108] 在這裡，國家統治理念中的現實關懷和超凡取向，理性質素和神怪色彩，又交融在一起而難以斷然割裂。事實上，對像張居正、王錫爵等絕大多數的朝廷命官來說，皇帝藉著郊禮與神祕的力量感通，或藉著各種儀式，回應上天的懲戒，原本就是統治意理和君主職責中不可分割的要項，並無所謂理性和神怪的分野。

　　這套天道與治道交融的統治意理，不只被帝王尊奉，百官推行，也被不同時代的明代官員、士大夫記敘下來，而廣為流傳。這些官員、士大夫，根據核心的官方史料，將帝王事涉神怪的言行記載下來，固然增加了這些記載的可信度。但即使某些記敘的來源，不像其他記敘那樣有權威的官方色彩，一旦被這些曾經參與國家統治的士大夫，用朝政大端或國事紀要的名目記載下來，也就具有和筆記小說、稗官野史不同的意義。加在一起，這些出處不等，被不同時代的士大夫記載在不同典冊上的神怪事蹟，共同界定了國家統治意理的內容和疆界。

108　李孝悌，〈明清的統治階層與宗教：正統與異端之辨〉，頁83-102。

第二章

顧起元的南京記憶

前言

　　顧起元（1565-1628，嘉靖四十四年至崇禎元年）出生於南京，一生也大部分在南京度過，和一度活躍在明末金陵的冒辟疆（1611-1693）、方以智（1611-1671）、侯方域（1618-1654）、陳貞慧等人相比，早了將近半個世紀。冒襄於崇禎三年始試金陵，侯方域於崇禎十二年移寓金陵，縱情詩酒聲色時，顧起元已然謝世。他們雖然都生活在16世紀以後，商品經濟發達，物質生活富庶的年代，並能體認、享受生活中美好、逸樂的事物，但因為生活的時代和生涯、經歷的差別，卻使得他們的南京記憶出現極大的差別。冒、方、侯、陳等明末四公子都是在青春年少之際抵達南京，在秦淮河畔恣情縱欲。在與閹黨的鬥爭之外，他們對南京的回憶交織著青春與欲望，一幅末世繁華的景象。而這樣的景象，因為國家的驟然覆亡，帶來難以再次複製的斷裂。

　　這樣的斷裂、悼亡氣息，和顧起元《客座贅語》中無所不在的歷史延續感，形成強烈的對照。雖然《客座贅語》中也有許多對於時代風氣移轉的感慨，但和明清之際士大夫對朝代覆亡，舊日繁華一去不回的創痛相比，顧起元的世界無寧有著更強烈的歷史傳承意識。更有趣的是，顧起元對南京歷史傳承和文物、逸聞的記敘，在康熙年間編纂的《江寧府志》中被大量引用，成為官方和主流的南京歷史。顧起元所發掘的南京歷史傳承，跨越了明清易幟的鉅大斷裂，綿延不絕地流傳下去。

　　除了延續／斷裂的對照外，《客座贅語》一書另一個極大的特色，就是在文物、書畫、園林、逸樂之外，同時對攸關民生的制度提出了許多批評和建議。而有關生活逸樂的描述，一方面若隱若現地透露出顧起元對物質生活、士大夫文化和戲曲音聲之道

的喜好，一方面又傳達出更強烈的社會批判氣息，而和張岱、余懷或文震亨等人的作品有極大的差異。張岱、文震亨等人儘管在亡國後用實際的行動來實踐他們的政治批判，用實際的行動來完成鉅大的家國論述，但作品中卻盡是對美好生活及不急之物的耽溺。顧起元卻在看似瑣屑的文類中，同時呈現出嚴肅的社會、政治大論述和對細瑣、多餘之物的耽溺等兩種不同的主題。這樣的特性，讓我們正好可以從社會史與文化史兩個不同的視野，編織出一個不同於17世紀中葉遺民世代的南京景象。

　　顧起元的記敘之所以不同於前述諸人，很可能和他長期在朝為官的經歷以及正好身處在經濟資源由盛而衰，社會風氣急遽轉變的大的時代環境有關。和冒、方、陳、侯等人青春年少，肆無忌憚、毫不節制地投入城市生活的誘惑相比，顧起元對城市逸樂若有似無的眷戀及對奢靡之風的批判，正顯示出一位長期在政府中仕宦為官的儒家士紳，在儒家的傳統道德、價值觀和明末繁華的城市生活之間的猶疑、徬徨。《客座贅語》中猶疑兩端的矛盾和擺盪，正反映了岸本美緒教授所說的16到18世紀間，中國知識人對社會秩序與風俗變遷的關懷與不安，以及明末清初學者有關「風俗」的討論中，「一種獨特的緊張感覺。」[1]

　　《客座贅語》中大量對於園林、戲曲歌謠、書畫文物、城市生活的記載，顯示顧起元和同樣曾經生活在明末江南的冒襄、方以智、陳貞慧、侯方域、張岱、文震亨等人的生活和回憶中，有許多交疊之處，同樣呈現出城市生活中美好的片斷和精緻的士大夫品味。但相對於這些人在科舉、仕宦之路上的頓挫，顧起元在

1　岸本美緒，〈「風俗」與歷史觀〉，《新史學》，13：3（2002年9月），頁5-15。引文見頁9、15。

舉業上的顯赫成就及在北京、南京供職的經歷，卻讓他對一些重
大的國家制度和社會問題，有了更切身的體驗。顧起元於萬曆二
十六年（1958），34歲時，考中會試第一名，殿試一甲第三名，
授翰林院編修，[2]可謂少年得志。關於其後的仕宦經歷說法不一，
大多數的資料都認為他在朝為官的時間只有五年，也有人認為是
八年，但一項新的研究卻認為，顧起元前後在北京、南京任官的
時間大約有十九年之久（1598-1616）。萬曆二十六年（1598），
顧起元考中探花後，依慣例授翰林院編修，一直到萬曆三十二年
（1604），他在北京擔任編修前後達六年之久，其後大概在萬曆三
十三年由翰林院編修改遷為南京國子監司業，其間萬曆三十七
年，可能一度因母喪，丁憂在家三年。萬曆四十年（1612）應已
「優歸」，回任國子監司業之職。萬曆四十三年（1615），升任國
子監祭酒。同年，妻子亡故。次年（1616）被任命為詹事府少詹
事。雖然職位有所擢升，但妻子的亡故顯然對顧起元帶來極大的
打擊，所以就在升任詹事府少詹事後不久，告病在家休養，結束
了長期在南京國子監任職的仕宦生涯，《客座贅語》一書則在第
二年成書。[3]

　　以顧起元在舉業中的優異表現，他的仕宦之途，自然稱不上
顯達。但相較於前述的遺民群和文震亨等人，在朝仕宦為官的經
歷，顯然有助於他在寫作時兼顧到儒生經世濟民的傳統和理念。

2　見譚棣華、陳稼禾為《客座贅語》所寫的點校說明，（北京：中華書局，
　　1987），頁1。

3　此處關於顧起元的仕宦歷程，取自王穎〈顧起元生平新考〉，《語文學刊》
　　（高教版），2006年第11期（頁55）。王穎認為顧起元前後任官共十九年，其
　　中十一年在南京國子監供職，應該是將顧丁母憂的三年也包括在內。

而長期在家鄉南京任職的經驗，[4]以及學官閑散的性質，則使他有時間對國家制度的得失及家鄉各種地方性的瑣細事物，作深入的觀察和記述。

　　根據顧起元在萬曆四十五年（1617）寫的序及四十六年的跋文，我們知道《客座贅語》的寫作時間前後有幾年，隨聽隨想隨記，所以和張岱的《陶庵夢憶》一樣，顯得混亂而無章法：「此書乃數年來所札記者，因隨手所書，原無倫次。頃二年中以病兀座，長日無聊，小為編敘，以散懷終日。」[5]

　　這樣散漫的敘事結構，當然是筆記小說固有的特質。費絲言則更進一步指出，周暉的《金陵瑣事》和顧起元的《客座贅語》這兩部由與客人對話寫成的「客談」之作，其實反映了城市生活特有的不定形和混雜性。透過沙龍式的對話，這兩部「客談」作品，將城市作為日常對話的主題。這個觀察，將《客座贅語》放在《東京夢華錄》以降的都市文學的角度來剖析，進而指出《客座贅語》不同於既往的隨意性特質，及這種特質與日常生活經驗相互呼應的特色，可說是別具洞見和啟發性，可以和商偉將《金瓶梅》鬆散的敘事結構和日常生活的結構相比擬的看法等量齊觀。[6]不過除了從城市日常生活的特色來解釋《客座贅語》的鬆散

4　王穎特別針對顧起元在南京任官是否違反了前代的迴避制度作了說明。一方面從明中葉後，學官可以不受迴避制度的限制，一方面，萬曆長期不理政務，使得官員的升遷制度遭到破壞，迴避制度更無法貫徹，前引文，頁55-56。

5　見《客座贅語》書後「遯園居士再識」，前引譚棣華、陳稼禾點校本，（下同），頁350。

6　Fei Siyen, "Nanjing through Contemporary Mouths and Ears: The Idea of the City in Two Recorded Conversations about Ming Nanjing", pp. 1-5.

特質外，我在這篇文章中，將從社會史和文化史兩個大的研究取徑入手，換一個角度來解釋《客座贅語》一書一些重要的特質和主題。我要指出，在這些顧起元自己所說的「因隨手所書，原無倫次」的鬆散的外衣下，其實可以明確的歸納出他一向所關注和偏好的一些課題。更進一步挖掘，我們甚至可以從這些看似毫無章法的瑣屑記事中，找到一些貫穿其間的深層文化或心靈結構。

事實上，《客座贅語》中的一些主要課題和特色，在歷來的生平、作品簡介中，都有基本的指陳。譚棣華、陳稼禾在1984年寫的《客座贅語》點校說明中，已經指出此書的幾個基本主題。早在康熙二十二年（1683）刊行的《江寧縣志》，更在二百多字的傳略中，對顧起元思想、議論中關心公共事務和民生利弊的這個面向，作了最扼要而集中的勾勒。這個勾勒雖不是直接對《客座贅語》所作的提要，卻清晰地反映出《客座贅語》中社會史的側面：

> 公學問淵博，如古今成敗、人物臧否，以至諸司掌故，指畫歷然可據。凡考訂成憲者，皆折衷于公焉。稱述先輩，接引後學，孜孜不倦。林泉自賞，未常輕至公庭。惟地方利弊，如兵部快船改馬船，絕衛官之科索，兩縣坊廂準里甲為條編，皆更定良法，軍民兩便。或有妄言，復舊以便其私者，公力爭之，乃止，人猶惜其不及大用云。[7]

相較於《江寧縣志》完全正面性的描述，《四庫全書總目》

7　《江寧縣志》，收於《稀見十國地方志彙刊》（北京：中國書店，1992），第10冊，中國科學院圖書館選編，卷10，頁851。

對此書所作的提要，除了對全書性質所作的描述外，在評價部分可說是毀譽參半：

> （客座贅語）明顧起元撰。起元有說略，已著錄。是書所記，皆南京故實及諸襍事。其不涉南京者，不載，蓋亦金陵瑣事之流。特不分門目，仍為說部體例耳，雖頗足補志乘之闕，而亦多神怪瑣屑之語。至前聞紀異一百條，全錄舊文取充卷帙，尤為無取矣。[8]

這裡所說的「前聞紀異」原書作「前記異聞（一百則）」，收於第五卷中。這段文字的重點大致可歸為幾項：一、所記皆南京故事及諸雜事。二、所記皆瑣事之流，特不分門目，仍為說部體例。三、頗足補志乘之聞。四、多神怪瑣屑之語。五、前記異聞一百條，其實是從以前的文獻中鈔來。我在下文中，會針對提要中說的這幾個重點進一步分析，先全文鈔錄於此。

歷史傳承

在討論《客座贅語》幾個明顯的主題——社會組織與制度，生活、逸樂與社會批判，鬼怪、物怪與傳奇，宗教，外來事物——之前，我將先針對《客座贅語》一書中所呈現的歷史感作一個綜合性的論述。歷史感當然包括了典章、文物、制度在時間中的演變，但在這些演變之後，顧起元的論述其實還充滿了歷史傳

8　《欽定四庫全書總目》，卷143，我用的是迪志文化出版社的《文淵閣四庫全書電子版》。

承與延續的意味。這些具有歷史意識的文字，可以用主題與變奏或 William Sewell 在 *Logics of History: Social Theory and Social Transformation* 一書中所說的結構或文化圖式（cultural schemas）等概念來涵攝。[9] 顧起元用以建構其強烈歷史延續感的素材，繁複而多端，我試圖從古禮今俗、地方視野中的中央權勢、文物、細瑣之物、生活／逸樂等角度來探討這一系列涉及文化圖式與地方實踐，歷史傳承與地方知識或是全國性的文化資源與地方記憶之間的辯證等相類似的問題。而這種種關於中央與地方，歷史傳承與地方性敘事的辯證關係，又與顧起元的生平經歷和《客座贅語》一書的知識來源有密切的關係，所以下面先從此談起。

（一）《客座贅語》的知識來源

《客座贅語》各種記載的一項主要來源，正如費絲言所說，是透過顧起元與友人、訪客的交談，撮錄而成。[10] 這點顧起元在序言中交代得很清楚：「余晚年多愁多病，客之常在座者，熟余生平好訪求桑梓間故事，則爭語往蹟近聞以相娛，間出一二驚奇誕怪者以助驩笑，至可裨益地方與夫考訂載籍者，亦往往有之。余愁置於耳，不忍遽忘於心，時命侍者筆諸赫蹏，然什不能一二也。」[11] 顧起元聽了訪客的奇聞軼事，即令僕人記載在小紙片上，

---

9   William Sewell, *Logics of History: Social Theory and Social Transformation.* （Chicago: University of Chicago Press, 2005）。我在閱讀資料和構思這篇文章時，受到 Sewell 這本書極大的啟發，特此註明。Sewell 對社會史和文化史及結構與事件的看法，我在〈從鄉村到城市——社會史和文化史視野下的城市生活研究〉一文中，有比較詳細的討論，見本書附錄二，此處不再贅述。

10   Fei Siyen, ibid , pp. 1-9.

11   〈客座贅語序〉，同前注，頁1。

成為日後集帙成書的主要依據。「街談巷議、道聽塗說」原本就是傳統「小說家流」這種體裁最主要的特色，顧起元依此成書，其實也不過是在實踐一種行之久遠的傳統。在口耳之言外，顧起元長期在南京國子監任職時的親身經歷和一手觀察，則是《客座贅語》另一項重要來源。謝國楨就認為書中所載的各種社會、制度問題，如清軍勾補、漕運銷耗、內官勒索、編坊廂為里甲，以及由頻繁的支應和苛重的力役所引發的罷市，都是顧起元的親身見聞：「凡此種種，皆是由著者官南京國子監祭酒時，親眼目睹，說起來是有其根據的。」[12]

　　但在這種賦予《客座贅語》較強的此時、此刻或當下、在地感的親身見聞和口耳之談外，我們更不能忽略蒐集、考訂文獻和田野考察在《客座贅語》成書過程中所扮演的角色。換句話說，除了一個多愁多病，賦閑在鄉，「不為無益之事，何以遣有涯之生」的文人士大夫，靠著傳播、記錄奇聞軼事來打發時間外，這些繁瑣的記事後，其實還站著一個作為史學家和人類學家的顧起元。

　　前序中，顧起元所謂「（熟）余生平好訪求桑梓間故事」「至可裨益地方與夫考訂載籍者，亦往往有之。」其實已經明指出田野考察和考訂文獻這兩個面向。而且很顯然的，這些客座奇談和親身訪求、考訂載籍之間，是有著互相參照的功能的。《江寧縣志》的傳略中所說：「公學問淵博，如古今成敗，人物臧否，以至諸司掌故，指畫歷然可據。凡考訂成憲者，皆折衷于公焉。」更明確地突顯出學問淵博、熟悉掌故和考訂成憲在顧的生平、著述中所占的位置。

12　謝國楨，《明清筆記談叢》（上海：上海古籍出版社，1981），頁29。

顧起元對於有關南京的古代文獻和方志，作了詳細的目錄整理工作，「金陵古志」[13]「先賢著述」[14]「金陵人金陵諸志」[15]「南京諸志」[16]等條，幾乎是到了羅掘俱窮的程度，既反映了顧起元「會試第一，殿試一甲三名」的不凡出身，也印證了《江寧縣志》中「公學問淵博」的蓋棺定論。閱讀這些古代文獻，摘記其中的重點，成為顧起元建構其宏大的記憶的宮殿時，一個主要的梁柱：「金陵前輩多有著述，今類堙滅，不恆邁見矣。暇常摘其尤著者記之。」[17]四庫提要的批評：「至前聞紀異一百條，全錄舊文取充卷帙，尤為無取矣」，其實是沒有抓住全書脈絡的浮泛之論。

除了詳細臚列相關的文獻外，顧起元「上窮碧落下黃泉，動手動腳找資料」的功夫，以及在文獻考訂、校補上所作的努力，也同樣令人印象深刻，下面摘錄「古志搜訪」一條的全文，以便能對顧起元作為學者的一面，有較明確的體認：

> 嘗謂地方文獻，士大夫宜留意搜訪，至前代圖籍，尤當甄錄，即斷編缺簡，亦當以殘珪碎璧視之。金陵古稱都輦，乃自國朝以上，紀載何寥寥也，僅有金陵新志一書，南雍舊板尚在，然訛闕過半，亦復無他本可備校補者。景定建康志，聞禮部舊有藏本，近亦不知存亡。余念此，但見往記有關金陵者，輒紀載其名，為搜訪之地，二卷中曾紀古志，近又爻得數種，具疏如左：周處風土記三卷，梁元帝丹陽尹傳十

13　《客座贅語》，卷2，頁50-51。

14　同前注，卷7，頁216-218。

15　同前注，卷7，頁219。

16　同前注，卷7，頁220。

17　同前注，〈先賢著述〉，頁216。

卷，應詹江南故事三卷，徐鉉等吳錄二十卷，不知名南唐書
十五卷，不知名江南志二十卷，十五卷者，疑是陸務觀書。
王顯南唐烈祖開基志十卷，徐鉉、湯悅江南錄十卷，陳彭年
江南別錄四卷，龍袞江南野史二十卷，不知名江南餘載二
卷，錢惟演金陵遺事三卷，不知名金陵叛盟記十卷，王豹金
陵樞要一卷，曾洵句曲山記七卷，張情茅山記一卷，不知名
茅山新記一卷，張隱龍三茅山記一卷，恐即張情。朱存金陵
覽古詩二卷，袁陟金陵訪古詩一卷，吳操蔣子文傳一卷，不
知名南朝宮苑記一卷。其鄭文寶南唐近事、江表志，近已有
板行者，二書所載，大概多同。[18]

就像口耳之談與考訂載籍之間的互相參照一樣，據有在地人
優勢的顧起元也往往以他所摘錄的古籍記載，作為進一步搜訪資
料的憑據：「但見往記有金陵者，輒記載其名，為搜訪之地。」一
步一步地擴充他的文獻知識。而這樣的文獻基礎，又可以和實地
的田野考察產生互動，讓看似瑣細的文本，經緯交織，成為更豐
厚的深描。「金陵古城」條目中的記載，是一個很好的例子：

囊侍吾師蛟門先生，問余五城云何？倉猝對以東晉所築，
今有五城渡是。後讀前志，知唐韓滉又築石頭五城，自京口
至土山，修塢壁，起建業抵京峴，是有二五城矣。因悉攷金
陵前代城郭，一古越城，一名范蠡城，蠡所築，在長干里，
俗呼為越台。一楚金陵邑城，楚威王置，在石頭清涼寺，西
南開二開，東一門，……吳石頭城，大帝舊城修理。……吳

18　同前注，〈古志搜訪〉，頁134-135。

> 至六朝古都城，吳大帝所築，周迴二十里一十九步，在淮水
> 北五里，晉過江不改其舊，宋、齊、梁、陳因之。[19]

　　接下來，顧起元一一追溯了從晉台城、冶城、秣陵城、到隋
金陵府城的沿革和所在。這整段敘述，都是從「讀前志」開始。
另一方面，長期生長在南京的背景，則讓志書中的記載，有了具
體的著落，而不是一個個模糊、不相干的歷史地理名辭。「吳石
頭城，……在長樂橋東一里，今桐樹灣處。」「台城，……在青溪
西東府城」「冶城即在今之朝天宮也」「秣陵城在小長干巷
內」……之類的表敘，讓模糊、平坦或一望無際的文獻記載，突
然有了一個個精準的切口，進入南京的巷陌。具體而細微的地方
點觀或當下此刻的地方知識，和歷史的傳承及上層、正式的記
敘，因此有了連結。這種地方視野和大的歷史論述間的連結乃至
辯證關係，可以說是貫穿《客座贅語》一書最基本的特質。
　　書畫文物和鬼怪傳奇在《客座贅語》的記事中，占有突出的
位置。在這些細小或不可思議的記事中，同樣也瀰漫著上述的特
質。萬曆四十四年（1616），五十二歲的顧起元在住家右邊巷子
的水溝中，發現了斷碑一片。碑的一面有山水人物圖像和文字解
說，另一面則畫有手持經卷的古佛，站（座）在優曇樹前。因而
引出了顧起元的下敘考據文字：

> 余家右童子巷，丙辰五月初六日，因濬溝掘地，得斷碑一
> 片。其一面上有字，言是曹仲元畫山水人物樹木。有樵夫擔
> 柴，柴上懸一小籠，籠中有雀；又有擔衣篋前行，而後有駕

19　同前注，〈金陵古城〉，頁152。

牛車者；又有岸晒漁網，小舟橫於水中，最為精妙。按劉道
醇五代名畫補遺人物門妙品有仲元，言仲元建康豐城人，少
學吳生，工畫佛及鬼神，仕南唐李璟為待詔。仲元凡命意搦
管能奪吳生意思，時人器之。仲元後頓棄吳法，自立一格，
而落墨緻細，傅彩明澤。璟嘗命仲元畫寶公石壁，冠絕當
時，故江介遠近佛廟、神祠，尤多筆跡。今此固其一也。其
一面為武洞清筆，畫有優曇樹，下立一峰石，前一古佛，手
持經卷，止一半身，其餘缺壞矣。按洞清乃武岳子，米芾畫
史稱其作佛像羅漢，善戰掣筆，作髭髮尤工，天人畫壁，髮
彩生動。然絹素動以粉點眼，久皆先落，使人惜之。洞清亦
南唐人也。二子遺蹟，世無存者，今乃從地中斷石得之，豈
非畫史中一段嘉話耶。曹畫所題字，不在上，亦不在下，畫
腳與字腳相對刻之，今代亦無此式也。[20]

　　一個因為「濬溝掘地」，在偶然的機緣下，重新被挖掘出來
的六、七百年前的壁畫，如果是被一般的居民拾獲，其身世和價
值未必能因此被考據出來。但學識淵博，又留心桑梓文獻的顧起
元卻能重建其輝煌的系譜，讓我們從童子巷旁的方寸之地，從一
片小小的斷碑之中，重新建立金陵自古帝王都的系譜。曹仲元和
韓熙載同時在南唐李璟朝中仕宦為官，顧起元在「金陵南唐畫
手」一條下，也曾根據文獻的記載，約略提及：「江寧沙門巨然
畫烟嵐晚景，當時稱絕。……曹仲元工畫佛道鬼神。竺夢松工畫
人物女子、宮殿樓閣。顧德謙工畫人物。劉道士工畫佛道鬼神。
此圖畫《見聞志》所紀，在《金陵新志摭遺》卷中。南唐又有王

20　同前注，〈曹仲元、武洞清畫石〉，頁296。

齊翰工畫羅漢，而志之不載。」[21]這些藝術家曾經在構建南京豐富的文化、藝術傳承上，占有一席之地。顧起元在重建他的記憶的宮殿時，原本也只能根據地方文獻一筆帶過。但偶然得到的出土文物，卻能讓他對兩位南唐金陵畫家的作品，有了更具肌理和形象的描繪，興奮之情，不難體會。原來一筆帶過的記載，因為有了實物的憑據，而可以進一步的發揮：

> 洞清亦南唐人也。二子遺蹟，世無存者，今乃從地中斷石得之，豈非畫史中一段嘉話耶。曹畫所題字，不在上，亦不在下，畫腳與字腳相對刻之，今代亦無此式也。[22]

顧起元這種對金陵事物的考據癖，可說無所不在。下面這則對金陵寺塔的記載，還在一般可以理解的範圍內：

> 祠部郎葛公所著金陵梵剎志四十餘卷，一時大小寺院亡不詳載，大都據見在者，詳其建置之始末。元、宋以前，微不能舉，文獻無徵，固宜爾也。因攷唐僧清徹著金陵寺塔記三十六卷。又唐僧靈偃著攝山棲霞寺記一卷。二書皆亡，第名載於忠志耳。此書若存，六帝之都，四百八十寺之盛，必更有可攷據者。山川不改，遺蹟莫稽，余嘗過太岡寺，睹其彫落，為詩弔之，落句：「可憐佛土還成壞，況復人間羅綺場。」寺在昭代猶爾，又何論千百年而上者哉。[23]

21　同前注，頁153-154。

22　同前注，〈曹仲元、武洞清畫石〉，頁296。

23　同前注，〈金陵寺塔記〉，頁134。

　　而且因為文獻不足，寺廟又多數不存，可以發揮之處不多。
但只要有一些蛛絲馬跡，不論是親身目睹、鄉里傳聞，還是客間
座談，以供歡笑、相娛的往蹟近聞，顧起元大概都不會放過。下
面這三則記載，就是序言中所說的：「客之常在座者，……則爭語
往蹟近聞以相娛，間出一二驚奇誕怪者以助驪笑，至可裨益地方
與夫考訂載籍者，亦往往有之。」的「往往有之」中的典型個案：

> 王君履泰言：秣陵鎮人曾掘地得塚，朱其棺，以銅為凳度
> 之，羨中多金銀器。報於巡檢司，官勘誌石，秦檜第三女
> 也，官亟令人掩之。金陵瑣事載：嘉靖末，江寧鎮人有掘得
> 檜墓者，所獲不貲，官因惡檜而緩其獄。案元金陵志，檜墓
> 在牛首山。在江寧鎮南木牛亭者，其祖塋耳。未知孰是。[24]

　　故事的前半段顯然是客座笑談的友人轉述的傳聞，或費絲言
所細緻分析的街頭新聞。[25] 下半段則連續用了兩種文獻記載，以墓
中富藏金銀、秦檜墓地不明及令人嫌惡等幾個簡單的敘事為傳聞
添加了更多的故事性和懸疑性。
　　〈金甲人〉一則的敘述，同樣從墓地出發，主角則換成南京
諸生何應鼎。金甲人的托夢，牽扯出一段長達百年的先人與鬼魂
不為人知的積怨：

> 公葬南郊且百年矣，其孫諸生應鼎，常夢一金甲人，謂之
> 曰：「亟改扞而祖，吾為而祖所壓且百年。」奈何形家亦言地

24　同前注，〈秦檜女墓〉，頁95。

25　Fei Siyen, ibid, pp. 8-19.

非古壤，應鼎乃改葬。既開壙，則棺木已腐，而形故不壞，
面如生，目開而睛甚黃，衣紅袍，色猶未變也。掘其下果有
磚甃，為古塚，不知何人之墓。且當何公葬時，豈不知是前
人塚而扦之！皆異事也。[26]

　　何應鼎因為不堪鬼魂不斷托夢的困擾和堪輿家的建議，開啟
墓室後的場景：「面如生，目開而睛甚黃，衣紅袍，色猶未變
也」，在顧起元栩栩如生的描述下，鮮明得讓人有些難以置信。
但故事一開頭的考證文字：「何工部遵，正德中疏諫南巡，廷杖
死。世廟初，贈公尚寶卿，官其子一人。《南畿志言》：公贈光祿
少卿，誤也。」[27]卻為這個鄉里奇譚奠定了歷史考據的「史實」基
礎。

　　從〈金甲人〉到〈猿妖〉，顧起元的南京回憶中，最讓人心
恍神迷的城市物語，於焉登場：

　　張輗甫言：嘉、隆間，一部郎之妻，偶出南門梅廟燒香，
為物所祟，每至輒迷眩，百計遣之不去。後部中一辦事吏諳
道錄符水，郎命劾治之。吏設壇行法，別以小罌攝怪，久之
罌內唶唶有聲，吏復以法咒米，每用一粒投罌中，其怪即畏
苦號叫，似不可堪忍者。問其何所來，怪答曰：「本老猿
也，自湖廣將之江以北，道過金陵，偶憩於高座寺樹杪，而
此夫人經行其下，適有淫心，遂憑而弄之耳。」吏以符封罌
口，火焚之，怪遂絕。案宋高僧傳載，會稽釋全清，工密藏

26　同前注，〈金甲人〉，頁94。

27　同前注。

禁咒法，勑治鬼神。所治市會王家之婦，草為芻靈，立壇咒
之，良久婦言乞命，乃取一瓿驅靈入其中，呦呦有聲，緘器
口，以六乙泥朱書符印而瘞之，即此術也。[28]

　　顧起元對妖魔鬼怪故事的偏好，我在下文中還會仔細討論，
在這裡只就這一則記載中的幾個重點，稍加摘述。和〈秦檜女
墓〉一樣，這則故事也以某某某言的「客談」形式開端。故事中
一位南京官員的妻子到廟裡燒香時，被異物附身。有趣的是，最
後幫她施法祛除鬼怪的大概不是一位真正以術數為業的道士，而
是一位熟知法術的官府胥吏。對地方胥吏在各級政府中扮演的角
色，從日常的文書處理到包攬錢糧、詞訟等，我們已經累積了相
當多的知識。[29]這則記載中的「後部中一辦事吏譜通籙符水，郎命
勑治之」。則提供了一個珍貴而有趣的切入點，讓我們進一步了
解到與地方社會有密切交涉的官府下層書吏，在與民眾生活息息
相關的各種事務中，很可能和下階層文人或和尚、道士一樣，還
扮演了服務桑梓的角色。
　　在生動地敘述了辦事吏降伏猿妖的故事後，顧起元循例回到
會試第一的學問家本色，用《宋高僧傳》中釋全清的一段類似的
降魔之術，為友人傳述的驚奇誕怪之事，找到歷史和經典的傳承
與系譜。全清馴服附身烏鴉的故事，載於《宋高僧傳》第三十
卷，原記載中還有一段同樣精彩的窖中烏鴉在被收束於瓦罐五年

28　同前注，〈猿妖〉，頁96。

29　參見T'ung-Tsu Chu, *Local Government in China under the Ch'ing*（Stanford:
　　Stanford University Press, 1962）, pp. 36-55. Philip Kuhn, *Rebellion and Its
　　Enemies in Late Imperial China: Militarization and Social Structure, 1796-1864*
　　（Cambridge: Harvard University Press, 1980）, pp. 97-99.

後，重見天日的後續發展。[30]但大體而言，顧起元的摘敘正確無誤。我們無法確知顧起元在吩咐僕人以紙片記下座客的傳述後，是在自己的藏書或國子監或其他所在，檢索了《高僧傳》的原文；或是在聽到傳述前，早已經在多年的閱讀中留下記憶；或是經歷了閱讀、耳聞、再查證的過程。但不論何者，都同樣反映了《客座贅語》瑣細的記事後，其實有著一個龐大的歷史傳承與資源，為其敘事的張本。

（二）古禮今俗

《客座贅語》中對古禮今俗的討論，在在反映了岸本美緒教授所說的：16到18世紀士大夫對風俗這個課題，有著非比尋常的強烈關注。顧起元的相關記載，除了一如尋常的反映出他的博學，和對城市生活細節的敏銳觀察，其實還有著社會批判，以古正今的用心。同時，這些敘述一方面讓我們看出一些習之久遠的禮儀，如何像文化結構、圖式一樣，深植於中國傳統社會中，一方面也提供了一個個具體的案例，讓我們了解到這些圖式是如何在社會中被不斷地實踐、重演。地方性的實踐使得載之典籍的禮儀，不只是徒託空言的具文，而往往在因革損益之後，被有意或不經察覺地保留下來。

在《客座贅語》的禮俗記載中，〈女飾〉一條最詳盡地顯示出作者「多識於蟲魚鳥獸之名」的考證興趣。但從南京當時婦女流行穿戴的飾物、帽子、假髮或真人遺髮及髮飾、耳環等微小之物切入，卻讓典籍、經學家等原本流於枯瑣的考證，有了現實的意義。街頭上招搖過市的南京仕女，看似穿戴了爭奇鬥妍的輕浮

---

30 〈唐高麗國元表傳（全清）〉，《宋高僧傳》，卷30，《文淵閣四庫全書電子版》。

流行，但在顧起元的考掘下，卻好像背負了沉重的千古歷史和文明：

　　今留都婦女之飾，在首者翟冠七品命婦服之，古謂之副，又曰「步搖」。其常服戴於髮者，或以金銀絲，或馬尾，或以紗帽之。有冠，有丫髻，有雲髻，俗或曰「假髻」。制始於漢晉之大手髻，鄭玄之所謂「假紒」，唐人之所謂「義髻」也。以鐵絲織為圍，外編以髮，高視髻之半，罩於髻，而以簪綰之，名曰「鼓」，在漢曰：「剪氂簂」，疑類於周禮之所謂「編」也。摘遺髮之美者纚束之，雜髮中助綰為髻，名曰「頭髮」，詩之所謂「髢」也。長摘而首圜式方，雜爵華為飾，金銀、玉、璿瑁、瑪瑙、琥珀皆可為之，曰「簪」。其端垂珠若華者，曰「結子」，皆古之所謂「筓」也。掩鬢或作雲形，或作團花形，插於兩鬢，古之所謂「兩博鬢」也。花鈿戴於髮鼓之下，古之所謂「鑲蔽髻」也。耳飾在婦人，大曰「環」，小曰「耳塞」，在女曰「墜」，古之所謂「耳璫」也。[31]

　　在婦女服飾外，南京人在節慶時採行的一些祭儀和風俗，顧起元也為之一一追本溯源：

　　留都人家以臘月二十四日夜祀竈，餳麫果酒，自士大夫至庶人家皆然，此古五祀之一也。商制五祀，一曰戶，二曰竈，三曰中霤，四曰門，五曰行，天子與諸侯大夫同。門、

31　同前注，〈女飾〉，頁111。

> 戶主出入，竈主飲食，中霤主堂室、居處，行主道路也。周
> 制，王為羣姓立七祀，曰司命，……，曰竈。諸侯立五祀，
> 曰司命，……庶人立一祀，或立霤、竈，或立戶。漢立五
> 祀，白虎通云：戶以春祭，竈以夏祭，門以秋祭，井以冬
> 祭，中霤以六月祭。其後人家祀山神、門戶，山即屬也。然
> 則今以士大夫止祀竈一，不及其他，與祭以冬盡，皆與禮
> 異。[32]

　　正月二十四日祀竈原是從商代即設立的五祀之一，周制益為
繁複，漢代又明定了五祀之禮，分不同的季節祭拜居家環境內負
責門戶、飲食、堂室、通路的不同神祇。到明末時，則簡化成祀
竈一禮，季節也從夏天改成歲末。和清初李光地對於俗之悖謬越
禮的強烈批評，而欲依古禮恢復五祀制度的企圖相比，顧起元此
處的語氣顯得相當平緩，只是單純的指出古禮與今俗的不同之
處。[33]

　　對於南京在新年時在家門上所作的裝飾，顧起元則是一一溯
其源流、演變：「歲除歲旦，秣陵人家門上插松柏枝、芝麻楷、
冬青樹葉，大門換新桃符，貴家房門左右貼畫雄雞。此亦有所自
起。案魏、晉制，每歲朝設葦茭、桃梗、磔雞於宮及白寺之門，
以辟惡氣。自夏后以葦茭，商人以螺首，周人以桃為梗。」當代
金陵人混用樹葉和雄雞圖的儀式，看起來與六朝使用磔雞、桃梗

32　同前注，〈五祀〉，頁115。

33　李光地，〈五祀禮略〉，我在〈明清的統治階層與宗教：正統與異端之辨〉一
　　文中，對此有比較詳細的討論，收於《近世中日之傳統與蛻變：劉廣京院士
　　七十五歲祝壽論文集》（台北：中央研究院近代史研究所，1998），頁98-99。

的習俗有著一脈相沿之處，但事實卻較此更為複雜。魏晉的習俗其實是將三代元旦和漢人端午的禮俗混雜在一起，「漢兼用三代之儀，以葦茭、桃梗，五月五日，朱索五色印為門戶飾，以攤止惡氣。後漢又以朱索、連葷、菜彌、牟朴、蟲鍾，以桃印長六寸方三寸，五色書文如法，以施門戶。魏、晉乃雜用於歲旦。」明末南京人則又將元旦和五月五日分開，歲除歲旦時門庭前的裝飾沿用了魏晉所承續的制度。五月五日，「庭懸道士硃符」，人佩五色綾符牌，門上飾以蒜頭串及草製五毒蟲，「虎、蛇、蝎、蜎、蟈、蜈蚣蟋綴於大艾葉上，懸於門」，「又以桃核刻作人物珮之」。總總繁瑣辟邪的儀式，「蓋用漢五月五日之遺法也。」[34] 在這些家家戶戶奉行不斷的儀式和雞毛蒜皮之類的微小細節中，明末金陵和遙遠的古代，建立了千絲萬縷，綿延不絕的聯繫。

對金陵人聘娶之時所用的各種納采之禮的記述，所謂的「按此則今俗相沿之儀物，固有所自來矣！」[35] 同樣讓我們看到古代禮俗，作為文化資源與文化圖式所衍生出的意義和影響。

顧起元的相關記敘中，對於與女性有關的儀禮、風俗，有不

---

34 引文見〈桃符、畫雞、蒜頭、五毒等儀〉，同前注，頁116-117。

35 〈禮制（七則）〉，同前注，頁288。原文如下：「金陵人家行聘禮，行納幣禮，其笋盒中用柏枝及絲線絡菓作長串，或剪綵作鴛鴦，又或以糖澆成之，又用膠漆丁香粘合綵絨結束，或用萬年青草、吉祥草，相詡為吉慶之兆。攷通志婚禮，後漢之俗，聘禮三十物，以玄纁、羊、雁、清酒、白酒、粳米、稷米、蒲葦、卷柏、嘉禾、長命縷、膠、漆、五色、合驩鈴、九子墨、金錢祿、得香草、鳳凰、含利獸、鴛鴦、受福獸、魚、鹿、烏、九子婦腸、燧、鑽，凡二十八物。又有丹為五色之榮，青為東方之始，共三十物，皆有俗儀，不足書。按此則今俗相沿之儀物，固有所自來矣。酉陽雜俎言納采九事，曰合驩，曰嘉禾，曰阿膠，曰九子蒲，曰朱葦，曰雙石，曰綿絮，曰長命縷，曰乾漆。九事皆有詞，各有取義。」

少著墨，而且在客觀的描述、輕重不等的批評外，也不時站在女
性角度，作出較同情的詮釋。下面這則關於當時南京街頭，道士
登壇、婦人祈禱、兒童扛著香亭，沿街呼喊龍王的祈雨場景的描
述，是一個很好的例子：

> 都中祈雨，小兒扛香亭，沿街市籲呼龍王，見路人持傘
> 者，擊而碎之。或曰：「此何始也？」予曰：「魏孝成定雩祭
> 儀，自斷屠諸舊典外，有百官斷傘扇一條。開元禮因著斷扇
> 之文，此其緣也。」又道人登壇，祈禱用婦人。或曰：「毋乃
> 為瀆與？」予曰：「以陰求陰，董廣川有是言矣。羅泌路史
> 論雩祭宜用女巫，意蓋本此。漢武帝祈雨儀用女子、女巫，
> 丈夫遂至不許入市。道士之用婦人，亦自有義，未可盡非之
> 也。」[36]

用這則記載和明清兩代對於祈雨的禮制和法術所作的種種複
雜的討論相比，[37] 顧起元用董仲舒「以陰求陰」的言論和漢武帝
「雨儀用女子、女巫」的前例，為「道士用婦人」的南京今俗作
辯解的立場，無寧是突出而少見的。

相較於對熱鬧喧譁，婦孺術士共同參與的祈雨之俗的同情，
顧起元對於士冠禮的不行，似乎多了一份惋惜。但對繁瑣的古禮
之後所蘊含的人力、物力的消耗，知之甚明。就此點而言，顧起
元對南京當代通行的禮俗，不論是祭雨還是冠禮，其實有其一貫
的同情、了解和務實的一面：

36　同前注，〈祈雨〉，頁117。

37　參見我在前引〈明清的統治階層與宗教〉一文中的討論，頁91-97。

冠禮之不行久矣。耿恭簡公在南臺為其猶子行冠禮，議三
加之服，一加用幅巾、深衣、履鞋，二加用頭巾、藍衫、縧
靴，三加用進士冠服、角帶、靴笏。然冠禮文繁，所用賓贊
執事，人數甚眾，自非家有大廳事、與力能辦治者，未易舉
行。故留都士大夫家，亦多沿俗行禮，草草而已。[38]

對於婚禮中的迎娶場面，顧起元同樣作了生動的描述，基本
的命意雖然是要陳述古今禮俗的異同，並對婚制中某一兩個不按
古禮行事的作法有所議論，但在「彷彿舊事」的簡約文字後，卻
清楚地傳遞了鼓樂喧天的歡樂氣息。即便是在「婚禮古以不親迎
為譏，留都則壻之親迎者絕少，惟姑自往迎之」的「差與古異」
的敘事前提下，迎娶之禮，仍然按照留都自有的節拍，熱鬧地展
開：

古俗，親迎有弄女壻、弄新婦、障車、壻坐鞍、青廬、下
壻、卻扇等禮，今並無之。唯婦下輿以馬鞍令步，曰跨鞍，
花燭前導曰迎花燭，彷彿舊事。婚禮古以不親迎為譏，留都
則壻之親迎者絕少。惟姑自往迎之，女家稍款以茶果。婦登
輿，則女之母隨送至壻家，舅姑設宴款女之母。富貴家歌吹
徹夜，至天明始歸，壻隨往謝婦之父母，亦款以酒。而婦之
廟見與見舅姑，多在三日。按家禮，婦於第三日廟見見舅
姑，第四日壻乃往謁婦之父母。蓋謂婦未廟見與見舅姑，而
壻無先見女父母之禮也。此禮宜復，但俗沿已久，四日往
謝，眾論駭然。議於第二日晨起，子率婦先廟見拜父母舅

38　同前注，〈禮制（七則）〉，頁287。

姑，而後壻往婦家拜其父母，庶幾得禮俗之中矣。[39]

顧起元對南京流俗中最強烈的批判，在喪禮這個部分：「近代喪禮中有二事循俗，而與古反者，沿流既久，遽難變之。」[40]接下來，長篇大論的對「服」與「奠」的禮制與今俗，作了非常的描述和指摘，基本的論證「從禮從儉」，是希望喪禮回歸古制中藉著制度來表達對死者的真實哀悼之情，而不是用奢靡的外在形式與餽贈，將喪禮變成一個殺豬宰羊，「崇飾菓蔬」「填塞於庭」的喧鬧社交場合。

顧起元在這段文字中的論點和語調，和《客座贅語》中牽涉到社會批判的部分的精神一致，即是對於晚明奢靡之風的不滿，這個基調也與16-18世紀間「風俗論」的基本關切相吻合。特別值得注意的是，顧起元雖然在其關於生活與逸樂的記事中，透露出他對聲音之道與戲曲、歌謠的重視與愛好，但另一方面，他對喪禮和南京當時風俗最強烈的批評，除了華麗的服飾外，剛好也集中在絲竹、鼓吹的部分：

喪禮之不講甚矣。前輩士大夫如張憲副祥，有期之喪，猶著齊衰見客；其後或有期功服者，鮮衣盛飾，無異平時，世俗安之，恬不為怪。間有守禮者，恐矯俗招尤，不敢行也。昔晉人放曠禮法之外，為儒者所訴。乃其時，陳壽居喪病，使婢丸藥，坐廢不仕。謝安石期功不廢絲竹，人猶非之。視今日當何如哉？余謂士大夫在官有公制，固所不論，至里居

39　同前注，頁287-288。
40　同前注，頁288。

遭喪，即期功亦宜示稍與常異。如非公事謁有司，不變服，不赴筵會，即赴亦不聽聲樂，不躬行賀慶禮，不先謁賓客，庶古禮猶幾存什一於千百也。

軍中鼓吹，在隋、唐以前，即大臣非恩賜不敢用。舊時吾鄉凡有婚喪，自宗勳縉紳外，人家雖富厚，無有用鼓吹與教坊大樂者，所有惟市間鼓手與教坊之細樂而已。近日則不論貴賤，一概濫用，浸淫之久，體統蕩然。恐亦不可不加裁抑，以止流兢也。[41]

小結

《客座贅語》一書，如前所示，包含了豐富的主題。在這篇文章中，我僅就歷史傳承這個部分，說明在沙龍客談、瑣事贅語的表面形式外，顧起元在寫作各項條目時，其實有著強烈的歷史意識。這種歷史傳承和延續感同樣可以在書中各項關於地方知識、文物、草木、微物與生活逸樂的敘事中看出。但由於篇幅限制，我無法在文中對這些課題作更多的討論。但有一點是要特別強調的：顧起元這種強烈的歷史延續感，一方面讓他和晚明文人作品中的斷裂感形成強烈的對比，一方面也讓《客座贅語》一書刊行之後，成為日後方志編纂者和甘熙一類有志於鄉邦文獻的士大夫的重要參考文獻。《客座贅語》一書因此亦成為形塑明清南京地方歷史記憶的重要基石。

41　同前注，頁289-290。

第三章

白下瑣言
19世紀的南京記事

一、歷史視野下的白下瑣言

在明清士大夫撰寫的南京雜憶中，甘熙的《白下瑣言》無疑地是繼顧起元的《客座贅語》之後，另外一本具有里程碑意義的作品。在表面上，這些作品都是以筆記小說的體裁，一條一條，沒有結構、沒有主題的撮集而成，雜瑣而不成體系。但另一方面，透過地方方志編集者的摘錄、標舉，這些瑣屑、非正式的個人記憶，卻被納入官方、正式的歷史記載中，成為地方歷史的系譜和大敘事的組成因素。顧起元的《客座贅語》被康熙七年陳開虞主修的《江寧府志》大量採用，以其幅度而言，固然是一個相當特殊的案例，但就筆記小說與方志記載的關係而言，卻並非僅此一家的突變發展。甘熙的《白下瑣言》就是另外一個例子。

同治年間續纂的《江寧府志》，對金陵敘事的系譜和傳承作了非常清楚的排序：

> 金陵古帝王州也。……其志名勝，則權輿於唐許嵩（建康實錄），李吉甫（元和志亦旁涉古迹），迨宋張敦頤（六朝事蹟類編），……元張鉉（至大金陵新志）、明顧璘（金陵名園記）、陳沂（金陵古今圖考）、顧起元（建康宮闕都邑圖、客座贅語）、盛時泰（金陵紀勝）、周暉（金陵瑣事三編）、曹學佺（名勝志）、諸人益侈且備。[1]

---

[1] 清蔣啟勳、趙佑宸修，汪士鐸等纂，《續纂江寧府志》，我這裡用的是光緒七年（1881）刻本的影印本，收於《中國地方志集成》（南京：江蘇古籍出版社，1991），卷8，頁68。

緊接著這一連串包含方志與筆記的南京敘事系譜的，是陳開虞和呂燕昭分別於康熙七年修纂的《江寧府志》和嘉慶十六年版的《新修江寧府志》。很明顯的，在同治年間府志修撰者的眼中，顧起元和周暉等人關於南京的雜記作品，和《六朝事蹟類編》、《景定建康志》及《至大金陵新志》以及清朝的兩本官修府志，已經不分類別的成為南京千年歷史敘事的一環，而他們自己要做的，則是為這個一脈相承的歷史敘事，做補強更新的工作：

陳呂二志之所采掇也，事歷八代，閱千數百年，遺文墜緒，變更而湮沒者多矣！茲纂舊聞，繼前軌有所不容已於記者。所以壯山川之靈秀也，作名蹟志。

甘熙的《白下瑣言》就是在這個與時推移、補強更新的原則下，進入了交雜著官方敘事和私人雜憶的歷史的殿堂：

高岑四十景圖，余賓碩金陵覽古，國朝書也，然於嘉道間尚遠，惟王友亮金陵雜詠，陳文述秣陵集，周寶偀金陵覽勝考，金鰲待徵錄，甘熙白下瑣言，李鰲金陵名勝詩鈔，皆以其時之人話當時。[2]

從下文的分析中，我們可以清楚地看出來，甘熙寫《白下瑣言》的主要目的之一，就是為將來的方志編纂者提供可信的資料；而在寫作過程中，顧起元的《客座贅語》是重要的參照點和對話對象。在甘熙過世後不久，同治版的府志編纂者，就將他和

2　同前注。

顧起元及其他二十位作者，共同列入建構南京歷史論述的眾神殿
中，無疑是一個最大的身後哀榮。甘熙的《白下瑣言》雖然無法
像《客座贅語》那樣，在府縣志的層級，占據許多篇幅，但仍然
產生了一定的影響。同治十三年刊刻的《上江兩縣志》，在列
女、忠義、貞烈、名宦、鄉賢諸卷外，於卷23單獨列一卷忠義孝
悌錄，我懷疑是受到甘熙的啟發。傳統的官方史書中，雖然有孝
義傳，但並無以忠義孝悌命名者，袁枚刊修的《江寧新志》也只
用了「孝悌傳」之名。而甘熙在道光二十年，有感於「忠義、孝
悌散見群籍，未有裒集之者」，因而參考史傳、志乘的記載，編
成《金陵忠義孝悌祠傳贊》一書刊行。[3]

我懷疑同治《上江兩縣志》使用「忠義孝悌」這個特殊的辭
彙，另立專卷的另一個原因，和這套方志的編者有關。在八個方
志的分修者名單中，江寧試用訓導甘元煥是甘熙的堂弟，在甘家
藏書樓毀於太平天國之亂後，一直試圖重建。另一位江寧廩生陳
作霖則顯然對甘熙的著作瞭若指掌。[4]而由陳作霖自己編著的一系
列金陵鄉土志的記載中，我們又可以看出甘熙的《白下瑣言》已
經超越了《客座贅語》──或者至少和《客座贅語》並列──，
成為晚清鄉土記憶中最主要的源頭。

根據陳作霖自己的說法，他「隸籍建康，留心文獻，兩襄志
局」，在修纂方志外，又編纂了《金陵通紀》、《金陵通傳》兩套
卷帙浩繁的大論述。而在此之外，他又進一步寫了一套五種瑣細
的鄉土小志。[5]在這些關於河流、橋梁、里巷、街道、物產等細部

3　甘熙，《金陵忠義孝悌祠傳贊》，道光庚子津逮樓甘氏刊本，我用的是南京圖
　　書館的藏本。序，頁1a-1b。

4　縣志的採訪、分修名單見《上江兩縣志》的目錄，頁2b-3a。

5　陳作霖，《金陵瑣志》（一）（二），（清光緒二十六年刊本），我這裡用的是

的鄉土記事中，陳作霖大量地援引了《白下瑣言》的記載。[6] 1917
年，陳作霖的兒子陳稻孫秉持父親寫作《金陵瑣志》的精神，出
版了《續金陵瑣志二種》。有趣的是，不論是在友人為《金陵瑣
志》寫的敘言中，或是陳稻孫自己寫的《凡例》中，都賦予《白
下瑣言》更高的位置：

> 此則板橋雜記係興啟於簡端，白下瑣言陶哀樂於弦外者
> 矣！[7]
> 是志所采，專以府縣志為主，導源於建康實錄、景定建康
> 志、金陵瑣事、六朝事蹟編類、白下瑣言諸書，而輔以板橋
> 雜記、客座贅語及家君金陵通紀、通傳。[8]

這兩則引文顯示，到19、20世紀之交，余懷的《板橋雜記》
和顧起元《客座贅語》兩本對於晚明南京的描述和追憶，如何在
兩三百年後，仍然發揮影響。但另一方面，在19世紀中葉問世的
《白下瑣言》，由於時代切近，對當時人的鄉土論述，顯然有更大
的形塑作用。鴉片戰爭和太平天國的動亂，固然將南京的歷史發
展帶向一個迥然不同的方向，並對南京的城市景觀和許多人的生
命歷程帶來鉅大的衝擊，但從陳稻孫寫於民國初年的凡例中，我
們卻看到一個源於唐代建康實錄的歷史記憶，如何跨越朝代的斷
裂，綿延千年而不斷，並從官方的帝國都城敘事和方志的傳統，

　　台北成文書局1970年的影本，收於《中國方志叢書》內，頁3-4。

6　同前注，頁40-47。

7　馮煦，《運瀆河小志》序，陳作霖《金陵瑣志》，（一），頁7。

8　陳稻孫，《續金陵瑣志二種》，《金陵瑣志》，（二），凡例，頁328-329。

透過贅語、瑣言及鄉土志一類更細部、更地方的私密性敘事類型，向下穿透，構成一個堅實、綿密的記憶之網。

二、家世背景

　　甘熙所身處的南京，雖然已經由盛而衰，無復晚明金陵的激盪頹廢，但甘熙本人的家勢卻在嘉道年間達於頂峰，成為南京當時少見的世家大族。在全盛時期由三百多間房屋和一座花園組成的甘家大院，能夠在像南京這樣全國性的大都會中存在，讓甘熙的身世平添了一份其他活躍在明清南京的士大夫所沒有的傳奇色彩。另一方面，也由於甘熙的經歷、著作，讓他成為甘氏家族最具代表性的人物。2002年，南京市政府重新整理開放的甘氏宅院，就逕以「甘熙故居」之名稱之，成為南京市的一個主要觀光景點。

　　甘氏的先祖最早可以遠溯到戰國時期秦國的相國甘茂。甘茂的孫子則是家喻戶曉，十二歲拜相的甘羅。西元322年，晉朝梁州刺史甘卓因不肯反叛，被王導的從兄王敦所害，東晉元帝為此封甘卓為「于湖敬侯」。此後，甘氏族人舉家南遷，定居在南京南郊九十里外的小丹陽，「于湖敬侯」甘卓成為家族凝聚的核心，族人以甘卓之墓為中心，聚族而居。[9]甘熙在《白下瑣言》中提到嘉慶十七年（1812），他的父親用一件銅瓶換取一件漢代銅壺，出土地就在始祖墓附近：「甘村距始祖晉于湖侯墓未半里。嘉慶壬申九月，族人韶九葬母于其地，土中掘得銅壺一。」[10]在另

9　此段參見尹曉華主編的《甘熙故居》（北京：中國文聯出版社，2004），頁9。
10　甘熙，《白下瑣言》（南京：南京出版社，2007），頁114。

外一處，他又仔細地介紹了始祖墓的所在。從這段記載中，我們不但能看出甘卓之墓在甘家歷史中所扮演的角色，也不難體會到甘熙對自己載諸史冊的顯赫家世的感情：

> 始祖敬侯墓，在江寧南鄉小丹陽甘墓岡，其地亦名甘泉里，橋曰甘府橋，村曰大甘村、小甘村，皆以甘得名。自晉迄今千數百年，環墓而居者尚有百餘家，皆侯裔也。
>
> 墓碑中失。宋時，有鋤地者得古碑曰「梁州刺史甘府君墓」，乃復辨之。元張鉉《金陵新志》載之云：「其碑藏于甘氏之家。」今不可得矣。嘉慶十六年，先大夫重修立碑，桐城姚姬傳先生鼐撰記并書，載入《府志》。其碑記墨迹裝冊，題者甚夥，茲擇錄之，以資參考。……後之子孫，當世世寶之，非第家乘有光，抑此邦文獻之一徵也。[11]

甘熙強烈的歷史延續感，對地方文獻的興趣，對儒家忠孝之道的講求，和這個源遠千年的家族歷史，顯然有很大的關係。

明萬曆中葉始，甘氏家人的一支從小丹陽甘墓崗遷到江寧城內。[12]根據甘熙的記述，「先祖故居在東花園」，嘉慶四年（1799）遷居到今日甘熙故居所在的南捕廳。[13]東花園位於南京城東南，曾是明中山王徐達的中山花園，座落在夫子廟鬧市旁，過長板橋與舊院相連。[14]甘熙雖然對明代設置舊院多所批評，但居家觸目所

11　同前注，頁146-149。

12　同前注，導讀，頁3。

13　同前注，頁101。

14　呂武進、李紹成、徐柏春，《南京地名源》（南京：江蘇科學技術出版社，1991），頁20-221。《同治上元江寧兩縣志》，卷5，城廟，頁41a。

及，卻盡是南京舊日流風餘韻和文物聲華的痕跡。在東花園故宅內，還可以看到城外巍然聳立的報恩寺塔。即使在遷離東花園後，甘熙還是從各種不同的角度，刻畫報恩寺塔的壯麗規模和秀緻景色。

甘氏家族在遷入南京城後，轉以經商為主業，經營蔀絨、江綢、貢緞、棉紗、布帛等與紡織有關的行業。由於經商致富，甘家在雍正初年就買下南捕廳的這片空地。嘉慶四年，在甘熙祖父甘國棟的率領下，正式遷入新居。[15]

甘氏新宅基本上是以南捕廳街15、17、19號為中心，至甘熙時再擴展至大板巷。南捕廳街和大板巷，在同治版的縣志中，都被劃入城西南區。位於夫子廟西北方不遠處，從南捕廳往東走不久，即是江寧府署。同治年間的知府馬新貽即於1870年在府署附近遇刺，府署南是府城隍廟，廟西有一座關帝廟。甘熙一方面和顧起元一樣，對怪力亂神的超自然力量，有著超乎尋常的興趣；一方面又和冒襄一樣，有著虔誠的關帝信仰。而在甘熙記載的各家關帝廟中，這座位於府署西側，與甘家大院近在咫尺的關帝廟，似乎特別靈驗。[16]

從關帝廟再往西走不遠，就是南捕通判署的所在，署前的街道，因而被稱為南捕廳。[17]「過廳迤南，甘氏之宅在焉。」[18]南捕廳附近的幾條主要街道的居家環境，和甘家大院相比，顯然是兩個

15　尹曉華，前引書，頁9-10。

16　《白下瑣言》，頁132。

17　《同治上江兩縣志》，卷11，建置，頁10b；卷5，城廂，頁44b。

18　陳作霖，《金陵瑣志五種》，頁37。我此處對甘家大院位置及附近環境的描述，基本上是根據《金陵瑣志》前的附圖和頁35-38的記載而來。

不同的世界。像是天津街「民居湫隘」，[19] 評事街則是皮作坊的所在，又名皮作坊，「攻皮者比戶而居，夏日污穢不可近。」[20] 但和板巷口並劃入城西南第九甲的果子行口，從晚明到晚清，卻一直是南京最主要的市集所在。《同治上江兩縣志》就特別徵引顧起元《客座贅語》中的記載，來說明果子行口數百年來人貨聚集的盛況：「客座贅語：南都大市為人貨所集者，不過數處，而最夥者為行口，自三山街至斗門橋而已者。」[21]

就甘氏家族的發展和對甘熙的影響而言，甘國棟的長子，甘熙的父親甘福（1768-1834），無疑是繼始遷祖甘卓之後，另一個關鍵人物。《同治上江兩縣志》如此描述他的生平經歷：

> 甘福，字德基，號夢六，遐年之兄也。事親善養志，父年屆六十，請屏家事，頤養自娛。父歿，泣謂諸弟曰：人子事親，不越生養、葬祭。予憾未及顯揚，今若葬不得所，罪益大矣！遂精究地學，徧歷山川，不避寒暑，竭力營葬。於墓側建享堂、置祭田。母患肝疾，百計求醫，歿後茹素，不入寢室者三年。嘉慶甲戌，倡捐創救生局。餘如卹嫠、育嬰、瘞旅諸善舉，見義勇為，久垂利賴。因董濬秦淮，議敘得按察司經歷銜。生平嗜學、慕古，藏書極富，至今猶稱甘氏津逮樓焉，道光十八年旌。[22]

19　陳作霖，前引書，頁38。

20　《白下瑣言》，頁103。

21　《同治上江兩縣志》，卷5，頁44b。《客座贅語》原文，見頁23，「市井」條。

22　同前注，卷23，忠義孝悌，頁15b。

　　甘福的第一大貢獻，是在甘國棟遷建南捕廳甘氏新居的基礎
上，不斷對甘家大院進行擴建。到道光十八年（1838），甘熙中
進士那一年，甘家大院位於大板巷的最後一部分院落完成，甘氏
故居的模規大致底定，達到全盛期。在擴建宅院的同時，「嗜學
慕古」的甘福，又積四十年的辛苦蒐尋，在甘家大院中建立了一
座藏書達十萬卷的藏書樓「津逮閣」，使甘家成為繼明末黃虞稷
的千頃堂及焦竑的五車樓之後，另一個重要的圖書收藏重地：
「宅中舊有津逮樓，縹緗彝鼎，充棟庋藏，千頃、五車差堪為匹
（金陵黃氏千頃堂、焦氏五車樓，皆儲藏之富者。）」[23]甘熙對父親
搜訪圖書的經過及在金陵藏書家的歷史位置有極生動的描寫：

> 　　金陵藏書家，前明如焦澹園諸公，無一存者。乾隆間，嚴
> 侍讀長明、洪征士象言收藏頗富，近亦散佚無存。陶孝廉衡
> 川先生湘，家居庫司坊小園，老樹饒有古趣，為院大鋮故
> 宅，藏古書多宋元善本，子孫尚世守焉。
> 　　家大人性嗜書，往來吳越間，遍搜善本，積至十餘萬卷，
> 于宅之東築津逮樓以藏之。丹徒張葆岩先生釜，為繪《吳越
> 載書圖》長卷。名流題咏殆遍，著有書目若干卷。……家大
> 人四十年間勤加搜訪，寶若珠璣，悉為傳經而計，并親定訓
> 約，至親密友不得私自借出下樓，願就讀者聽，違者以家法
> 治。[24]

　　素來不喜歡詩歌吟咏的甘福，為自己建立的這座富甲江南的

23　陳作霖，《金陵瑣志五種》，頁38。
24　《白下瑣言》，頁119-120。

藏書樓，躊躇志滿，特別自題二律以為紀念：「吳山越水幾遨
遊，四十年來費苦搜。插架非徒供祕玩，研經愿與企前修。……
從此志懷堪告慰，左圖右史復何求。」「層樓高處樂徜徉，珍比琳
琅七寶裝。積卷敢誇東壁富，披函好趁北窗涼（樓北向）。雲烟
供養邀清澤，金石摩挲發古香（樓之下藏書畫金石）。為諸兒孫
勤世守，此中滋味最悠長。」[25]

　　不同於冒襄在戰亂之後，從風華極緻的南京退居古里，在一
個相對樸實、遠僻的二、三級縣城複製了一處幽雅的園林，甘熙
卻能在京城內，在動亂即將來臨之前，坐擁一片幽悠廣潤的天
地，在書畫金石和萬卷古籍中，將士大夫的精緻文化演繹到另一
個高峰。被甘熙作為主要參考架構和論述基礎的顧起元，同樣具
有淵博的學識和細密的文獻資料考訂功夫，但卻不能像甘熙那
樣，隨手在自家豐富的藏書中翻檢。顧起元感慨系之的圖籍亡佚
的缺失──不論是「金陵新志一書，南雍舊板尚在，然訛闕過
半，亦復無他本可備校補者」，或「景定建康志，聞禮部舊有藏
本，近亦不知存亡」[26]──甘熙都能用津逮樓的藏書，輕易克服。
我們可以說，甘福四十年的辛勤蒐集，為甘熙生平最重要的志業
──撰述鄉邦文獻──奠定了一個其他南京志書撰寫者都沒有的
基石。不論是48卷本的《金石題咏匯編》或是讓甘熙傳世的《白
下瑣言》，都讓甘福「插架非徒供祕玩，研經愿與企前修」的心
願得以實現。

　　除了為甘熙營造了一個廣闊的城市樂土和培育「此中滋味最

25　同前注，頁120。

26　見顧起元，《客座贅語》，〈古志搜訪〉條（北京：中華書局，1987，譚棣
　　華、陳稼禾點校本），頁134-135。

悠長」的極致品味的時空環境，甘福的孝行、對地輿之學的講求、對地方公共事務的熱心贊助，乃至對秦淮水利的重視，無一不對甘熙產生深遠的影響。甘熙就是在這樣一個優越的物質環境和先人的教誨、示範下，一方面既延續了顧起元、冒襄等明末士大夫文化的元素，一方面卻又反映了乾嘉考據學的樸實風格和一個國力由盛而衰，道德日趨保守的時代印痕。雖然《白下瑣言》中也點綴著各種對城市景觀的描述、對文物的賞析、對飲食生活的講究，以及讓人驚豔的繁花盛開的景象，但既缺少了明末特有的耽溺、頹廢氣息，也看不到顧起元那樣在儒家傳統道德和繁華的城市生活間的猶疑、徬徨。《白下瑣言》的記事，儘管也有著矛盾、不協調的走向，但對儒家家族倫理和鄉土歷史的重視，對秦淮聲色及戲曲音聲之道的批判，卻讓延續與斷裂、秩序與逸樂之間的緊張關係大幅的解消。《白下瑣言》里程碑式的記錄，讓我們看到了一個既不同於《客座贅語》，更不同於《板橋雜記》和《隨園軼事》的南京。

甘熙就是在這樣一個喧囂、擁擠而充滿了詭異的神怪傳說的城市氛圍中，建立了一個典雅而質樸的士大夫生活的類型。

甘熙在嘉慶二年（1797）出生，兩年後，甘家從秦淮河畔的東花園遷入南捕廳的新院落。除了最後十年在外仕宦為官的經歷，甘熙的一生，基本上都在甘家大院度過，既坐享了南京甘氏家族最豐碩、甜美的果實，也將家族的聲譽推到另一個高峰。

甘熙在嘉慶十八年（1813）十七歲時，和長兄甘煦一起補縣學生。甘煦在道光元年中副貢，被選補為安徽太平縣教諭。甘熙則在道光十八年（1838），和曾國藩同榜考中進士。[27]其間除了一

---

27 《續纂江寧府志》說甘熙在道光十九年成進士，顯然有誤，見頁274。

度因母喪居家，有十年左右的時間在各地仕宦為官。在戶部廣東
司兼攝雲南司任內，曾上疏條舉京東水利屯墾事宜，受到翁同龢
的父親翁心存等人的賞識和舉薦，並蒙道光皇帝兩度召見，補知
府缺。甘煦在悼亡的哭弟詩中，對甘熙從道光二十二年後任官的
表現和皇帝的召見垂詢有相當生動的描述：[28]

　　歲在壬寅（按：道光二十二年，1842）夏，海氛猶不靖。
君以保衛　，郎官擢薇省。三載側儀制，考最列殊等。轉為
農部遷，粵東占首領。兼攝雲南司，條理尤井井。鈎稽算無
遺，度支籌有准。大官相倚重，僚友共行景。天子聞聲名，
召見渥恩永。垂問家世般，天語日星　。[29]

　　道光二十九年底，孝和睿皇后崩，道光皇帝隨後不久也駕
崩。咸豐元年，甘熙奉命，同郡王、內務府大臣等一行人前往東
西陵各地，為皇后選擇安葬吉地，甘熙相得成子峪、府君山，
「具圖說以進」。最後，咸豐皇帝決定將孝和睿皇后卜葬於昌西
陵，甘熙以「擇選微勞，奉旨以道員用」。咸豐二年，甘熙再度
奉命前往魏家峪、平安峪覆勘，「旋以微疾，三日卒于邸舍。」[30]
　　甘熙在復勘帝后陵寢途中突然因病暴卒於旅次，官方歷史的

28　甘熙在中進士後，即被任命為知縣，分發廣西，但還沒有來得及成行，即以
　　母逝居家服喪。道光二十二年被改發為郎中。二十三年任職禮部，二十七年
　　補戶部廣東司郎中。見《續纂江寧府人物志·文苑》，頁274，及《同治上江
　　兩縣志》卷24中，耆舊，頁35b。

29　甘煦，〈兄熙哭弟詩七首〉，收入《白下瑣語》，頁2-3。

30　本節參考《同治上江兩縣志》，卷24，頁35b-36a；《續纂江寧府志》，頁
　　274；甘煦，〈兄熙哭弟詩七首〉，頁3。

記載都非常簡略。《續纂江寧府志》以前敘「旋以微疾，三日卒於邸舍」一筆帶過，《同治上江兩縣志》則說是「未幾以中風歿」。甘煦在悼亡詩中則認為甘熙是因為服官十載以來勉力報國，積勞成疾，年甫半百，就已齒牙動搖，白髮蒼蒼：

> 　自君之出矣，于今閱十庫，一月一寄書，千里干心在，勉
> 以報國恩，慎勤無少怠。……年來聞善病，形容漸委猥，年
> 甫五十六，齒脫鬢毛改。國用籌維艱，軍餉慮難解。[31]

　　勘驗帝后陵的巨大壓力，終為體弱多病的甘熙帶來致命的一擊：「吉地重大關，心力益罷駘。每整體暇歸，陟岡日夕待。不期十月交，一病遂至殆。」[32]

　　在這一組充滿兄弟情深，讓人讀後潸然落淚的悼亡詩中，甘煦呈現的是一位恪遵儒家倫理，戮力從公，卒至身殉的士大夫形象。但在民間傳說中，甘熙卒然過世，卻充滿了懸疑的色彩。《白下瑣言》的導讀者，同時也是《甘熙故居》一書的主編者尹曉華就認為：「甘氏族人一代又一代認定甘熙緣于『為帝造陵者無一生還』而死於非命。」[33]

　　甘煦的記敘，一步一步的為甘熙戲劇性的卒亡，鋪陳出一個合理的進程。這種理性化的詮釋，和甘熙生命中最突顯的主要面目——一個努力實踐家族孝道傳統，熱心地方公益活動，又同時在仕宦生涯上全力以赴，獲得皇帝親自嘉勉的忠孝兩全的儒者

31　甘煦，同前注，頁3-4。
32　同前注，頁4。
33　尹曉華，《白下瑣言》，導讀，頁2。

——若合符節，忠實地捕捉住甘熙生命中的一條主旋律。但在這個理性的儒者形象之外，甘熙另一個源自家傳的輿地之學——甘煦所謂的「先人耽地學，四十餘年久」[34]——卻和《白下瑣言》中另一個突出的主題——怪力亂神——一樣，充滿了懸疑、非理性的色彩。從這個角度來看，甘氏後人認為甘熙因為參與皇室造陵而死於非命的傳說，其實也首尾一貫地讓甘熙的南京傳奇有了令人驚異的收尾。

三、白下瑣言與方志

　　除了是一位忠孝兩全的儒者，甘熙另一個留給親朋故舊和當代南京文獻編纂者的主要印象，是藏書家和方志學家。尹曉華在2007年為《白下瑣言》寫的導讀的第一句話就是：「《白下瑣言》為清代著名學者、方志學家甘熙所著。」[35]為甘熙的生平志業和《白下瑣言》的命意所在，作了最基本的定位。而這樣一個熱衷於鄉邦文獻的方志學家的印象，不論是在《白下瑣言》的記載，還是序言、跋文中，都清楚地顯現出來。

　　根據參與《同治上江兩縣志》編纂工作的甘熙族弟甘元煥的說法，甘熙從早年家居甘氏大院期間，就熱衷於地方掌故，在和地方士紳名人的交遊宴集中，掌握了各種關於地方的細節知識，積累而成《白下瑣言》一書：「先仲兄閎博耆古，顓意經世之學。……早歲里居，耽志掌固。生長都會，遊止鱗掌，長德巨公，風流彌劭。承平之宴，飫聞緒論。嗜記日多，筆笥塵積。

34　甘煦，前引詩，頁3。

35　尹曉華，《白下瑣言》，導讀，頁1。

《白下瑣言》，此其一也。[36]

　　而根據甘熙的姻親，在金陵為諸生十年的方俊在道光二十七年所寫的序，甘熙從嘉慶中期以來，就利用津逮樓豐富的藏書，開始撰寫《白下瑣言》一書。[37]方俊寫序時，太平天國的動亂還沒有發生，甘熙和相知的友人已經在期待新的方志編纂者採用《白下瑣言》的記載：「異日賢守令重修志乘，從之考獻，必將有取于是書。」[38]1853年，太平軍占領南京，不僅摧毀了南京重要城市座標大報恩寺，並將津逮樓的大量藏書付之灰燼，地方文獻也被大量摧毀。城市的殘破和典籍的喪失，讓同治年間縣志的編纂者，感到空前的壓力：「惟金陵之被兵也久，殘破甚於他郡。若之邤乎煥乎其文物者，已漸為冷風，深懼菲材不足振興治術。」[39]「向聞金陵多藏書，兵燹後典冊灰燼，台閣簿籍掌故無考。即有好古搜討之士，安能鑿空而冥索乎？」[40]負責分修工作的甘元煥，在《白下瑣言》的跋序中，也說出同樣的窘境：「同治、光緒之交，踵開郡邑志局，搜求遺籍，百不獲一。嘉道前事，茫如墮霧，何況寢遠傳聞異辭。」[41]《白下瑣言》對方志編纂者的重要性，在這種困局下，益發突顯出來。另一位跋文作者，就直接指出甘熙在戰火前從容撰寫的《白下瑣言》，在戰火之後更值得感激的貢獻：「若夫彝鼎圖書之嗜，賢者或訾為玩物喪志，而不知古人精神所寄，往往質疑訂墜，有不可思議之功用。居今日而言

36　甘元煥，《白下瑣言》，跋，頁181。

37　方俊，《白下瑣言》，序，頁1。

38　同前注。

39　見江寧府知府蔣啟勛為《同治上江兩縣志》寫的序，頁1a。

40　見上元縣知縣沈國翰為《同治上江兩縣志》寫的序，頁1a-1b。

41　甘元煥，前引文，頁181。

古學，殆有不能已者。金陵自粵匪之亂，朱氏之書已淪劫火，津
逮亦僅有存者。先生獨能于喪亂之先，從容纂述，俾後人受而守
之，由今以思，抑豈非盛幸耶？」[42]

　　甘熙對金陵掌故、文獻的興趣，除了來自和顧起元一樣博學
多聞和鄉土之情外，和津逮樓的豐富藏書顯然也有密不可分的關
係。甘熙和顧起元一樣，充滿了對南京歷史傳承的感情，除了藉
著自己「往來無白丁」的家世淵源，從和地方耆舊、文人的交
往、宴飲中，記取各種地方傳聞、敘事，更善加利用津逮樓和朱
緒曾等人的藏書，讓自己的瑣屑之談，處處顯露出乾嘉考據之學
的影子。前面曾提到顧起元在搜求地方文獻時，對「金陵古稱都
輦，乃自國朝以上，紀載何寥寥」所發的感慨。[43]但不論是「訛闕
過半」的《金陵新志》，或是不知存亡的《景定建康志》，都安穩
地放置在津逮樓的一角：「前賢著述有關乎是邦考證者，近多失
傳。家大人留心掌故，凡此類之書，搜訪尤殷。」[44]這些近多失
傳，而被甘福刻意搜訪得來的南京地方文獻，從唐代許嵩的《建
康實錄》、宋張敦頤的《六朝事迹類編》，到朱之蕃的《金陵圖
咏》、顧起元的《客座贅語》、周暉的《金陵瑣事》，近四十種，
其中當然也包括了顧起元特別提到的《金陵新志》和《景定建康
志》。[45]

　　除了自己家中收藏的豐富文獻，甘熙寫作過程中也借用了同
鄉名人朱緒曾開有益書齋中的珍藏祕笈，互相考訂。[46]並和朱緒曾

42　鄧邦述，《白下瑣言》，跋，頁184。

43　顧起元，《客座贅語》，頁134。

44　《白下瑣言》，頁80。

45　同前注。

46　鄧邦述，前引文，頁184。照甘熙的說法，朱緒曾除了自家藏書，還打算收

及另一位有相同志趣的地方文人金鰲一起討論,「證析異同。」[47]
從同治版的《江寧府志》將金、朱、甘三人的傳記前後並列這一
個安排,我們也可以清楚地看出這一個地方士大夫的網絡,在傳
述地方歷史上所占有的突出位置。[48]這一小群對傳述地方歷史抱有
殷切期待的文人士大夫,透過各自的家藏圖書,文獻蒐集考訂和
相互討論交流,為即將來臨的府縣志重修工作,奠定下扎實的基
礎。從這個脈絡下來看,不論是待徵、詩匯,還是贅語、瑣言,
都有了更嚴肅的時代意義。

　　就是懷著這種為重修地方正史做準備的使命,讓《白下瑣
言》這本原本應被劃入筆記小說之類的作品,充滿了乾嘉考據學
者一般的氣味。甘熙像考釋經典一樣,對地方文物、里巷、人
物、地理位置,作了看似瑣屑的考證修訂。隨手可得的津逮樓藏
書,也讓他的考證工作,更多了一份學問家的氣息。

　　集其他人珍藏祕本,彙整出版:「陳靜人虞部仍有祕本十餘種,朱述之大令
　　嘗欲擇其尤者匯刊為《金陵叢書》,亦盛舉也,且以俟諸異日。」《白下瑣
　　言》,頁80-81。
47 《續纂江寧府志・人物傳・文苑》,頁274。
48 從《江寧府志》中對三人生平的簡單敘述,我們可以清楚地看出這三個人在
　　搜集、刊刻地方文獻上所做的貢獻,及相互間的關係:「鰲學問該博,郡邑
　　文獻尤所惜心,始郡志久未修,議舉其事,或尼之,乃退著金陵得徵錄,志
　　地、志人、志事、志言、志物為類,凡五甄。……朱緒曾序之。」「朱緒
　　曾,字述之,……幼耆讀居鄰秦淮,盛夏時畫船簫鼓不一顧也。……金鰲,
　　博雅人也,與緒曾往還最密。……鰲著金陵得徵錄,喜借曾藏書。每日哺,
　　同遊書肆,日有所得,互相考訂不少倦。緒曾舉道光二年鄉試,以大挑知
　　縣,分發浙江。……轉台州府同知。……生平著述最富,……而金陵詩匯,
　　則二千年名流韻語,搜采靡遺,且人繫以傳,志乘咸取資焉。當時助輯者甘
　　熙。」《續纂江寧府志》,卷14,〈人物・文苑〉,頁273。甘熙在《白下瑣言》
　　中,也提到自己在朱緒曾編輯《金陵詩徵》時,在文獻上的協助,頁174。

大山寺在牛首山西，見《江寧縣志》。……凡牛首以西諸水，悉由此出，形家所謂水口羅星也。其上有古寺，俗呼太岡寺，有香楠樹一株，大數圍。……《縣志》又載：「園林庵在鳳台門外小丹陽地，元順帝三年建。」今其庵尚存，然小丹陽距聚寶門九十餘里，安可以「鳳台門外」四字概之耶？故修志非土著人而留心掌故者，斷不可以從事。[49]

這條記載有幾個可以注意的地方：一、方志對地方建置古蹟記載的詳細，一廟、一庵都盡可能地標列。二、這些地方建置古蹟之所以值得記載的另一個原因，是因為其歷史常常可以上溯數百年。三、甘熙對山川地脈、堪輿風水之學的興趣，在這條記載中已可一窺端倪。四、甘家故居剛好位於城南聚寶門外的小丹陽。在外地來的士紳官員筆下大致如此的記敘，在一個留心考據的在地者眼中，卻是不能容忍的粗疏，所以甘熙在下筆時，往往用相當強烈的字眼，指責這些外地來的方志編纂者。下面幾個例子，都顯示甘熙對這些外來方志編纂者率爾操觚的不滿：

又，《府志》及《上元縣志》所載鄉賢，有大學士蔣廷錫。蔣公常熟人，雍正六年授文華殿大學士，卒諡文肅。不知修志時何以錯誤至此。[50]

杏花村，在城西南鳳遊寺之右。《府志》謂：「信府河，鳳凰台一帶即是。」殊無分曉。信府河乃今長樂渡，有湯信國公祠，一東一西相去懸絕，何與鳳台牽？混言之耶！然則修

---

49 《白下瑣言》，頁36-37。
50 同前注，頁63。

志者，必細心參考，不可率爾操觚也。[51]

　　鳳遊寺因鳳凰台而建，位於城西南，是晉時瓦官寺的所在，因為詩人李白的名句：「鳳凰台上鳳凰遊，鳳去台空江自流」，而廣為後世人所知，是南京著名的古蹟和旅遊地。方志作者不分東西，混雜而談，難怪引起甘熙的怒火：

> 秦鉅、秦浚墓在處真鄉移忠寺側，見《建康志》。按今木牛亭為處真鄉，檜墓在其地，予已詳考之。鉅字子野，檜之曾孫也。嘉定間，通判蘄州。金人犯境，與郡守李城之協力捍禦，城破巷戰，死傷略盡。歸署自焚死，二子浚、　從焉，後封義烈侯，見《宋史・本傳》。蓋死于蘄州，歸葬于此也。浚為鉅子，而袁枚所修《縣志》誤以為弟，則謬甚。[52]

　　秦檜作為奸臣的代表，同樣引起地方歷史學者的側目，顧起元和甘熙都曾對其墓地所在，有所考證。秦鉅雖然是秦檜的後人，但父子三人為國殉節，滿門忠烈，在重視忠義孝悌的甘熙眼中，其生平事蹟自然不能隨筆帶過，縣志的錯誤因此特別顯得刺眼。

　　基於同樣的忠奸之辨的原則，甘熙用了相當的篇幅，對南京貢院土神紀綱的身家來歷，作了詳細的考辨：

> 貢院創於明永樂間，乃籍沒錦衣衛同知紀綱宅。……明德

51　同前注，頁105。

52　同前注，頁142。

堂有《應天府尹王弼碑》可據。紀綱事詳《明史·佞臣傳》
及王鳳洲《錦衣衛志》、陸粲《庚巳編》。而新修《府志》以
綱為元集慶路行省丞相，與御史大夫蕭壽偕死，葬于明遠樓
下，靈爽赫濯，為貢院土神。非特時代訛舛，抑且忠佞倒
置，蓋沿《金陵聞見錄》之誤，而不考碑紀使然也。朱述之
緒曾作七古辨之云：「弇州山人撰《四部叢書》，特筆羅其
詳，⋯⋯府尹王弼撰碑記，始末備載何煌煌。邇來志乘不稽
古，訛為丞相殉戎行。御史行台最忠烈，肯與此輩相頡頏。
《元史》無征《明史》著，況復碑文儼在堂。忠佞倒置非細
事，烏可清濁淆滄浪。」

　　語氣一轉，甘熙又進一步指出方志的錯誤，如何又影響到後
來寫作鄉土紀聞之類小敘事的作者：「錢塘陳退庵先生文述，刻
有《秣陵集》八卷，皆題咏古迹，詩詞瑰麗。然其中事實訛誤，
考正頗疏，如謂吳魯肅墓在上新河，乃沿王葑亭《金陵圖咏》之
誤；以覆舟山為太平門外，⋯⋯杏花村在城南信府河，乃沿呂太
守新修《府志》之誤。⋯⋯可見古迹一門，土著人非經考訂，猶
失其真，況異鄉人乎？甚矣！修志乘者之宜慎選也！」[53]

　　甘熙在此處，以博雅的乾嘉考據學的精神，一一指出方志記
載失誤的根由所在。事實上，這些倒置忠奸的根本性錯誤，只要
稍微翻翻，留心史書或文獻記載，就不該發生。晚明知名的文人
學者王世貞就已經將來龍去脈交代得非常清楚，但呂燕昭監修的
嘉慶《新修江寧府志》卻仍然以訛傳訛，而必須靠朱緒曾和他自
己這樣關心地方文獻、掌故的人再一次鄭重地提醒。甘熙對方志

在這些事關忠奸的大節目上所犯的錯誤，指摘嚴厲，在口氣上和梁啟超在《桃花扇註》中，對在重大史實、人物及忠奸問題上的錯誤批評，如出一轍。這些批評，無疑地讓我們對方志作為一種地方官方歷史的性質和知識建構的方式、來源，有了一個重新省思的比較、參考點。《桃花扇》因為是文學、戲劇創作，大概很少人會用對正史記載的標準來衡量其歷史敘事的正確性，但梁啟超卻因為擔心劇作在形塑歷史知識、歷史記憶上的影響力遠超過「正確」的歷史記載，而對桃花扇的敘事嚴肅以對。

　　反過來看，方志因為披上了歷史的外衣，被視為是地方歷史敘事中最正式，也最具權威的知識體系，讓我們往往忽略了方志編纂者在搜集資料、編纂故事的過程中的任意性及不可靠性。甘熙一再反覆陳述的外行人和異鄉人修志的結構性和制度性缺失，正是缺失的一個主要來源，道聽塗說的傳聞，經過反轉謄抄，雖然被納入方志的知識體系中，而彷彿具備了史實的框架，但這種敘事和劇作家的想像及筆記小說家瑣細、非正式的敘事之間的差異，確實是一個值得我們思考的問題。具體而言，如果我們將南京府縣志中大量徵引顧起元、周暉及甘熙的筆記小說中的記載這個事實考慮在內，也勢必會讓我們對形塑歷史記憶和地方知識的過程，有更深入的體認。有趣的是，甘熙雖然用著乾嘉考據學者的口吻，批評方志編纂者的謬誤不實，念茲在茲的以為重修方志做準備的心情，撰寫《白下瑣言》，並也果真如願的達成這個使命。但在同時，甘熙也用一種言之鑿鑿、真事有據的口吻，傳述各種聊齋志異式的鬼魅故事，甘熙的南京記事因此像他既期許又批評的方志一樣，在一個看似堅實的城市歷史之中，編織了各種奇幻虛渺的傳奇。在里巷、院落、衙署和宅邸的暗處，既深埋著悠遠的典籍文學，也隨時有不可測度的幽靈，倏忽而至，一一被

網羅進甘熙的城南舊事中。

四、回顧《客座贅語》

甘熙對南京鬼魅妖言的迷戀程度，和顧起元相比，可說是不遑多讓。事實上，除了鬼怪這個共同的興趣外，兩人出身、背景、志趣的接近，也讓顧起元成了《白下瑣言》中出現次數最多的歷史人物。在甘熙撰寫19世紀版的南京記事時，《客座贅語》成了最重要的參考座標。雖然偶爾對顧起元的記事表示不同的看法，但和對方志批評時所用的嚴厲語氣相比，「明顧文莊已詳之矣！」[54]「可見顧說非謬也。」[55]「此其證也」[56]「《客座贅語》載⋯⋯，正指此。」之類的用語，處處透露出甘熙對顧起元的肯定。相較於其他率爾操觚的外來者所編纂的官方正史，顧起元這位狀元出身的鄉先賢「隨手所書」的鬆散紀事，反而更有參考的價值。不論是顧用力甚深的關於古今禮俗的考據，還是對鳳遊寺之類南京座標性建置的歷史變遷的勾勒，都讓甘熙的因革損益，能在一個堅實的基礎上進行。

顧遯園《客座贅語》云：「婿之親迎者絕少，惟姑自往迎之。女家款以茶果。婦登輿，則女之母隨送至婿家。」⋯⋯今則姑不往迎，女母亦無隨送之舉，惟納采時用大紅帖寫。[57]

54 同前注，頁150。
55 同前注，頁34。
56 同前注，頁57。
57 同前注，頁46。

明時軍家皆功臣之裔，聲勢烜赫，與庶民異，故有「只許軍家放火，不許民家點燈」之語，至今猶嘖嘖人口。歲暮祀灶，軍三民四。《客座贅語》載：「秣陵人家以十二月二十四日夜祀灶。」此其證也。今則無論良賤皆二十三日矣。[58]

鳳遊寺在鳳凰台南，本為瓦官寺。晉哀帝興寧二年詔移陶官于淮之北，遂以其地建寺，梁時建瓦官閣。……前瞰大江，後倚崇岡，登眺最勝。李白〈橫江詞〉云：「雪浪高于瓦官閣」是也。《客座贅語》：「瓦官寺在淮水南，小長干在瓦官寺南，……楊吳築城圍淮水于內，瓦官遂在城內。」明初寺廢，半為魏公園，半入驍騎倉，萬曆十九年，僧圓擇募魏公及認檀信，盡贖其地，復創剎寺。…焦太史竑更名鳳遊，鳳遊之南，又有瓦官寺，乃嘉靖時積慶庵改建，非瓦官故址。……故《梵剎志》謂：「瓦官有二。」[59]

如果不是出於在地人的地方認同、對地方歷史寫作的使命感和家藏的萬卷圖書，一般奉命辦事的低階儒生或來自外地的鄉紳，恐怕是沒有能耐和興趣深究這些細微歷史的曲折的。

五、時代的變遷

在甘熙所有對方志編纂者的批評中，下面這則對袁枚的批評，最能反映甘熙本人的質樸個性及由此而衍申出的城市記事的

58　同前注，頁57。

59　同前注，頁131。

改變：

> 志乘為一方掌故，攸關一切。小說家言，焉可攔入？袁簡
> 齋先生所修《縣志》引《板橋雜記》云：「行酒糾觴，留髡
> 送客，酒闌棋罷，墮珥遺簪，真欲海之仙都，升平之樂園。」
> 又引《稗海》云：「鄭合敬及第後宿平康，贈妓詩云：『春來
> 無處不閑行，楚閏相看別有情。』楚娘、閏娘，妓之尤者，
> 以及唐杜秋娘，宋楊愛愛等事，雖語涉風雅，何關紀載？後
> 有修者當芟削之。60

事實上，這並不是唯一一處對南京風月生活的批判，在提到
南京記憶中最突出的秦淮妓院時，甘熙幾乎是以一種咬牙切齒的
口氣，宣洩他心中的憤恨：

> 明初設教坊司。……又有十四樓以處官妓，……夫狎邪之
> 游，法當屬禁，乃著為令甲，是導民也。政體之乖，莫甚于
> 此。而靖難諸臣妻女，多入教坊，風教淪喪，至文皇而極
> 矣，真從古未聞。61

這樣嚴格的道學家口氣，幾乎讓甘熙和所有南京記事的建構
者——從甘襄、余懷、孔尚任、袁枚乃至他所尊敬的顧起元——
站在相反的立場。這樣的差別，固然和記事者的人格特質、思想
信念有關，但也相當程度地反映了時代風氣的變遷。這樣的變遷

60　同前注，頁35。
61　同前注，頁104。

在袁枚以後的南京方志中，其實可以很明顯地看出來。蔣啟勳主修的同治版《續纂江寧府志》在《古蹟》卷的導言中如此寫著：

> 金陵古帝王州也，其山茅蔣，其中淮涂，跨江作鎮，鎖鑰吳楚。……茲纂舊聞，繼前軌有所不容已於記者，所以壯山川之靈秀也，作名蹟志。然事屬遊覽，無關政體，故多從簡略，識者諒之。[62]

編者雖然充分了解到金陵山川的秀麗、壯闊，也盡職的將山川歷史的系譜，從唐宋一路追溯到嘉道年間的金鰲和甘熙，但一句「然事屬遊覽，無關政體」卻十分掃興的將南京千年以繫的逸樂傳統，推擠到城市的暗角。

事實上，如果我們把袁枚在乾隆十三年（1748）主修的《江寧新志》和這一套在同治年間刊刻的《續纂江寧府志》的目錄拿來作一個簡單的比較，可以更輕易而全面的看出時代風氣的移轉和道咸間戰亂的影響。袁枚版的方志有26卷，其中包括了疆域志一卷、山川志一卷、古蹟志一卷、祠祀志藝文志兩卷、文苑傳一卷、藝術傳一卷、高士傳一卷、釋道傳一卷，面向寬廣，充分展現了盛世的包羅氣象，但這些單獨列卷的文苑、藝術、高士、釋道、山川、疆域在同治版中都消失不見。袁枚版附合在疆域志中的風俗和民賦志中的物產，大概也因為「無關政體」的考慮，也不見蹤影。代之而起的是一整卷的兵事表和首開先例的實政卷。人物卷失衡的結構，更完全見證了時代錯置的發展。這卷包含了駐防、名宦、先正、孝友、仕蹟、儒林、文苑、義行、寓賢、忠

---

62 《續纂江寧府志》，卷8，古蹟，頁68。

義和列女的人物專卷，共有374頁，幾乎占了全套方志篇幅的百
分之七十。而這其中又有二百名是只有姓名的戰亂死亡者。其他
詳略不等、流品各異的士紳官員，也絕大多數是「賊至殉難」，
或因與太平軍作戰而死難的殉國者。戰亂後的江寧府志，彷彿成
為一本悲傷的死亡之書，讓人忘掉了這座城市曾經有的色彩和聲
囂。

第四章

明清的統治階層與宗教

正統與異端之辨

一、明清的宗教論述

當楊慶堃在1961年出版《中國社會的宗教》一書時，特別提到一些中外學者對這個課題的看法。像James Legge和Herbert Giles，都強調儒家思想中「不可知論」的色彩。受這兩個人影響的下一代漢學家像Derk Bodde，仍然不認為宗教在中國社會中占有什麼重要地位。中國學者像胡適、梁啟超或認為中國大體上沒有宗教，或認為本土的道教是一大恥辱。[1]楊氏以自己開拓性的研究，打破了這種對中國傳統社會的「迷思」，指出宗教在傳統儒家社會中無所不在的滲透力量。

1970年代以降，西方學者對中國近世社會史和文化史的研究，讓我們對民間宗教在民眾日常生活和社會動亂中扮演的角色，有了更深刻而系統性的了解。而統治階層在「神道設教」上的積極努力，更使中國至少在宋以後，建立了一個相當牢固的，以儒家思想為主導的「文化霸權」。但讓人感興趣的是：統治階層的「神道設教」難道只是一種「因緣說法」的權宜性統治手段嗎？在從上而下的「教化」過程中，充滿「怪力亂神」的民間信仰是否只是單方面的被上層社會利用，而不曾對精英文化的內涵產生衝擊？或者，在所謂的士大夫文化中，原來也充斥著「非理性」、「超自然」的色彩呢？

從陳弱水對中古時代士大夫心態的研究中，我們清楚地看出，所謂「不可知論」的儒家思想，從4世紀初到8世紀末，一

1　C. K. Yang, *Religion in Chinese Society: A Study of Contemporary Social Functions of Religion and Some of Their Historical Factors*（Berkeley: University of California Press, 1961）, pp. 3-6.

直居於緣飾性的地位。在這個「外儒內道」與「外儒內佛」的思想形態中，中古士大夫的人生觀和世界觀基本上是受著道教和佛教的主宰。[2]換句話說，宗教是構成士大夫心靈世界和日常生活的基本要素。宋代理學的復興，相當程度上改變了這種態勢，儒家思想再度成為主導的意識形態。但我們感到好奇的是：在現世的、人本的、「理性的」儒家思想重新取得主導地位後，一度是士大夫文化重心的宗教，在官方認可的知識範疇之外，如何繼續存在？或是根本成為官方認可的知識體系的一部分？在清末，特別是義和團之亂以後，在科學主義的影響下，一個新的論述典範出現，宗教從此成為一個不能登上層文化大雅之堂的知識體系。但在此之前的士大夫文化，是否如五四以來的知識分子所詮釋的，是一個以理性精神、不可知論為骨幹的俗世文明呢？晚近的一些研究顯示，連儒家思想本身，都存著相當程度的宗教色彩，[3]

2　陳弱水，〈柳宗元與中唐儒家復興〉，《新史學》，卷5，第1期（1994年3月），頁26-39。

3　Fingarette早在1970年代就主張儒家思想中的核心觀念之一「禮」，有相當的宗教色彩，他用 "holy rite"、"sacred ceremony" 來翻譯「禮」這個字。Fingarette甚至認為孔子的一些言行有著強烈的魔術力量（magical power），見 Herbert Fingarette, *Confucius: the Secular as Sacred* (Harper & Row, Publishers, New York, 1972), pp. 1-18。特別是pp. 3-4, 7。Schwartz教授則在他的著作中特別提到Fingarette的論點，Schwartz雖不贊成Fingarette的某些看法，但同意儒家思想中的禮，基本上合乎西方宗教中的儀式，他也完全同意用 "holy rite" 和 "sacred ceremony" 來翻譯「禮」這個字。但Schwartz更進一步指出孔子思想中的宗教面向。首先他認為「現世取向」和「宗教」並不是兩個相反的命題、範疇。接著他從祖先崇拜、葬禮和「天」的概念幾方面，探討孔子思想中的宗教色彩。Schwartz教授細緻有力的論述，對廓清西方漢學界長久以來對儒家思想的「迷思」有相當大的貢獻。見 Benjamin Schwartz, *The World of Thought in Ancient China* (Cambridge: Harvard University Press,

更不用說道釋二教及民間信仰共同對士大夫文化所造成的影響了。

　　在我們對中國近世的民間信仰有了突破性的認識，在我們對以儒家的意識形態為主導的「文化霸權」和「神道設教」的教化措施有了基本的了解後，如何重新解析近世士大夫與宗教的複雜關係，無疑是不可避免的課題。要解析這個問題，文集和筆記小說當然是極其重要的資料。但筆記小說一向被認為是稗官野史，文集則屬於比較個人和私密性的知識類別。士大夫選用這些非正式（或多少受到輕視）的知識類別、範疇來記載與宗教有關的神祕或瑣屑的訊息，本身就是一個饒有意味的課題，由這些文獻中呈現出的宗教世界也必須分開處理。本文將以明清的一些官方文獻和《皇明經世文編》、《皇朝經世文編》中收集的奏章、議論為主，分析在官方的、正式的統治意理中，超自然的信仰所占的位置。

　　將《經世文編》作一個知識類別加以處理，用意相當明顯。因為《經世文編》反映的正是儒家思想中核心的入世、外王思

1985), pp. 67, 117-127。陳來則將儒家思想放在巫覡、卜筮、祭祀、天命、禮樂的脈絡下重新觀察其意義。他特別強調孔子和早期儒家思想與西周文化一脈相承的聯結關係，而西周文化又是三代文化漫長演進的產物。很明顯地，陳來認為除了從倫理、道德的面向了解儒家思想外，我們還應該注意到古代宗教對儒家思想的影響。見陳來，《古代宗教與儒理：儒家思想的根源》（北京：三聯書店，1996），特別是頁的15-16。黃進興認為對儒教是否是宗教的質疑，其實是一個晚近的課題。他從傳統文獻中對「三教」的評比，相當具有說服力的證明在中國傳統中，儒家如何被當成一個和佛教、道教相對稱的宗教。黃進興，〈作為宗教的儒教：一個比較宗教的初步探討〉（上、下篇），《亞洲研究》（香港：珠海學院亞洲研究中心，1997）。

想。[4]此書的許多文章都收集在原作者的文集中，但既經編者的刻意挑選，顯然認為其議論切乎「經世」、治國的宏旨。所以不論是從官方認可的意識形態或正統的知識、思想範疇哪一個角度來看，這些文獻都足以讓我們重新了解宗教在明清主流論述中的重要地位。

從這些「正式的」文獻中，我們發現明清統治階層的「宗教論述」呈光譜狀的排列，在一端是充滿「怪力亂神」的泛靈信仰，它們不僅為「愚夫愚婦」所奉持，也被統治階層一體遵行。從古禮衍生出的五祀之祭（祭戶神、灶神、土神、門神、井神）開始，神明幾乎無所不在、無所不能。另一方面，我們則看到在儒家入世、外王的思想取向影響之下，神道如何與治道結合在一起，超自然的力量又如何被納入人事的範疇中，而為後者服務。在這個「宗教論述」光譜的另一端，則是對流行的宗教信仰、行為的批判。這些批判，有的固然是站在比較理性的立場，論證各種宗教崇拜的荒謬性；有的則是站在正統（儒家、國家）的角度，對異端競爭者（佛、道、民間信仰）的挑戰大肆抨擊。但值得注意的是，相當多的批判言論，其對象並不在超自然的信仰本身，而在信仰的操控者。所以即使是這些傾向儒家的士大夫的言論，也往往擺脫不了神怪的色彩。由於篇幅的限制，本文將只就士大夫挾正統以攻擊異端的部分進行分析。

4　關於經世思想與儒家入世思想及治道的關係，參見張灝，〈宋明以來儒家經世思想試釋〉，收於中央研究院近代史研究所編，《近世中國經世思想研討會論文集》（台北：中央研究院近代史研究所，1984），頁3-19。

二、罷釋道

明朝諸帝多半崇信佛道，寺觀壇廟林立，[5]齋醮不時。這些宗教信仰一方面受到皇帝、官僚的積極贊助，一方面也招致廷臣的嚴厲攻擊。憲宗朝的張寧認為三代雖無釋道之教，卻能做到「君主壽考，世運靈長」；下至漢唐，其法寖盛，卻是「衰亂相仍，年祚少永」，釋道之無益，由此可見。只不過因為其「能以禍福輪迴之空談，警勸于人，可以化導愚昧」，所以歷代君主才「姑將存之以為治化外之一術」。[6]

但這種用來「化導愚昧」的權宜措施，卻被視為經制。由僧道主導的齋醮，卻由禮部尚書姚夔（1414-1473）出面，「於各衙門斂會財物，收辦炷香」，並「約以至期赴壇行禮」，更不幸的是這種「儒者自失其守」的行動，卻贏得「通朝之人，靡然相從」。但有趣的是，張寧所謂「儒者自失其守」的行徑，並不是針對敬事鬼神而發，而是認為人臣不以進德修業勸誡君王，而訴諸僧道末術，是失其大體：「未聞有以禱祠得福，丹藥致壽，假符瑞以永天命者。今乃不能盡所當為，徒以瓣香尺楮，列名其上，宣揚于佛老之神，相率而拜，曰為朝廷祈福祝楮。天地鬼神，山川河嶽，昭布森列，可厚誣如是哉？」[7]對張寧來說，天地鬼神乃至山川河嶽（之神）赫然存在，但卻不是僧道末流術數所

5　明孝宗弘治朝的儒學名臣倪岳（1444-1501）就曾列舉當時北京城內琳瑯滿目的各種「淫祠」〈正祀典疏〉，《青谿漫稿》，收於《皇明經世文編》（台北：台聯國風出版社，1968），卷77，第6冊，頁253-275。

6　張寧，〈齋醮進香：諫止進香〉，《皇明經世文編》，卷50，第4冊，頁744-745。

7　同前注，頁746-747。

能感通企及的。

在孝宗、武宗兩朝出任大學士，並一度貴為首揆的劉健（1433-1526），也對在宮闈中建立壇場，聚集僧道一事大肆撻伐。他認為皇帝為了取悅母親、祈求福壽，只要能夠「問安視膳，無問朝夕」，自能以「純誠至孝，通于神明，自天降祥，有願必遂」；「豈必假異端之術，干宮禁之制，然後為孝哉？」他要求皇帝降旨「將所建番壇，即時撤出。各寺胡僧盡行斥出，使宮闈清肅，政教修明」。[8]用孝道取代僧道法術，原本是要用簡單可見的人倫日用之理取代幽不可測而耗費龐大的宗教儀式，但所謂「純誠至孝，通于神明，自天降祥，有願必遂」，卻將儒家現世的倫理規範也塗上了一層神祕的色彩。我們固然可以將劉健的說法看成是對篤信神佛的皇帝的「因緣說法」，但也未嘗不反映出宗教論述的深入人心，以致以捍衛儒學正統自任的宰輔，也不得不以感應神通之說來加強日用人倫之理的說服力。

劉健一方面用「純誠至孝通于神明」的說法說服皇帝回皈正統，一方面又對僧道異端的效力提出根本的質疑：「前代人主信佛者，無如梁武帝，而餓死台城，宗社傾覆。信道者，無如宋徽宗，而身被拘囚，斃於虜地。本欲求福，反以致禍。」這樣的道術還可以憑恃嗎？但偏偏統治者卻執迷不悔，仍然妄圖以幽渺之道救燃眉之急：

> 今寺觀相望，僧道成群，齋醮不時，賞齋無算，竭天下之財，疲天下之力，勢窮理極，無以復加。夫以天縱聖明，洞見物理，乃空府藏而不惜，竭民膏而不恤者，蓋謂其能祈福

8　劉健，〈論崇佛老疏〉，《皇明經世文編》，卷52，第5冊，頁1-3。

消災，庇民護國者也。近年以來，災異迭見，南畿浙江湖廣
陝西諸處大旱，人民失所。江西各府，盜賊縱橫。……四川
番夷，擾害邊境，達賊在套，復圖寇掠，禍患之多，難以枚
舉，不知其所祈者何福？所消者何災？護國庇民，其功安
在？[9]

劉健此處對皇帝「竭民膏而不恤」的指控是相當嚴厲的，一
方面反映出儒臣對外王之道的終極關懷，一方面則反映出皇室在
宗教事務上的奢靡和投注。如果在承平時代，「官有餘財，民有
餘力」，耗費鉅資修造塔寺「雖終無益，亦未大損」。但現在「內
庫急缺段匹，太倉銀數漸少，光祿寺行價累年賒欠，各邊糧草，
所在空虛，災傷地方，餓死盈途，逃亡相繼，賑濟官員，束手無
措，尤為窘急」。如果把動輒以數萬計的塔寺之費移為賑濟之
用，「即可以活數百萬生靈之命，豈非祈福延壽一大功德哉？」[10]
顯然對劉健來說，不僅儒家的內聖道德功夫是和佛道祈福延壽的
儀式處於競爭的狀態，在外王事功的層次，也要和佛道爭取有限
的資源。在政治日益窳敗、社會問題日趨嚴峻的局勢下，統治者
不面對現實，反而訴諸幽渺昂貴的宗教手段，使得儒家入世、經
世的基本關懷和佛道的矛盾格外尖銳。儒臣對異端邪教的抨擊也
格外嚴厲。

同一時期的大學士楊廷和（1459-1529）則用更直接挑釁的口
氣，要求世宗停止齋醮。在世宗登基之初，楊廷和等為了防患未
然，將條奏慎始修德十二事寫成牌匾，掛在宮殿的牆壁上，其中

9　劉健，〈謀造塔疏〉，《皇明經世文編》，卷32，第5冊，頁23-24。
10　同前注，頁25-26。

一事即是：「齋醮祈禱必須豫絕其端，不可輕信。」但嘉靖皇帝就像扶不起的阿斗，一即位就浸染在異端邪說之中。他先問皇帝：「（只如）近日劉瑾建玄明宮，錢寧建石經山祠，張雄建大慧寺，張銳建壽昌寺，于經建碧雲寺，張忠建隆恩宮，所費金銀，不可勝計，其心本欲求福也，然皆被誅竄，家底敗亡。」神佛與天尊的庇佑何在呢？[11] 楊廷和使用和上述劉健同樣的邏輯，卻透露出宦官大量興築寺廟、宮觀的現象。這些社會位階原本低下，教育程度不高的特殊族群，顯然在明代上層社會的宗教狂熱中扮演了推波助瀾的角色。

　　楊廷和接著提出直接的抨擊和挑戰：

　　　夫何讒邪小人，公肆眩惑。……至使宮闈之內，修建齋醮。萬乘之尊，親蒞壇場。上惑宸聰，下誑愚俗。以為福田可種，利益可求，災患可除，祥瑞可致。不知年來遠近亢旱，風霾災變。彼何不誦一經，不念一咒，以消弭之乎？南北直隸、山東、河南流賊往來，焚劫殺戮，彼何不驅神兵鬼將以掃平之乎？陛下試以此驗之，則其無益有損，不待辯矣。

如果僧道不足恃，何不將精力、錢財用於「正道」呢：

　　　陛下親蒞壇場，行香拜錄，亦甚勞矣！何不移之以御講筵？修設齋醮，靡費錢糧，亦甚多矣！何不移之以賑窮困？

11　楊廷和，〈請慎選左右速停齋醮疏〉，《皇明經世文編》，卷121，第8冊，頁725。

正道異端，不容並立，心既繫于彼，則必不繫于此，邪說既
入，聖賢之經訓自疏。[12]

楊廷和將儒釋道截然對立，非此即彼的主張，顯然和當時皇
帝過於沉迷宗教活動有關。但在明清兩朝，這種將正道和異端、
人事和神道嚴格區分的見解，其實並不具代表性。在多數的情況
下，不管是皇帝還是臣僚，既講求人事，也同時禮敬神明。這一
點，我將在另一篇文章中仔細討論。但從下面有關「依古禮行
事」的議論中，我們也可以看出：所謂儒家正統中，其實已經蘊
含了神怪的異端色彩。

三、遵古禮

從唐初以後，孔廟的禮儀大致完備，從祀制度亦告確立。此
後，國家祭孔就成為帝王扶掖、承續「道統」的重要象徵。[13]但另
一方面，在明清例行性的國家祀典之中，祭孔只是一小部分。天
地山川、雲雨風雷、嶽鎮海瀆等自然界的存在，因為其所具有的
「超自然」力量而格外受到尊奉。從國家祭祀對象的選擇和祭禮
的規格來看，聖人的教化和神祕不馴的自然力量，聖道和神道，
理性和非理性，同樣具有神聖不可輕慢的地位。在我們泛泛地統
皈為儒家「禮」教傳統的這個範疇內，其實蘊含了強烈的超自然
的成分。換言之，在明清禮部所經管的祭祀儀典之中，既包括了

---

12 同前注，頁725-727。

13 參見黃進興，《優入聖域：權力、信仰與正當性》（台北：允晨文化公司，
1994），頁126-163。

純粹儀式性的世俗之禮，也包括了具有神祕宗教意味的泛靈、多神崇拜。

但在同樣的泛靈、多神崇拜之中，還是有所謂合不合「禮」的爭辯。官僚學者們往往用不合古禮來批評某些地方性、民間性或由僧道主持的祭祀活動，雖然他們引經據典，大力提倡的古禮，在本質上往往和後者並沒有根本的差異。

明孝宗弘治年間有關北嶽祀典的爭執，讓我們看到在官僚士大夫彼此之間，如何為一個嚴肅的禮制問題進行爭辯時，程度不等地透露出各自的宗教取向。

先是，弘治六年，兵部尚書馬文升要求朝廷將歲祭北嶽恆山的地點從真定府的曲陽縣，移到大同府的渾源州。[14]接著，巡撫大同都御史胡來貢也題請改祀北嶽於渾源州。禮部奉命對這項提議進行研究。主張遷祀渾源的官員的一個主要依據，是渾源州志內有關州南二十里古北嶽廟的記載。根據這項記載，這座古北嶽廟是陶唐氏所建：「舜時北巡狩至于北嶽，值大雪，遙祀之。忽飛一石，墜帝前，名曰安王石。乃建廟于大茂山。又五載再巡狩，其石又飛于曲陽，復建廟于曲陽。」洪武十二年，重修古北嶽廟碑文中也記載了這段「飛石東遷」的神話。胡來貢等即依據這些記載，要求將北嶽祭祀地點從曲陽遷到更古的渾源。

禮部尚書沈鯉承命調查後，上疏皇帝，請求將祭祀地點依舊維持在曲陽。沈鯉承認胡來貢的請求，「固非無據」，但「載籍雖博，必折衷于經傳。典禮至重，難輕信乎傳聞。」胡來貢等人引用的虞書魏史的記載，雖提到祭于恆山，卻未提到恆山在什麼地

---

14 《明實錄：孝宗實錄》（台北：中央研究院歷史語言研究所校訂本，1996），卷78，第54冊，頁1506-1507。

方，而沈鯉所引用的典籍和歷史，卻證明「曲陽之祀恆山，又非肇始於五代，蓋歷二千餘年而明禮如一日。誠考據精確，非漫然沿襲也。」所以純就雙方所訴諸的經典權威而言，沈鯉顯然認為自己比對方更精確。

沈鯉可以憑典籍證明過去一向是在曲陽祭北嶽，主張恆山在渾源的人，卻只能依靠地方的州誌和碑文，而這些資料中有關「飛石」的傳說，即使胡來貢亦「謂其不經」，怎麼能夠據以改祠？更何況曲陽恆山「孕靈已久」，實在不該輕易毀廟廢碑。沈鯉等人最後的結論是：「臣等再三酌議，北嶽恆山之神，委應遵依憲典，仍祀于曲陽縣。」[15]

在我看到的資料中，沈鯉等人有關北嶽祭祀的議論其實是比較「理性」的。雖然祭祀背後反映的是對超自然能力的崇拜，但雙方都程度不等地援用經典、歷史的記載來支持各自論證的合理性。但另一方面，雙方也都不忘用宗教性的信仰和辭彙來加強自己的論據。胡來貢一方面引用怪力亂神的飛石傳說，一方面自己也覺得這樣的說法多少有些荒誕不經。但雖然覺得不經，卻又以此作最重要的證據，顯然是因為宗教論述在當時有相當的說服力。而沈鯉雖然指責對方不經，但措辭並不強烈。更重要的是自己在奏摺中也使用了「孕靈已久」、「北嶽恆山之神」的語句。這些都說明：即使最上層的士大夫在國家的重要祀典和嚴肅的禮制爭議中，也無法免除宗教的色彩。

而有關祈雨的討論，則讓我們更清楚地看出，所謂回畋古禮的主張，根本問題不在僧道儀式的怪力亂神色彩，而是要用儒家古禮對抗所向披靡的僧道儀式。

---

15 沈鯉，〈議改北嶽疏〉，《皇明經世文編》，卷417，第25冊，頁605-612。

　　清朝的王棨對遵古禮求雨的理論和儀式細節，有很生動的描述。在〈雩說〉一文中，他首先藉著與賓客的問答描述地方祈雨的始末，「今旱魃為虐，自春徂夏，不雨六十日矣。……即制府暨郡邑大夫，軫念斯民，禁屠沽，息訟獄，建醮壇，召方士，齋心祈請，亦復旬日，而亢陽愈驕，農禾交瘁。」碰到這樣的情況要怎麼辦呢？王棨認為，要是在古代，沒有別的辦法，就是祈禱。今天的人雖然也祈禱，但「非古之祈禱也！」接著他引《左傳》的記載敘述古代的雩祭。秦漢時，雖然不再把雩祭當作常祭，但一旦碰到乾旱，從天子到地方官，仍遵循一套複雜的求雨儀式。現代人不遵循這些禮法，草率行事，怎麼可能求得到雨呢？「今人不知雩禮，率聽一二黃冠，妄挾符咒，驅使鬼神。彼黃冠者，有何神術，而能格昊天召風雨乎？」補救之道在：「必賢有司齋戒沐浴，極其虔誠，復行古禮。敬恭明神，俾無悔怒。或者天心可格，而甘霖可望也！」[16]

　　但雩祭廢棄已久，而且歷代祭法不同，所以王棨依照自己的了解，折衷古禮，設計出一套新的雩祭：

　　　宜擇水日建四通之壇於郡邑北門外。高廣六尺，上植黑旗六，其神玄冥，祭以六黑狗。……道士六人，童子三十六人，皆齋三日，衣黑衣，手執皂旗而舞。道士教童子以雲漢之詩，其聲吁吁作呼號狀。……有司則率其僚屬及鄉先生諸生，拜跪壇下。七日不雨，則索取境內祠廟大小遠近諸神，聚於一壇而虔祀之。詩所謂靡神不舉，靡愛斯牲。周禮所謂

─────────────

16　王棨，〈雩說〉，收於賀長齡輯，《皇朝經世文編》（台北：文海出版社影印，1972），卷45，戶政20，荒政5，頁11。

國有凶荒，則索鬼神而祭之也。[17]

王棨一方面批評今人將祈雨之禮輕率地委諸一二黃冠，妄挾符咒；一方面在他折衷出的古禮之中，仍然免不了灑狗血、請道士的作法，可見所謂古禮和今俗在本質上本並沒有什麼區別，但一旦有了詩經、周禮的「背書」，禮的正統性、權威性似乎就得到保障。不過特別值得一提的是，雖然王棨折衷出的雩禮充滿了神怪的色彩，但他也沒有忘掉「人事」在祈雨過程中的重要性。在他看來，「雩祭」為祈雨之文，而「七事」則為祈雨之實。所謂七事，指的是理冤獄，輕徭賦，恤鰥寡，進賢良，黜奸邪，會合男女、使無怨曠，及減膳撤樂、勞其身以為民。主政者必須在政事上有些積極的努力，再配合祈雨的儀式，才能真正感動天地。

當然，這些在治術和外王之道上的努力，也依然不脫神祕的色彩，譬如：「董仲舒在江都苦旱，問史家在百里外者，行書告縣，遣妻視夫而雨，此會合男女之驗也。」「東晢、戴封、諒輔之徒，皆以守令祈雨，暴身於廷，至欲舉火自焚，而大雨立降，此勞身為民之驗也」，[18]承續的是漢以來「天人感應」的思想，但比起純粹仰仗僧道法術的作法，這種「既欲事人，亦欲事鬼」，齊頭並進的議論，無疑是比較近乎儒家現世取向的折衷之道。當然，這種事人、事鬼並重的主張，和孔子「未能事人，焉能事鬼」的比較理性的思想有相當的差距。但這種「雜儒」式的主張，反而比較近乎後世儒者透過經典（五經、九經、十三經）所

17　同前注，頁11-12。

18　同前注，頁12。

建立的廣義儒家傳統。而在這個廣義的儒家傳統或所謂「古禮」之中，明清的士大夫不難找到一個儒家自有的「神怪」傳統，來對抗通行的釋道之術。

　　當然，也有人認為儒家傳統中的鬼神，充滿了浩然正氣，不能和釋道之術中的「邪鬼神」相提並論。潘德輿在〈鬼神論〉中，就對儒家傳統和釋道之術中鬼神氣質的不同，大發議論。他認為三代以上，「其鬼先聖先賢高曾祖考而已，其神天地日月風雨山川社稷門戶而已。人之心一，故鬼神之數簡，鬼神之數簡，故其誠立而幽明交，萬物治，邪鬼不侵哲人，淫神不享聖世。」後世「公卿不知恥，閭閻不惜費，至是而鬼神之污辱甚矣」。在聖人之世，既無仙佛之說，也就沒有「邪鬼神」，沒有「生死輪迴報應之邪說」。而後世因為有鬼神，所以「大壞風俗，喪忠孝，梗教化」。[19]這種拿三代和後世作對比的言論，當然是一種正統、異端之辨。但和上面的例子一樣，是要從三代和聖人之道中找尋一個屬於「儒家」的鬼神傳統，以取代佛教和道教衍生出來的鬼神傳統。在亟欲掙脫釋道「魔」掌的努力中，清代士大夫回返古禮、回返三代的主張，反而強化了儒家傳統的宗教色彩。

　　回返古禮的另一個面相，其實還牽涉到士庶文化的差異。回返古禮一方面要重拾禮的莊嚴和神聖性，一方面要阻止「禮下於庶人」之後的庸俗化。因為一旦一般的僧道和庶民都可以施行「感通神明」的儀式，不僅會褻瀆、觸怒神明，更可能以妖言惑眾，對政權構成威脅。俞正燮（1775-1840）就從這幾個角度，對流行的求雨術提出批評。首先，他對東漢時戴封、諒輔等官員在

19　潘德輿，〈鬼神論〉，收於盛康輯，《皇朝經世責編續編》（台北：文海出版社影印，1972），卷63，禮政3，大典下，頁1-2。

求雨不獲時，以死威脅神明的作法不敢苟同：「戴封以令長妄擬湯王，已為狂怪。諒輔掾史下秩，敢在郡庭大言，身關天地否隔，聚柴搆火，……不可訓也。」俞正燮引《呂氏春秋》和《淮南子》的記載：「湯克夏，大旱七年，乃身禱於桑林，翦其髮，劃其手，自以為犧牲，用祈於上帝。民乃大悅，雨大至。」說明戴封、諒輔的作法，實在是不合古代禮法的僭越之舉。

俞進一步引用乾隆、雍正的諭旨，來闡明「請求神祇，順事也，不當以死劫神祇。請求以禮也，不當違道任術，以神為戲」的主旨。乾隆五十年五月，廷寄河南巡撫畢沅，要求他「但當誠懇祈求雨澤，不可用月字翻壇邪術。此官所當永遠遵行者」。雍正更下了一道長旨給禮部，表明他對民間祈雨之術的不滿：「民間祈求晴雨一事，甚不合禮。朕以誠心祈禱，猶慮上天不即感應。乃一應人等，任意設壇，觸犯鬼神。聚集不肖僧道，妄行求雨，殊屬非分。」在非分、不合禮的指控之後，皇帝最關心的其實是僧道庶民私自求雨的顛覆性：「莠民假求雨斂錢立會，聚食快樂。亂民以求雨劫制官吏富戶，以快私憤、伸邪教。」所以他下令以後「在寺廟誦經求雨尚可。如私自設壇，借求雨之名，妄作法術，即以妖言惑眾治罪。」[20]

但請僧道祈雨，在明清兩代顯然已普及到無法禁絕，所以不論是皇帝或官員，基本上都對此採取包容的態度。只要不失控，地方官或「愚夫愚婦」，可以各本誠心，馨香祝禱。清徐文弼在他為地方官編輯的施政手冊《吏治懸鏡》中，詳列了各種祈雨之法。這些祈雨之法，基本上是根據董仲舒在《春秋繁露》中的相

20　俞正燮，〈求雨說〉，收於盛康輯，《皇朝經世文編續編》，卷46，戶政18，荒政下，頁26-27。

關記述加以演繹發揮而成。而輯錄董氏祈雨法並加以整理、條註
的則是明嘉靖年間的吳廷舉。吳廷舉並為此寫了一篇序文，文中
提到當時「大江以南，水旱之災，十有八九。世之俗吏，每以禱
雨之禮，付之僧道。設壇遣將，呼召風雷。」可見當時官員僱用
僧道求雨的普遍性。[21]御史徐以升在乾隆七年寫的一篇奏摺中，則
將僧道祈雨比諸古代的巫術：「至僧道諷經，考周禮巫師神巫而
舞雩。故古有歲旱暴巫之說。然縣子之對魯穆公曰：天則不雨，
而望之愚婦人。於以求之，不已疏乎？今僧道諷經求雨，是亦巫
師之意也。其或各寺觀有願祈求者，亦聽其自致虔心，不必從事
壇撻。」[22]

　　但即使這些主張寬容僧道法術的官員，也要求在民間通行的
信仰儀式外，另遵古禮，建立一套標準的官方祭禮。徐以升請求
皇帝「敕下在廷禮臣，博求典故，詳考制度，於京城之內，擇地
建立雩壇。倣古龍見而雩之禮，每年屆期擇日致祭一次。偶遇亢
旱愆陽，雨澤稀少，即於望告嶽鎮海瀆，及諸山川能出雲雨者，
以祈求雨澤。無庸於各宮觀處祈禱。」[23]

　　徐文弼則認為董仲舒的祈雨法是本乎古代典籍的雩祭之法。
易經中的「雲行雨施」，周禮中的「天降時雨，山川出雲」講的
都是「上下之交」的「神功」。吳廷舉說俗吏付之僧道的祈雨術

21　賀長齡編的《皇朝經世文編》將這篇序文的作者誤認為徐文弼，見《文編》
　　〈祈晴雨法〉，卷45，戶政20，荒政5，頁12-13。但比對《吏治懸鏡》原
　　書，《皇朝經世文編》中的〈祈晴雨法〉一文，實際上是將徐文弼寫的序文
　　及吳廷舉的原序，拼湊錯雜而成。
22　徐以升，〈請立雩壇疏〉，收於《皇朝經世文編》，卷55，禮政22，大典上，
　　頁8。
23　同前注。

「無一驗者」，徐文弼則強調董氏祈雨法的神效：「歲之戊午，關中秋旱。制台查公，撫台張公取其法，禱於西郊，雨立沛。越今夏，復旱。如其法行之，雨亦立沛，蓋禱而應者再矣！」[24]

　　徐文弼、吳廷舉一方面認為通行的祈雨法沒有效力，一方面則大力推銷他們遵古法炮製的神功，認為後者「非惟官司可行，而里社亦可行」。[25]顯然他們是打算用一套從古禮衍生出的法術，全面取代通行於明清地方政府和民間，而由僧道主宰的祈雨術。但細按吳廷舉從《春秋繁露》推衍出來的〈春秋繁露祈雨祕訣各條〉，[26]我們卻發現這些「古法」的庸俗迷信程度，毫不遜於當時流行的法術。在「擇日期」項下的註解是：「擇吉日祭風神於郊社，即風雲雷雨壇。是日昭告城隍、土地、龍王三廟，各備祭文一道。」「龍前」一項的註文是：「各用水缸一只，水盛滿，內放蜥蜴，上浮柳枝。」「神桌前」一項的註文是：「有水池，其淺深大小按時開挖。每龍頭前用旗一杆，各按時製神棚，左右安大鼓一面，常令人擂鼓誦詞。鼓後用老母豬，一聞鼓聲，用火燒尾，不可傷生。紅雄雞各一隻，令其常鳴。」同時每個巷口也要放大鼓一面，老豬一隻，令壯夫擊鼓燔尾誦詞。每家門口則要放水缸

24　引文分見徐文弼、吳廷舉的序文，引自《吏治懸鏡》（下）（新北：廣文書局，1926），卷7，頁837-840。

25　同前注，頁839-840。

26　《春秋繁露》第74章〈求雨〉講春、夏、秋、冬四季求雨之法。第75章〈止雨〉講雨太多時的止雨之法。吳廷舉根據〈求雨〉一章，衍生出春祈雨法、夏祈雨法、秋祈雨法、冬祈雨法。又別出心裁的歸結出自己創造的〈春秋繁露祈雨祕訣各條〉。《春秋繁露》原文見台北中華書局版（1965），卷16。根據史記的記載，董仲舒的「求雨法」確曾施行於江都國，而且可能很為當時人所信服，甚至倣效。後來官訂之「雩祭」行事，大抵皆依董仲舒之法。詳見林富士，《漢代的巫者》（台北：稻鄉，1988），頁70-71。

一只，供神牌一座，上寫「水神到」。

　　在「壇內誦歌」一條項下註明：「即木郎神歌，儒士僧道，各按四季日期數目，……用儒士者，儒教之祈法也。」「監壇者」一條項下則說：「壇內執事者儒士。僧道、巫醫、陰陽禮生、壯夫菑夫、嬰童人數，各按其時用之。」[27]

　　把〈春秋繁露祈雨祕訣各條〉與《春秋繁露》〈求雨〉章原文相對比，我們發現除了用火燒母豬尾巴猶有古意外，其他多為吳廷舉根據後世的風俗信仰自己創造出來的規定。董仲舒原文說水缸裡放五隻蝦蟆，〈祕訣〉改成蜥蜴。其他如祭風神，昭告城隍、土地、龍王都不見於〈求雨〉章。而儀式由儒生掌控，雜以僧道、巫醫、陰陽禮生，純粹是吳廷舉自己的主張。從這個角度看，前引潘德輿一文中，說三代以上「鬼神之數簡」，而後世鬼神滋生，[28]並不是沒有道理的。昭告城隍、土地、龍王的儀式，實際上是將明清流行的民間信仰納入求雨的古禮之中。而用儒生領導僧道舉行儀式的用心，更是昭然若揭。把一向由僧道主掌的儀軌納入一套「儒教之祈法」中，比純粹的批判或坐而不視，無疑是更務實而積極的作法。僧道之術既無法禁絕，那麼將之變成儒「教」、儒「術」的一部分，無疑是兩全其美的解決之道。在古禮與今禮、正統與異端的爭辯過程中，〈春秋繁露祈雨祕訣各條〉所代表的，是一部分士大夫將儒家宗教化以涵蓋佛教、道教及民間宗教的努力。

　　從上述有關祈雨的議論中，我們看到古禮和僧道儀式的衝突、調和。在其他各種有關恢復古禮的言論中，我們則看到士大

27　同注24，頁843-846。

28　潘德輿，〈鬼神論〉，頁1-2。

夫理想中的體制，如何與現實生活中庸俗的民間儀式、信仰互相
衝突的實況。知名的金石學家和禮學家武億（1745-1799）就對五
嶽寢廟的陋習深表不滿。根據他的看法，廟在古代是「接神之
處，其處尊」，寢則是廟後堆放衣冠雜物的地方，「對廟為卑」。
古代天子諸侯祭拜五嶽，都在土壇上行之，並無廟寢之制。漢武
帝行封禪禮，並巡遊五嶽時，在西嶽華山上建立了宮殿。後世沿
而不廢，「乃益相與浸淫披靡。至于山林川澤四方百物諸祭，罔
不從俗固陋，莫能改易。」

　　而在這些粗陋的習俗中，最媟慢不經的就是廟而有寢。在武
億參觀過的西嶽、南嶽和中嶽祭祀中，都是廟寢雜陳。「環列女
侍床簀枕衾、椸架、盥漱、盤浴，皆人世所需，至為凡猥賤褻之
器，具列于室。」寢室旁是嶽神臥像，儼然尸居寢榻中。設婦人
像，與嶽神並坐，號曰嶽帝之配。奔走村嫗，橫軀膜拜。如是歲
凡數有，為道流之姦貪無賴者，踵相詿惑，愚瞀指為利藪。」[29]

　　武億在這裡對民間信仰的陋俗面，有相當具體的指陳。事實
上，對這種雜亂的廟寢制度，以前就有人批評過。像明代的御史
陳祚，就請求趁著南嶽衡山神廟歲久傾頹的機會，加以整頓。陳
祚要求去除廟宇的塑像，依照古禮祭祀山川的制度，建立土壇、
廚庫、齋室，俾得「禮制合經，神祇不瀆」。武億認為卒然廢廟
恐不可行，但至少應該「先毀其寢，而諸所謂像設溷瀆之具，一
切廢罷，庶于近古之制。」[30]

　　全祖望、李光地等知名的士紳官僚，也同樣抱著遵古禮以整

29　武億，〈毀五嶽寢廟議〉，收於《皇朝經世文編》，卷68，禮政15，正俗上，
　　頁11。
30　同前註。

飭今俗的看法。全祖望認為現在人重社祀,「一府一州一縣皆有之。而又有城隍之神,又有所謂府主之神,何其多歟?」但所有這些社祀都是「未考古之社禮而失之者也。」古代的社神,都是府州縣的土神,從祀者則「必官於其土,而遺澤足以及民」。但現在的人卻把這些有功於地方的名官鄉賢別祀於學宮,另外隨便找些「漫無干涉的古人」充當城隍府主境神,又「撰為降神之蹤跡以欺人」,實「不經之甚者也!」全祖望結論道:「大抵今世不奉天神,而信人鬼。故諸祠之香火,其視壇壝,奚翅什伯相過。無他,天神冥漠,苟非誠敬之至,無從昭假;而人鬼則有衣冠像設,足以為愚夫愚婦之所趨。」[31]

表面上看起來,全祖望和潘德輿、武億等人一樣,主張回皈比較簡約的古禮。但進一步分析,這種回皈古禮的過程,其實也蘊含著強烈的「禮不下庶人」的意涵。對一般「愚夫愚婦」而言,要他們放棄崇拜衣冠偶像,而改用虔敬肅穆之心冥想一個抽象、冷漠的天神,當然不是容易的事。而要將從祀的對象,從漫無干涉、荒誕不經、以神蹟欺人的古人,改為符合儒家「內聖外王」之旨的賢守令、賢士大夫,更明顯地反映了全氏「賢士大夫」的觀點乃至憧憬。這樣一個簡約肅穆的古禮,無疑是為士大夫階級而設的。

李光地對五祀之禮的討論,則一方面毫不遮掩地陳述禮有等差的觀念,一方面又和前面幾個人不同,主張恢復比較繁複的禮儀。他開宗明義地表明五祀之禮在古代只有士大夫有權參與,「士庶蓋不得而兼之也」。但今天「雖編氓之家,醮祭天地,禱祀河嶽尊神,僭妄無所不至」。相反地,對於古代只有士大夫才能

31　全祖望,〈原社〉,收於《皇朝經世文編》,卷55,禮政2,大典上,頁13。

參與的五祀之禮，這些僭妄之至的平民百姓卻「簡嫚媟褻，付之婦人奴婢而已。」「是古者必大夫而後得行之祀典，今則士庶人之所不屑。必擬夫古天子諸侯之祭，然後用之。俗之悖謬越禮，莫此為甚。」[32]

　　於是一方面有些食古不化，一方面又懂得損益折衷的李光地，「考之古義」，設計了一套下於庶人的五祀之禮。「五祀之祭，今世簡略已極，考之古義，則必躬必親，不可委之婦人婢僕，乃合禮意。惟灶神之祭，婦人可攝行之，而使廚者執事。門戶、井神之祭，子弟可攝行之，而使司門者、汲水者執事。中霤[33]最尊，主人在家，則必身親而使子弟執事可也。」李光地同時認為時人二月祭土神、八月祭灶神的習俗，不合五行的運轉，所以主張依月令之文加以糾正：「今定依古禮：二月祭戶，五月祭灶，六月祭土神，八月祭門，十一月祭井。」[34]在這樣一個斟酌損益古禮，而把婦人、廚者、司門者、汲水者都慷慨地包括在內的復古計劃中，「愚夫愚婦」原本忙碌複雜的宗教生活顯然要變得更為紛亂了。

　　李光地對時人將五祀之禮「付之婦人奴婢」的批評，固然蘊含了男性／士大夫的雙重偏見，但在新設計的全民敬神運動中，總算還為婦女和下階層的匠役預留了一席之地。相形之下，全祖

32　李光地，〈五祀禮略〉，收於《皇朝經世文編》，卷66，禮政13，祭禮上，頁1-2。

33　中霤指的是屋簷滴水之處，李光地有詳盡的解釋，他說古人僻居野處，「鑿其最中之處以通明，而雨亦溜焉，故曰中霤。以其最中，是以為一家之主。後代易以宮室，而仍襲中霤之號，不忘古也。其在于今，則當之者梁脊是已。居一家之中，為一家之主，其神屬土。」引文見同前註。

34　同前註。

望對媽祖信仰的批判，則毫不猶疑地披露出一個保守的士大夫對
以女性為中心的民間信仰的雙重歧視。而這樣的歧視，又反映出
一套僵化的儒家意識形態對全氏的影響。全氏並不全然反對對女
性的崇祀，但其先決條件，是這些女性必須為儒家的聖賢而犧
牲，或以聖賢從屬的身分出現：

> 生為明聖，死為明神。故世之死而得祀者，必以其忠節貞
> 孝而後尊。以巾幗言之，湘夫人之得祀也，以其從舜而死。
> 女嬃之得祀也，以其為弟屈原，曹娥之得祀也，以其孝。若
> 夫流俗之妄，如裹礦夫人祠，亦以譌傳其殉漢而祀之。至于
> 介山妬女之流，則所謂俚誕之不足深詰者也。

但天妃信仰，遍於江漸閩粵沿海，其祀非里巷祠宇所可比，
所以全祖望要大加撻伐：

> 然何其漫然無稽也！夫婦人之為德也，其言不出于閫，其
> 議不出于酒食之微，其步趨不出于屏廳之近。其不幸而嫠所
> 支持，亦不出于門戶之間，所保護亦不出于兒女之輩。若當
> 其在室，則尤深自閫匭而一無所豫。林氏之女，即云生有異
> 稟，其于海上樓船之夷險，商賈之往還，亦復何涉？而忽出
> 位謀之，日接夫天吳紫鳳之流，強作長鯨波汎之管勾，以要
> 鮫人蜑戶之崇奉，甚無謂也。

換言之，全氏認為女人只該在方寸之地做些細微的瑣事。他完全
不反對符合禮記「禦大患，捍大災」之標準者，可以加封進爵，
受萬民崇祀禮拜，他反對的只是像林默娘這樣一個不受教化的偏

僻之地的未婚村婦，竟然能夠像男性神祇一樣，有著非凡的禦患捍災的能力。「自有天地以來，即有此海；有此海，即有神以司之」，但結果主掌這片遼闊海域的竟是一位女性而非男性，是一怪也。「天之配為地」，結果竟是一位「取于閩產」的神祇來司其事，門不當，戶不對，是二怪也。第三怪就更牽強了：「林氏生前固處子耳，彼世有深居重闈之淑媛，媒妁之流突過而呼之曰妃、曰夫人、曰娘，則有赧其面，避之惟恐不速，而林氏受之，而不以為泰，是三怪也。」在全祖望的描述下，林默娘簡直是「恬不知恥」了。而愚夫愚婦奔走相告，更是讓人嗟嘆：「此說者蓋出于南方好鬼之人妄傳其事，鮫人蜑戶本無知識，展轉相愚，造為靈跡以實之。……後人不知妄，求巾幗以實之。吾憐其愚也！」[35]

很顯然地，全祖望是從性別、階級乃至經濟、地域的角度批評流行的媽祖信仰。但值得注意的是，全祖望在作這些批評時，雖然表現出比多半士大夫更僵固的意識形態的立場，但這並不表示他對神怪信仰的傳說較其他士大夫更正統或更理性。他為他住處附近的碧沚龍祠寫的碑銘，就提供了極佳的佐證：「明道先生行狀云：上元之茅山有龍池，其龍如蜥蜴而五色。祥符間，命中使取二龍。至中途，中使奏一龍飛空而去，自昔嚴奉，以為神物。先生嘗捕而輔之，使人不惑。」全氏接著說明程灝以下的幾位儒者對各種龍怪傳說的質疑，但全氏自己卻不苟同這些先儒「理性」的態度：「雖然，龍之為靈昭昭也，其在經，則見於易；其在傳，則見於春秋繁露諸書。作雲施雨，不可以為誣妄。而造

35　引文見全祖望，〈天妃廟說〉，收於清席裕福纂，《皇朝政典類纂》（台北：成文出版社影印，1969），卷271，第17冊，頁5780-5781。

物之變化，亦有不容盡以儒言斥之者。」全氏進一步考之圖譜，
證明確有所謂旱魃的存在，既然相信魃能致旱，卻認為「龍不能
致雲雨」，顯然是一種頑固蔽塞的看法。

　　全氏甚至以近乎強辯的邏輯，解釋程灝吃龍並不說明龍不存
在或不靈驗：「天下無不靈之龍，而未嘗不為人所豢，故亦未嘗
不為人所醢，古有之矣！然因此而謂龍之非靈，則不可也。即以
吾鄉天井之龍言之，有求於山者，或得蛇，或得蜥蜴，或得蛙，
皆能有驗。顧前明太守林夢官祈得蛙，不雨，手刃之，而雨。」
所以龍可以化身為蛇、為蜥蜴、為青蛙，但就是不能化身為人：
「顧予家在祠右，每入祠，見座中衣冠像設，殊為不根，天下亦
豈有龍而人者？乃與里社諸公議，以木主代之，而為之銘。」[36] 全
祖望一方面指責愚夫愚婦崇信媽祖的愚妄，一方面卻又力抗先儒
先賢，為自己同樣「荒誕不經」的龍蛇信仰作辯解。如果真要說
一代大儒的全氏和愚夫愚婦有什麼不同的話，大概是他還有一定
的勇氣和識見，將衣冠龍神改為木主吧！

結論

　　劉廣京先生在討論中國傳統的國家正統時，強調這個正統在
面對「超越世俗」的宗教（supra-mundane religion）時的彈性。
在明清之際重新成為國家意識形態主幹的「理學」雖然有著強烈
的形而上與精神面相，但這個大體承續了漢代國家正統的思想體

36　全祖望，〈碧沚龍神廟碑銘〉，《鮚埼亭集》（新北：華世出版社，1977）
　　（上），卷24，頁303-304。

系除了一套社會道德之外，還同時包括了宗教性的宇宙論。[37]本文的討論，一方面強調「超越世俗」的宗教在明清統治階層中所占的重要地位，一方面也證明了明清官僚士紳在面對僧道、民間信仰等各種異端時，基本上確實採取了相當彈性的態度。

進一步分析，這種對異端信仰的彈性態度，表現在統治階層對通行的宗教信仰、儀式採取的對策上。從上面的討論中，我們可以看出在面對充滿「怪力亂神」的民間宗教時，明清的精英階層並不像1900（或五四）以後的知識分子那樣，用一套性質完全不同的「科學論述」來取代民間的「宗教論述」。由孔子所代表的儒家「理性」與入世的取向，固然對狂野的宗教信仰有一定的節制作用，但明清的士大夫很少有人能完全跳脫宗教的影響，從一個全新的典範批判舊有的典範。事實上，士大夫是用一套自己的宗教語言來對抗一套通行的宗教語言。兩套論述既有交融重疊之處，也常常呈現緊張衝突的局面。就如同異端信仰的駁雜多端，統治階層對抗異端的「宗教論述」也呈光譜狀的排列。從強力拒斥，到妥協、含攝，乃至建立自己的神怪儀式，統治階層確實在對策上表現出相當的彈性。

大體而言，在明朝，由於幾個皇帝過度沉溺在宗教活動中而致百政怠忽，所以引發比較激烈的正統、異端之辨。但我們必須強調的是：由僧道掌控的宗教活動實際上也受到另一批士紳官僚的支持，乃至有「通朝之人，靡然相從」的感喟。而即使批判者，也有「天地鬼神，山川河嶽，昭布森列」的說法。

37　Kwang-Ching Liu, "Socioethics as Orthodoxy: A Perspective," in Kwang-Ching Liu, ed., *Orthodoxy in Late Imperial China*（Berkeley: University of California Press, 1990）, pp. 54, 64-65.

　　本文所舉「回皈古禮」的議論，也多少可以印證周啟榮有關清代禮學復興的看法。不過正像他說的：清儒所遵奉的古典絕不是同質性的經籍。這些典籍包含了豐富的古代事例和見解，可以讓後人作各種不同的解釋，而各種對古典的研究解釋，並沒有為「神聖的過去」建構出一套一致的理論。[38] 雖然在對流行的僧道儀式和民間信仰不能苟同這一點上，他們達到了最基本的一致性，但在批判的強度、面向和著重點上，都各自不同。而在一致性地從廣義的儒家古禮中找尋批判、對抗的資料時，他們也各取所需、各盡所能地從對古體的不同解釋中，找出不同的整飭今俗的對策。但值得注意的是，不論他們看到的古禮是簡約還是繁複，卻都有著共通的超自然的宗教色彩。在這些因為對抗流行的宗教活動而引發的回皈古禮的嘗試中，「不語怪力亂神」的傳統卻幾乎成為空谷的足音了。

38　Kai-wing Chow, *The Rise of Confucian Ritualism in Late Imperial China: Ethics, Classics, and Lineage Discourse* (Standford: Standford University Press, 1994), pp. 41, 227.

第五章

清中葉以降開封演劇活動概述

一、明清開封

　　由於明初曾以開封為北京，所以開封城的修繕，比別的城市更加堅固，城牆和城門，也更為高大雄偉。到了明末，開封的城牆更趨完善。[1]和明代的西安城類似，二者固然都非帝國的首都，但出於戰略或商業的考量，作為內線或後方的重要城市，[2]西安和開封仍是太祖冊封的重要王國。諸王在城裡建立氣派的王府，尤以秦（西安）、晉（太原）、燕（北平）、周（開封）四府，特別高人一等。[3]周王府的第一代主人朱橚是朱元璋的第五子，洪武十一年（1378）改封為周王，國開封。周王府邸本是「宋時建都宮闕舊基」，照皇宮的規模建造，包括午門、東華門、紫禁城，「極大宏敞，碧瓦朱門」。[4]實際上就是開封的一座小皇宮，在城裡占了一片很大的土地。王府的建築豪華，全是琉璃殿宇，高大巍峨，金碧輝煌。周王府以外的群王門第，「亦是金釘朱戶，琉璃殿宇。宮中皆有內景，郊外皆有花園。」[5]

　　除了大小王府，明代的開封，還有省、府、縣三級官署，儀賓、鄉紳的府第和花園。[6]這樣的太平景象，讓我們不禁聯想到余懷筆下的明末金陵：

1　程子良、李清銀，《開封城市史》（北京：社會科學文獻出版社，1993），頁170-171。

2　參見吳晗，《朱元璋傳》（活泉書屋，1983），頁147。

3　朱國禎，《湧幢小品》（上）「王府」條，繆宏點校（北京：文化藝術出版社，1998），頁103。

4　孔憲易校注，《如夢錄・周藩紀第三》（鄭州：中州古籍出版社，1984），頁6、7、13。

5　同前注，頁12。

6　程子良、李清銀，《開封城市史》，頁171-172。

「金陵為帝王建都之地，公侯戚畹，甲第連雲，宗室王孫，翩翩裘馬，以及烏衣子弟，湖海賓遊，靡不挾彈吹簫，經過趙李。」[7]而事實上，開封王孫貴族及士人鄉紳的縱情逸樂，較之晚明金陵，實不遑多讓：「（至十五日）諸王府、鄉紳家俱放花燈，宴飲。各家共有大梨園七八十班，小吹打二三十班。」[8]「又，大街路東，有皮場公廟。向南，三間黑大門，匾曰『富樂院』，內有白眉神等廟三四所，各家蓋造居住，欽撥二十七戶，隨駕伺候奏樂，其中多有出奇美色妓女，善詼諧談謔，撫操絲弦、撒畫、手談、鼓板、謳歌、蹴圓、舞旋、酒令、猜枚，無不精通。每日王孫公子、文人墨士，坐轎乘馬，買俏追歡，月無虛日。」[9]這種清唱小班不僅豢養在王孫鄉紳宅院之內，在熱鬧的市區街頭，也為一般民眾平添了無數的歡樂，根據《如夢錄》的記載，從鼓樓往西，經過相國寺後，是一個繁華擁擠的市集區：「此市有天下客商，堆積雜貨等物，每日擁塞不斷。各街酒館，坐客滿堂，清唱取樂，二更方散。再西有軸丈、氈貨、緞店、廣福店、糖店、南酒店、清唱局。」[10]根據孔憲易的注釋，從此處記載的明季開封清唱局的設置，可以想見明中葉以後清唱劇曲之盛。孔憲易又特別指出，在萬曆年間沈德符寫的《野獲編》中，已指出金陵、汴梁為明代南北歌舞之都。就如同六朝金粉之於晚明金陵，在明末開封的清唱局中，我們似乎也看到了宋代勾欄、瓦舍不絕如縷的歷史傳承。

7　余懷，《板橋雜記》，王鈍生等，《豔史叢鈔》（上）（新北：廣文書局，1976），頁1。

8　孔憲易校注，《如夢錄‧節令禮儀紀》，頁88。

9　孔憲易校注，《如夢錄‧街市紀》，頁49。

10　同前注，頁31。

　　從「此市有天下客商，堆積雜貨等物，每日擁塞不斷。各街酒館，坐客滿堂，清唱取樂，二更方散」以及「大街小巷，王府、鄉紳牌坊，魚鱗相次。滿城街市，不可計數，勢若兩京」[11]的描述，我們不難想像其背後所反映的是怎麼樣繁庶的太平景象。事實上，整個《如夢錄·街市紀》長達幾十頁的店鋪名稱，以及作者畫龍點睛的按語，其根本用意，就在營造出一個如夢般繁華的故國都城景象，而隨著朝代更易和滾滾東去的黃河之水，明末開封的繁華城市景象，就此一去不回。

　　儘管在整個明代，開封一帶備受黃河水患的困擾──洪水有58次在開封城市近郊決溢，並在洪武二十年（1387）和天順五年（1461）兩次水淹開封城區，[12]但終明之世，開封的城市經濟大體上相當繁榮。到嘉靖年間，開封府（含附郭縣祥符縣）的人口有174萬。在開封城內居住的人口，在明末約有37萬人。[13]繁榮的經濟和龐大的人口，適足以反映《如夢錄》中對街市的記載和描述。

　　頻繁的黃河水患，變成開封歷史上的主旋律。明末的大洪災，並徹底改寫了開封的歷史。商業活動銳減，人口總數也大幅降低，不僅無法再與金陵相提並論，在重要性上，可能也無法和作為西北商貿重鎮的西安相抗衡。同樣是明代重要的宗室藩國，建有宏大壯麗的王宮府第；同樣是清代的國防重鎮，在城市內建立了城中之城的滿城，原本擁有龐大人口的開封府，在崇禎十五年（1642）的水患後，「東京人物盡付東流」，到順治初年，「存

11　同前注，頁57。

12　程子良、李清銀，《開封城市史》，頁180。

13　鄧亦兵，〈清前期開封城經濟初探〉，《史學月刊》1986年第2期。

者僅十之三四耳」。一直到康熙三十年（1691），開封府及轄下縣境的人口才勉強恢復到49萬，和乾隆年間西安的人口約略相當。[14]崇禎十四年（1641）開始，李自成的軍隊三次對開封發動猛烈攻擊。崇禎十五年四月至九月（1642）的第三次圍城，前後持續了近6個月，固守城內的軍隊和民眾，彈盡援絕，卒至人肉相食。最後守城的明朝官軍決定開挖黃河大堤，水淹敵軍。9月15日，黃河秋水大漲，明軍在朱家寨和馬家口兩處決堤，「河入自北門，貫東西門以出」，「水深數丈，浮屍如魚」，「居人溺死者十有八九」。開封城內原有37萬多人口，經過這場大水，最後只剩3萬人。[15]這次黃河決堤，徹底改變了開封城的命運。

　　清代初年，開封城市的繁華蕩然無存，城內一片黃沙，葦蒿遍地，狐鬼出沒，滿目瘡痍。康熙六年（1667）起，幾次重新修復城牆，城市的外貌逐漸恢復，但由於城內用於泄水的干河涯淤塞，城內積水幾十年不得排出。乾隆即位後，雖然開始陸續開挖淤塞的河道，但城內仍然留下了幾個大水坑，淹沒了明代幾條繁華的商業街道。[16]缺少了繁榮的商業活動和熙來攘往的人群，城市的演藝活動自然為之褪色。

　　開封的蕭條不振，使得位於開封城西南45里的朱仙鎮應運而生。事實上，朱仙鎮的經濟，從嘉靖年間疏浚賈魯河後，就逐漸

14　根據估計，乾隆年間（1736-1795），西安府轄下咸寧、長安兩縣人口為49.9萬多人，西安城內的人口，曹樹基認為在乾隆四十三年（1779）只有5.5萬，但這個數字並不被學者普遍接受。另一項推測認為同治年間，西安城的人口數約為30萬至40萬。詳細的討論，見史紅帥，《明清時期西安城市地理研究》（北京：中國社會科學出版社，2008），頁409-411。

15　程子良、李清銀，《開封城市史》，頁181-184。

16　同前注，頁184-186。

崛起。賈魯河的疏浚工作在嘉靖九年（1530）完工後，成為一條溝通河南與江淮的通航水道，位於水道上的朱仙鎮逐漸成為一個大的轉運站。在清初，並儼然成為開封的外港。

朱仙鎮從17世紀明末開始崛起，至康熙、乾隆朝達於極盛，道光二十三年（1843），黃河再次決堤，對朱仙鎮而言，是致命的一擊。此後，朱仙鎮的經濟就逐漸衰落，到1900年，完全被周家口取代。[17]朱仙鎮在全盛時期，人口有4萬戶，20餘萬人。[18]和康熙三十年（1691）開封城內小於32萬的人口相比，已經頗有附庸蔚為大國的氣勢。清初著名詩人陳維崧甚至認為朱仙鎮讓人想起古汴京：「閭閻櫛比，清波極目，舟楫充盈，南控陳橋，西通尉丘，仿佛當年古汴京。」[19]作為四方貨物的轉運站，朱仙鎮聚集了大量來自山西、陝西、甘肅、安徽及福建等地的商人。[20]這些商人至少修建了兩座會館，俗稱關帝廟，一座與岳王廟毗連，合稱關嶽廟，是山西、陝西商人合資建立的山陝會館；另一座稱小關帝廟，由山西省人獨資興建，故稱山西會館。

關嶽廟（即山陝會館）廟宇宏大，建築雄偉，為全鎮之冠。門外有戲樓與廟對峙，「建築宏麗，幾於廟並」。[21]除了這座門外

17 以上參見李長傅，〈朱仙鎮歷史地理〉，《史學月刊》1964年第12期；許檀，〈清代河南朱仙鎮的商業——以山陝會館碑刻資料為中心的考察〉，《史學月刊》2005年第6期。

18 李長傅，〈朱仙鎮歷史地理〉。

19 陳維崧，〈經朱仙鎮〉，《陳迦陵文集·迦陵詞全集》卷24，《四部叢刊初編》集部第362冊（新北：臺灣商務印書館，1936），頁517。

20 李長傅，〈朱仙鎮歷史地理〉；朱軍獻，〈朱仙鎮木版年畫興衰考〉，《史學月刊》2011年第4期。

21 許檀，〈清代河南朱仙鎮的商業——以山陝會館碑刻資料為中心的考察〉。

建築宏麗的戲樓外，在廟後院還有一座戲樓，規模較小。此外，山西會館中也建有大小兩座戲樓。[22]事實上，朱仙鎮在全盛時期，除了可與古汴京媲美的繁榮市況和300多家的木板年畫作坊外，[23]也以蓬勃的宗教活動和戲曲演出著稱，上述大小關帝廟的四座戲樓，只是演劇場合的一部分：

> 鎮內宗教活動相當活躍，各類寺廟多達110多處，較大的有岳飛廟、關帝廟、葛仙廟、天后宮、郎神廟、三皇廟、救苦廟、北大寺（清真寺）等。所謂的七十二路神仙，在鎮內皆有廟祀奉。各種神仙廟皆有廟會，每會必酬神獻戲，當時鎮內有戲樓11座，以明皇宮戲樓為最，每年豫省各戲劇班、社，都按時到明皇宮獻藝，競相爭豔。朱仙鎮成為明清時期開封府屬的一個新興的商業文化中心。[24]

二、乾隆以降梆子戲的發展概要

我們知道，明代的宮廷演劇和士大夫家班演劇都非常流行。[25]到16世紀初，南戲的四大聲腔已經確然成形。[26]到萬曆年間（1573-1619），昆山腔在文人、士大夫圈中普遍流行，弋陽腔則在一般

22　王強，《會館戲台與戲劇》（台北：文津出版社，2000），頁156、221。

23　馮驥才主編，《中國木板年畫集成：朱仙鎮卷》（北京：中華書局，2006），頁23。

24　同前註，頁16。

25　參見王安祈，《明代傳奇之劇場及其藝術》第1章及第2章（台北：台灣學生書局，1986）。

26　張庚、郭漢城，《中國戲曲通史》第2冊（台北：丹青出版社，1985），頁2。

民眾中廣受歡迎。[27]這種整體趨勢在明代的開封也可以發現。

　　上文引用的《如夢錄》中,已可看出開封周王府曲藝活動之盛,諸王府、鄉紳家裡,豢養的大梨園戲班,竟達七八十個,小吹打清唱班也有二三十個。[28]而一般民眾,每逢節慶,則於城內各廟會「搭台演戲,建醮、修齋、大街小巷,按時不斷」。[29]這裡「大街小巷,按時不斷」的描述,讓我們想到朱仙鎮酬神演戲的盛況。

　　和其他藩王府略微不同的是,開封明代藩王中出了一位知名的劇作家周憲王朱有燉(1379-1439)。他一生創作了雜劇作品32種,其中雖然多為平庸之作,但部分作品在明代宮廷和社會相當流行。也因為這位王室劇作家,讓永樂、宣德時期的開封藩王府,成為戲曲演出的聖殿。[30]前文中也提到《如夢錄》中記載了明季開封街頭出現的清唱局,由此反映出明中葉以來清唱劇曲之盛。與此相關的一些記載,也指出明以來,以開封為中心的地區,興起了一些民間俗曲、小調,如〈鎖南枝〉、〈傍妝台〉、〈山坡羊〉、〈耍孩兒〉、〈打棗乾〉、〈掛枝兒〉,「則不問南北,不問男女,不問老幼良賤,人人習之,亦人人喜聽之。以至刊布成帙,舉世傳誦,沁人心腑。」這些流行的俗曲、小調,顯然就是開封清唱局中眾人雅好的時調小曲。也就是這些俗曲、小調,為河南地方戲曲的形成和發展,帶來深遠的影響。[31]關於豫劇的起

27　同前注,頁4、5、198。

28　孔憲易校注,《如夢錄》,頁88。

29　同前注,頁92。

30　參見李真瑜,《明代宮廷戲劇史》(北京:紫禁城出版社,2010),頁89-93。

31　韓德英、楊揚、楊健民,《中國豫劇》(開封:河南人民出版社,1999),頁14。

源，歷來有幾種不同的說法，大致可分成三類：（一）起源於河南民間說，（二）起源於秦腔、山陝梆子說，（三）起源於「弦索說」。[32] 對於這些專家之學，我們在這裡無權置喙，但有一點可以確定的是：清中葉的花雅之爭，在晚明崑山腔與地方戲的競爭中已露端倪，也反映在開封的戲曲活動中。成書於乾隆年間的《歧路燈》，在第95回中對清中葉開封城內的花雅並陳及花雅之爭，作了既鮮活又令人噴飯的描述：

> 這門上堂官，便與傳宣官文職、巡綽官武弁，商度叫戲一事。先數了駐省城幾個蘇崑班子——福慶班、玉繡班、慶和班、萃錦班，說：「唱的雖好，貼旦也罷了，只那玉繡班正旦，年紀嫌大些。」又數隴西梆子腔，山東過來弦子戲，黃河北的卷戲，山西澤州囉戲，本地土腔大笛嗡、小嗩吶、朗頭腔、梆囉卷，覺俱伺候不的上人，說：「他們這班子，卻有兩三個挑兒，如杏娃兒、天生官、金鈴兒，又年輕，又生的好看。要引到京上，每日掙打彩錢，一天可分五七十兩，那小毛皮襖、亮紗袍子是不用說的。大老爺們在京中，會同年，會同鄉，吃壽酒，賀新任，那好戲也不知看了多少。這些戲，箱窮人少，如何伺候得過？」那武弁道：「這個不難。如今只把崑班俱合攏來，叫他們一替一出揀好的唱。把杏娃兒、天生官、金鈴兒，再揀幾個好臉兒旦腳，叫他摻在內，就是唱不慣有牌名的崑腔調，把他扮作丫頭腳色，到筵前捧茶下酒，他們自是熟的。」[33]

32　同前注，頁18-23。

33　李綠園著，欒星校注，《歧路燈》（鄭州：中州書畫社，1980），頁885-886。

　　這段描述有幾點注意之處。第一，它描寫了清中葉地方戲曲的勃興。第二，對宴會的主人河南撫台及受邀的學政、司道堂官來說，久住京中，過眼的精緻好戲、要角不知凡幾。他們雅好昆曲，看不上俚俗的地方土戲。但另一方面，又對昆班正旦的年紀、扮相有所嫌棄。第三，地方戲的演員，雖然年輕貌美，但演的戲「箱窮人少」，無法入大老爺們的法眼。最後才有了武弁將花部、雅部送作堆的可笑建議。

　　由於對豫劇源流有不同的看法，所以對豫劇何時形成一個獨自的劇種，在理論上似乎也應該難以有確切的時間。不過，《中國豫劇》一書的作者——韓德英、楊揚、楊健民——的看法，顯然和馮紀漢類似，都認為是在乾隆初年。由於馮紀漢在敘事和論證上較清晰，也較一致，特別將他的看法摘錄如下：

　　　　豫劇源出秦腔（主要是同州梆子）。明末清初之際，秦腔傳入河南，在河南民間音樂的基礎上，吸收了當時河南普遍流行的清戲（又叫弋陽腔、高腔）、囉囉腔（又叫囉戲）等古老劇種的精華，逐漸成長壯大起來。到了乾隆初年，以開封為中心，就形成了具有中原特色的劇種。[34]

　　雖然馮氏有關豫劇源出秦腔的說法，仍是未定之論，但此處的論述，頗合乎情理。他接下來又說：「一個劇種的形成和發展，決非一朝一夕的事，至少要經過幾十年時間，因此可以大致確立，河南梆子從秦腔分化出來，形成具有河南特色的劇種，當

34　馮紀漢，〈向優秀的傳統學習〉，韓德英、趙再生主編，《豫劇源流考論》（鄭州：中國民族音樂集成河南省編輯辦公室，1985），頁125。

在乾隆初年，或者更早一些。」[35]

《中國豫劇》一書雖然忽略了豫劇源頭的部分，但結論和馮說大致相同：「可以說，在乾隆初年或更早一些時間，河南梆子（豫劇）就已經在河南興起了。」[36]接下來，馮紀漢又扼要地敘述了豫劇的發展和流派：

> 河南梆子在形成的過程中，由於各地的口音不同，又形成了若干各具特色的流派，這些流派是：祥符調（以開封為中心）、豫東調（以商丘為中心）、沙河調（以漯河、周口為中心）、豫西調（以洛陽為中心）。祥符調、豫東調、沙河調都是以開封為中心發展起來的，以後逐漸流傳到山東省、商丘、周口一帶。現在這三個流派的老藝人，公認為他們的藝術都出於蔣門和徐門。蔣門指的是蔣扎子，徐門指的是徐老六的父親。蔣扎子和徐老六的父親都是乾隆年間人，都在開封附近辦過科班。徐老六是道光年間人，他在開封東北清河集辦的科班，經他的徒弟一直維持到宣統年間。由此可知，豫劇形成獨立的劇種，至少也有二百多年的歷史。[37]

從上面這段引文，我們可以清楚看出開封在豫劇發展中所占的地位，除了以洛陽為中心的豫西調外，其他主要的聲腔都以開封為中心，因為這些流派演員的始祖都在乾隆年間開封附近的科

35　同前注。

36　韓德英、楊揚、楊健民，《中國豫劇》，頁29。

37　馮紀漢，〈向優秀的傳統學習〉，韓德英、趙再生主編，《豫劇源流考論》，頁125。

班接受訓練。這個師徒傳承的歷史,也正好呼應了前述豫劇形成於乾隆初年或之前的看法。

我們在前文中提到,從16世紀初起,南戲的四大聲腔已經形成,到明末萬曆年間(1573-1619),昆山腔和弋陽腔分庭抗禮,分別在士大夫和民眾階層中受到歡迎。這個整體的情勢,也反映在河南的戲曲發展史中。馮紀漢在〈豫劇源流初探〉這篇長文中也提到:「在明末的時候,河南流行的有弋陽腔、昆曲、囉戲、弦戲。」[38]

但在馮氏看起來,這些受到曲牌限制的全國性聲腔和河南自有的地方戲曲,都不像同州梆子那樣是在民歌的基礎上發展出來,不受曲牌限制。馮氏在此舉了兩個頗具說服力的理由,來說明豫劇為何是從梆子戲發展出來。第一,明末清初,陝西許多商人來河南經商,這些商人,在河南的各州、府、縣,都修建了會館,而且許多會館都附有規模宏大的戲樓,同州梆子就隨著貿易被帶到河南來。第二,李自成從崇禎五年(1632)到十六年(1643),先後在河南12年之久,他的軍隊中有很多是陝西人,而且李自成在沒有進入河南前,在同州、蒲州之間練兵時,就曾把同州梆子當成軍戲,他也很可能把同州梆子帶到河南來。[39]關於會館演劇的問題,我們在下面還會討論。這裡要特別提出來的是:雖然開封在明清兩代,有各種形式的戲曲演出活動(王府演戲、堂會、城市廟會),也有許多的戲班受邀在各種場合演出。但除了王府、官署、士大夫的廳堂和會館外,終明清之世,到19世紀末葉之前,開封似乎一直不曾出現商業性的戲園或茶園,這點和

---

38 馮紀漢,〈豫劇源流初探〉,韓德英、趙再生主編,《豫劇源流考論》,頁134。
39 同前注,頁133。

北京，特別是上海相比，立刻能讓我們看出其中的差別。

三、演劇場合

　　宋代開封城東南50餘座的大小勾欄，[40] 見證了開封悠久的曲藝傳統。下至明清兩代，開封一直是河南戲曲、民間歌曲和小調的中心。以開封為中心的豫劇，藝人們稱為內十處，包括了祥符、杞縣、陳留等10個縣。這些地方原來就流行著自己的民間戲曲。另一方面，從明代中葉以後，開封就流行著〈鎖南枝〉、〈傍妝台〉、〈山坡羊〉一類的民間歌曲，這些歌曲對豫劇的成長，特別是祥符調的形成，提供了豐富的資源。[41] 這些豐富的曲藝傳統，充分反映在明清時期，開封及各地大量的舞台建築上。

　　根據《中國戲曲志‧河南卷》的記載，在明清時期，河南的戲曲舞台已為數可觀。康、乾以降，由於地方戲的勃興和山陝湖廣商人的進入，戲曲舞台隨著會館的建立而大量增加。這些不同形制的戲曲舞台（包括戲樓、半臨時性的土戲台和完全臨時性的活動戲台），在有的縣份多達百座以上，一般也有二三十座至五六十座。[42] 我們對《中國戲曲志‧河南卷》演出場所部分所臚列的60餘處演出場合作一個快速的鳥瞰，可以看出除了新式的舞台、戲院，三分之一左右是關帝廟、城隍廟一類的廟宇戲台，還有一

40　孟元老，《東京夢華錄》，卷2《東角樓街巷》（北京：中華書局，1985）。

41　馮紀漢，〈豫劇源流初探〉，韓德英、趙再生主編，《豫劇源流考論》，頁143-144。

42　中國戲曲志編輯部，《中國戲曲志‧河南卷》（北京：文化藝術出版社，1992），頁499。

些則是會館戲樓。[43]開封的戲曲演出場合，大致符合這個大的圖像，下面我將分會館演劇、商業演劇以及廟會與流動性演出，分別介紹。

（一）會館演劇

在近代商業戲園出現以前，會館演劇大概是神廟演劇之外，明清城市中最重要的公眾演出場合。會館在15世紀首先出現於北京，接著迅速在各省、府、州、縣城，以及交通要道上的商業中心或主要城市散布。清初天下大定之後，一直到清中葉，是會館急遽增加的時期。明清時的北京，大概建立過400多座會館。其他地區，會館的分布數量不均，蘇州在明清時期大約有90多座。[44]開封在明代就已經有行會組織，但未設機構、會館。但到清代，這些工商業者不但建立行會，也出現了會館和鄉祠。開封第一座會館是清政府於康熙十八年（1679）間所建，原名是「奉直八旗會館」，其次則是山西富商在順治到乾隆年間建立的山西會館，後來改稱山陝會館。其他還有江蘇會館、湖廣會館、八旗會館、江西會館等。[45]根據一個較全面的統計，從山陝會館算起，到1949年止，開封的同鄉會館共有49處，其中有18所建於清朝。[46]

43　中國戲曲志編輯部，《中國戲曲志・河南卷》目錄，頁9-10。

44　何炳棣，《中國會館史論》（台北：台灣學生書局，1966），頁14-21；李華，《明清以來北京工商會館碑刻選編》（台北：文物出版社，1980），頁20、22-23。洪煥椿，《明清蘇州地區資本主義萌芽初步考察》；南京大學歷史系明清史研究室編，《明清資本主義萌芽研究討論集》（上海：上海人民出版社，1981）。

45　程子良、李清銀，《開封城市史》，頁194。

46　馮蔭樓，《各地旅汴同鄉會館鉤遺》，中國人民政治協商會議河南省開封市委員會文史資料研究委員會編，《開封文史資料》（開封：開封市委員會，

如果再加上不包括在這份資料中的八旗會館，則在清代開封，至少有19座會館存在。

　　照我們一般的理解，多數會館都附有戲樓，一本回憶汴梁的雜記中，也提到「會館差不多都有劇場舞台」。[47]但可惜的是，從我們目前所能找到的資料來看，只有山陝會館和八旗會館有戲台的建築。根據調查，開封山陝會館在不同時期，共建了4座戲樓，第一座建於會館山門影壁內，第二座是東火神廟戲樓，前後台以隔扇分開。第三座戲樓位於會館一側偏院中。第四座位於會館另一側偏院中，與第三座對稱。[48]

　　八旗會館，如前所述，建於康熙十八年（1679），它的原始規模和面積，據說不亞於相國寺，可惜民國初年間的黃河潰決中，五分之二為水所淹沒。八旗會館共有五進，第三進院有一座宮殿式的大廳，大廳對面，築有舞台，是一個可以容納三百座位的室內劇場。每逢年節或歷代皇帝的壽誕，滿族七品以上，退居在開封的官員，均集中在這裡朝賀、慶祝，同時也例必演戲一至三日。[49]上述的資料中，只對山陝（甘）會館內的戲樓大小、形式作了技術性的描述，還好有《歧路燈》中具體的描述，讓我們對清中葉山陝會館演劇的盛況有更鮮活的理解。第49回描寫書中主角譚紹聞前往東街投帖為舅父接風，正與表兄弟閒談間，耳內聽得鑼鼓喧天，譚紹聞道：「那裡唱哩？」王隆吉道：「山陝廟，是油

1986），第3輯，頁132-155。

47　韓德三、陳雨門，《汴梁瑣記》（鄭州：河南人民出版社，1986），頁57。

48　王強，《會館戲台與戲劇》，頁155-156。

49　陳雨門，《河南八旗會館和八旗》，中國人民政治協商會議河南省開封市委員會文史資料研究委員會編，《開封文史資料》（開封：開封市委員會，1987），第5輯，頁155。

房曹相公還願哩。」紹聞道：「誰家的戲？」王隆吉道：「蘇州新來的班子，都說唱的好。」在譚紹聞的堅持下，一行人來到廟門：

> 一面說著，早已到了廟門。譚紹聞聽的鼓板吹彈，便說道：「這牌子是《集賢賓》。」王隆吉道：「我一些兒也不明白。」進的廟院，更比瘟神廟演戲熱鬧，院落也寬敞，戲台也高聳。不說男人看戲的多，只甬路東邊女人，也敵住瘟神廟一院子人了。[50]

由於山陝會館前半部大殿內供奉著關聖帝君，故稱山陝廟。乾隆年間始建，到嘉慶初年已破爛不堪，道光四年（1824）、同治三年（1864）都重新整建。[51]由於會館和關帝廟聳立在鬧市中，是開封百姓奉祀關帝及觀看戲曲演出的最佳去處，所以較之瘟神廟更為熱鬧。台下看戲的除了男性，也有大量的女性觀眾，所謂「只甬路東邊女人，也敵住瘟神廟一院子人了」。根據一項記載，這座劇場，戲樓有四米高，廟前空地可容納兩千人。[52]這裡指的應該是山陝會館正院裡的大戲樓，前文提到的兩側對稱的偏院中的戲樓，則是東西兩別院的堂戲樓。[53]會館裡的堂戲演出相當頻繁，一年裡可能唱幾十場堂戲，一般的名目包括小孩滿月、成年人過壽，或者還願，官員互相宴請的情形也相當普遍。

順便一提的是，堂會不僅在會館演出，私人宅院、府邸也是

50　李綠園著，欒星校注，《歧路燈》第49回，頁455-456。

51　韓順發，《關帝神工：開封山陝甘會館》（開封：河南大學出版社，2003），頁10-11。

52　韓德三、陳雨門，《汴梁瑣記》，頁57。

53　韓順發，《關帝神工：開封山陝甘會館》，頁143。

舉辦堂會的適當場所。《歧路燈》第78回用極長的篇幅，描寫眾
人為了替書中主角譚紹聞的母親過壽，請人花了整整三天的時
間，在譚宅門前搭了一座臨時戲台，戲未開演，就已經吸引了許
多附近街上來看熱鬧的民眾，「轟轟鬧鬧不休」。有趣的是這個戲
台原來裝飾的目的大於實用，真正的堂會是正房內廳堂前搬演：
「譚宅這宗大喜，我們一街上人，都是沾光的。但戲是堂戲，伺
候席面，把街心戲台閃空了。本街老老幼幼以及堂眷，看見這樣
花彩台子，卻沒戲看，只聽院裡鑼鼓笙管，未免有些索然減興。
我們何不公送一班戲在台上唱？盛宅昆班專在廳前扮演，豈不是
互濟其美，各擅其妙？」[54] 從這一回的描述中，我們可以歸納出幾
個重點：第一，晚明江南士大夫圈子裡流行的家班，在清中葉仍
然存在。此處描寫的盛氏家班的主人盛希僑，是譚紹聞的結拜兄
弟和損友之一，出身官宦之家，浮華浪蕩，帶著譚紹聞做一些吃
喝嫖賭的勾當，其所豢養的家班，唱的仍是雅致的昆班。第二，
這些戲班其實是有等級之別，服務不同的客層，這回中提到的繡
雲班，專在各大衙門走動，對一般的街頭演出是不屑一顧的。第
三，為了讓四鄰民眾能沾染譚府的喜慶，眾人商議結果，請來了
一個民間戲班，叫做梆鑼卷。[55] 根據專家的意見，這「梆鑼卷」是
梆子戲、鑼戲和卷戲，都是「土地土腔」，常常一起演出，以與
外來戲班爭取客源。[56]

　　除了山陝會館外，江浙會館顯然也有戲台，《歧路燈》第24
回中就提到了請戲班子到山陝會館唱戲，也請戲班到江浙會館演

54　李綠園著，欒星校注，《歧路燈》第78回，頁756-757。

55　同前注，頁757。

56　韓德英、楊揚、楊健民，《中國豫劇》，頁25。

出。[57]除了山陝會館、江浙會館，八旗會館第三進院的大廳對面，也築有戲台，是一個可以容納300人座位的室內劇場。[58]由於開封會館演劇的資料太少，我們不容易歸納出一個整體的情勢。拿北京會館的一般發展與此作對比，也許有助於我們了解開封城市演劇的特色。

　　清代北京的會館大概有400多所，其中大部分是士紳階級捐助興建，其次是商人會館，另外，還有少數幾個由工匠和學徒組成的會館。[59]這些會館多半蓋有戲樓，到1980年代，仍然有文獻或殘跡可考的會館戲台只剩17處。

　　會館演劇的性質最早都是為了慶祝神誕、酬神或還願，宗教儀式的氣氛非常強。但從清中葉後，會館為了經濟考量，出租給外人或非會員作為一般婚喪喜慶宴飲演戲的情形，越來越普遍。[60]會館演劇的性質自此愈趨商業性。

　　在會館演劇日趨繁盛之際，清中葉乾隆、嘉慶時期，酒樓、戲園等商業演出的場合也蜂擁而起。[61]此外，正陽門外還有10餘處稱為戲莊的演劇場合，根據田仲一成的看法，這些戲莊模仿了會館的設計，在構造上同時考慮到演劇的設備和為觀眾提供酒食的設備兩方面。[62]綜而論之，清中葉的北京，存在大量以酒樓、戲園、戲莊及會館為名的演劇場合，而這些演劇場合的商業性質愈

57　李綠園著，欒星校注，《歧路燈》第24回，頁229。

58　陳雨門，〈河南八旗會館和八旗〉，《開封文史資料》第5輯，頁155。

59　周華斌，《京都古戲樓》，頁119-120。

60　田仲一成著，雲貴彬、于允譯，《中國戲劇史》（北京：北京廣播學院出版社，2002），頁373-374。

61　周華斌，《京都古戲樓》，頁154。

62　同前注，頁391-392。

趨突顯。

　　在開封，一方面可能因為城市規模、位階和商業化的程度，一方面也因為資料的匱乏，讓我們很難看到和北京一樣的特色。

（二）商業演劇

　　在文化上，以北京為模仿和競爭對象的上海，從19世紀60年代以後，有戲曲演出的茶園或戲園開始大量出現。一項估計認為，從19世紀40年代上海開埠以後到1911年間，上海共存在過120座茶園／戲園或舞台。僅在19世紀80年代，寶善路附近就出現了30多座茶園。[63]在20世紀初到1927年間，則新建了大約100座戲園／舞台。[64]這些戲園，從19世紀60年代的「滿庭芳」開始，有不少都蓋得富麗堂皇，成為觀光客必遊的上海景觀。

　　但絕大部分都有著公共安全和衛生條件極差的問題，一直到1908年新舞台建立，才以新式的劇場、舞台、燈光、布景，為上海乃至中國的戲曲演出場合，樹立了一個嶄新的標杆。

　　開封的商業劇場，不論在數量、設施上，都難以和北京、上海相提並論。《中國戲曲志‧河南卷》雖然在演出場合的部分，對河南各地（如鄭州、開封、洛陽）的演劇場合，作了一個簡單的數字統計，但因為提供的資料並不齊全，所以我們難以據此建立一個比較完整的圖像。根據這份資料，開封市共有古戲樓76座，茶園戲院25所。[65]

63　許敏，〈晚清上海的戲園與娛樂生活〉，《史林》1998年第3期。

64　中國戲曲志上海卷編輯委員會，《中國戲曲志‧上海卷》（北京：中國ISBN中心，1996），頁672-681。

65　中國戲曲志編輯部，《中國戲曲志‧河南卷》，頁529。

幾種回憶文字，或把開封商業劇場的出現，定在辛亥革命以後：

> 從前梆戲專在鄉村演唱高台，為流動性質，戲價低廉，伶工勞苦，一切設備極形簡略。辛亥以後，省會及各處始有戲園之設，亦時演時停。[66]

或20世紀20年代：

> 河南梆子的舞台設置極為簡單，有時靠山用席箔搭成，所以一般群眾稱之為「靠山吼」。在廟會演出時，台口對著寺觀，為敬神祇。1928年前後開封的相國寺和鄭州的河北沿先後設立了席棚搭成的戲院子，河南梆子才從野台子戲發展到有固定的演出場所，同時也就從農村發展到城市中了。到城市後為城市的觀眾所歡迎，就奠定了穩固的基礎。[67]
>
> 豫梆戲通稱為粗梆戲，一向是在外縣鄉村中演出。在大城市裡逢到廟會，小街僻巷裡有時看到這種戲。開封是河南省會，1926年以前沒有開院營業的豫梆戲，在那時候有人在相國寺裡搭兩個席棚園子試演，因為票價低廉，更於座以外添售更賤價的站簽，從此都市裡出現了勞動大眾的娛樂場，營業日漸發達，梆子戲劇院就一天多一天，據統計全省固定在城內演唱者達40家以上，外埠大縣亦競起仿效。[68]

---

66 鄒少和，〈豫劇考略〉，韓德英、趙再生選編，《豫劇源流考論》，頁75。

67 魏鎮清，〈談河南梆子戲〉，韓德英、趙再生選編，《豫劇源流考論》，頁83。

68 王鎮南，〈關於豫劇的源流和發展〉，韓德英、趙再生選編，《豫劇源流考

但根據《中國戲曲志・河南卷》的記載，早在光緒末年，開封城市內就已經有兩座茶園式的戲園，分別是東火神廟戲園和北羊市老戲園。

開封東火神廟戲園座落在開封市東火神廟西院，建於清光緒二十七年（1901）前，是開封較早的茶戲（當時在茶園裡演出京戲）演出場所。

這裡的戲園是磚木結構，明清樓式建築，上下兩層，青磚鋪地，步瓦蓋頂，內設包廂、樓座、池座及邊座。園內置方桌於台前，環布條凳若干，邊演戲，邊賣茶。戲園賣票營業，日夜演出，日戲12點鐘開演，夜戲7點鐘開演。場內照明使用植物油老鱉燈。票價包廂大洋3至4元，樓座每位340文，池座280文。全園可容500人。禁止婦女入園看戲。

後來這座茶園數易其名，先是叫聚仙園，光、宣之際，改名為天仙園、春仙園。[69]

開封北羊市老戲園座落於開封市羊市街北頭路東。建於清光緒年間，為開封較早的席棚茶園，後人均稱老戲園。老戲園初名天樂園。觀眾場中放有方桌，方桌兩旁和後邊有條凳若干，邊演戲，邊賣茶，不收門票，只計茶資。演日戲，不演夜戲。民國2年（1913）更名普慶茶社，由業主李登雲、李生在天樂園舊基上改建。茶社是土木建築上搭席棚，座位二百個，兩邊設男女簡易包廂各三間，每間可容納十人。站簽二百人。日夜開演，賣票售座，照明始用老鱉燈，後改用煤油汽燈。民國3年（1914），河南

論》，頁88。

69　中國戲曲志編輯部，《中國戲曲志・河南卷》，頁516。

梆子曾在該園演唱。[70]

這兩間茶園的規模算得上中等，可容納四、五百位或站或坐的觀眾。老戲園改名普慶茶社後，也開始演出夜戲，並較火神廟戲園更進一步，打破禁止婦人看戲的規定，設立了女性包廂。不過，上海的茶園從19世紀60年代末期開始就採用新式的汽燈（自來燈），19世紀80年代更進一步採用電燈時，[71]開封的茶園到20世紀初依然使用植物油燈。直到1913年，普慶茶社才開始改用煤油汽燈。

值得一提的是，開封的商業茶園／戲園雖然出現的年代甚晚，數量也不多，但居然在新舞台1908年建立後不久，也創辦了開封的第一座新式劇場。這座名為豐樂園的劇場，座落於開封市馬道街路東。清光緒三十年（1904）河南巡撫陳夔龍雅好京劇，見汴中戲園之簡陋，出俸銀付予鉅商魏子清、杜秀升購地建築此園。於光緒三十三年（1907）奠基，宣統元年（1909）底落成，宣統二年元旦正式營業演出。它是河南省首座規模宏偉、設備完善，以演京戲為主的新式劇場。園內外首用電燈照明，戲園分上下兩層，一樓為池座，裝有整齊的條椅座位，每椅四人，椅背後裝有橫板，可放茶具、食品等。樓上有包廂及散座，戲園可容納近千人。觀眾多為中上層社會人士。河南向禁婦女入園觀劇，自豐樂園始，經官府批准，方開禁。該園設前後門，男女分行別座，不得混雜，即使夫妻亦得分座。婦女觀劇集中於北樓上，後

70　同前注，頁517。

71　海上漱石生，《上海戲園變遷志》（2），中央研究院歷史語言研究所俗文學叢刊編輯小組，《俗文學叢刊》（台北：中央研究院歷史語言研究所、新文豐出版公司，2002），第1輯第6冊，頁93-94。

因婦女觀眾逐漸增多，乃將北樓下亦改為女席。看戲婦女多屬社會上層眷屬。[72]這座劇場規模較大，可容納近千人，並破天荒地首度使用電燈照明。而且很明顯地，有為數頗多的女性觀眾。

　　不過值得注意的是，上面這三間戲院都以演出京劇為主，和梆子戲間有明顯的階級差別，清末存在於開封城的，顯然是位階較高的京劇院。為一般民眾觀賞梆子戲所設的戲院，大概真如上面幾篇報導所言，是1927年以後的事了。根據張履謙在1936年所作的調查，當時開封城內共有10家戲院，較有名的包括醒豫舞台、易俗學社和永安、國民、永樂與同樂。後面4家均設在相國寺內，照張履謙的看法，相國寺內戲院占開封市內戲院三分之一強，但他們的觀眾卻是開封城內各戲院觀眾總量的一倍。[73]

（三）廟會與流動性演出

　　由於豫劇的觀眾大多數在鄉村，所以演員和劇團的流動性極高。開封等城市的商業演劇，固然吸納了一部分優秀的演員，固定在城市的戲園／茶園演出，但由於商業化的程度不足，我們很難期待多數演員依靠城市的固定演出謀生。豫劇班子在清末民初的流動性質，和西安的秦腔極為類似。1912年在西安成立的「西安秦腔易俗社」，雖然以西安市為據點，在城中有自己的戲園和固定的演出，但仍然不停地前往其他城鎮和鄰近區域的鄉村演出。其他的秦腔戲班更仰仗在城鎮、鄉村的廟會與喜慶場合的演

72　中國戲曲志編輯部，《中國戲曲志・河南卷》，頁517。

73　張履謙，〈相國寺梆子戲概況調查〉，韓德英、趙再生選編，《豫劇源流考論》，頁21。

出，作為主要的收入來源。[74]

　　豫劇的流動性，由於資料不足，只能簡而論之。這個演員、戲班流動性強的特點，在開封許多演員身上都可以看出，這些演員在鄉村及其他城鎮累積了相當聲譽後，開始進軍開封。下面可以舉幾個例子：

　　趙順功（1897-1973），生、淨行演員。河南陳留（今屬開封縣）人。小時入陳留王建業科班學戲。出科後，在陳留、杞縣、尉氏等地搭班演唱，漸有聲望。20世紀二三十年代，在開封常演出於國民舞台、永安舞台、同樂舞台，頗受觀眾好評。後到鄭州金星戲院為台柱。[75]

　　陳玉亭（1898-1970），河南開封南北店村人。自幼隨父務農兼賣燒餅，常借賣燒餅之機到本村玩會班看戲，久而久之也就學會了幾段戲，因嗓子好，玩會班便吸收他為「玩友」。1915年，17歲的陳玉亭背著父親到陳留德勝班搭班演唱，……受到了好評，成為德勝班的演員。父親得知他「下海」唱戲，非常惱怒，讓他回家。陳玉亭便遠離家鄉，北渡黃河到延津搭班演唱，並拜劉成為師。很快便在延津一帶唱紅，受到觀眾歡迎。後又到開封公議班搭班演唱。公議班解體後，於20世紀20年代到開封永樂舞台演唱。1931年帶女

74　李孝悌，〈西安易俗社與中國近代的戲曲改良運動〉，陳平原、王德威、陳學超主編，《西安：都市想像與文化記憶》（北京：北京大學出版社，2009），頁201；更詳細的討論，見我的英文書稿 *On the Way to the Cultural Revolution: Opera, Society and Politics in Modern China*（Cambridge: Harvard University Asia Center, 2019）第5章的討論。

75　韓德英、楊揚、楊健民，《中國豫劇》，頁68。

兒陳素真到杞縣八區戲班搭班演唱。1934年又帶女兒陳素真
回到開封永樂舞台。陳素真唱紅開封，成為永樂舞台的頭牌
演員。1935年永樂舞台改組為豫聲劇院，陳玉亭、陳素真父
女又成為豫聲劇院的主要演員。[76]

　　彭海豹（1900-1945）……河南中牟東漳村人。15歲入楊老
五科班學戲，16歲在中牟縣城登台演唱，受到觀眾歡迎。後
到鄢陵、禹縣等地搭班演唱，引起轟動，聲望大增。20年代
末，到開封永安舞台搭班演唱，成為生行頭牌演員，與著名
旦角演員馬雙玉、王潤枝等同台合作演出了很多劇碼……成
為開封觀眾最歡迎的鬚生演員之一。[77]

　　其他像孫延德（1865-1947），10多歲隨父逃荒到黃河東，入
戲班學戲。出科後在黃河兩岸搭班演唱，以扮相俊俏，唱腔清脆
甜美，大受觀眾歡迎。後到開封公興班搭班演唱，成為該班的台
柱。[78]時倩雲（1885-1942），10歲即在豫北一帶頗有聲譽，人們爭
相觀看。民國初年在開封義成班演唱，常出演於致祥、普慶、鳳
鳴等茶社，深受觀眾好評。[79]

　　這些原來在四鄉流動演出的演員，因為闖出名號，而進入城
市，在開封演唱事業達到高峰。這些有幸進入城市的演員，多半
在城市定居下來，固定在城中的幾間茶社／戲園演出，但絕大多
數的演員，還是要靠浪跡天涯的方式，四處賣藝謀生：

76　同前注，頁69。
77　同前注，頁70。
78　同前注，頁74。
79　同前注，頁75。

　　從前梆戲專在鄉村演唱高台，為流動性質，戲價低廉，伶工勞苦，一切設備極形簡略。[80]早期舊豫劇的演出場所，是在鄉村搭高台演唱，為流動性質，沒有固定的「戲園」。

　　舊豫劇的演出場所，不僅在鄉村，即在開封城郊也是流動性的，它的流動性的基本原因是由於封建時代迎神廟會需要使「戲班子」「送戲上門」而造成的。[81]

　　這些記載除了再一次強調豫劇早期的流動性質，也說明廟會是造成戲班流動的主因。值得一提的是，廟會演劇不僅見於鄉村，也存在城郊和城市內的巷道中：

　　清末的時候，河南梆子雖有「地攤」和「板凳頭」等演出形式，但大量的普遍的還是「跑高台」。

　　過去，河南省各地，成千成萬人的廟會特別多。會期長短不等，長的有十天半月，短的只有三天。在會期中，總要有一班兩班的「梆子戲」來會上唱，這個廟會完了再趕到另一地的廟會上，流動性特別大，藝人稱之為「趕廟會」或「趕台口」。[82]

80　鄒少和，〈豫劇考略〉，韓德英、趙再生選編，《豫劇源流考論》，頁75。

81　鄒碧峰，《大梁豫劇及其發展》，中國人民政治協商會議河南省開封市委員會文史資料研究委員會編，《開封文史資料》（開封：開封市委員會，1985），第1輯，頁117。

82　馬紫晨，〈河南梆子概述〉（節錄），韓德英、趙再生選編，《豫劇源流考論》，頁99。

　　關於城郊的廟會演戲，鄒碧峰的文章對演戲的廟宇、日期、場合和戲台，有簡明扼要的回憶和記敘，值得參考，全引如下：

　　開封城郊的廟會每年是很多的，有會多有戲，各個廟會的會期又都相距很近，就自然形成了舊豫劇的「游擊」方式。在開封城郊廟會中高台演出的場合，據我所親歷的有以下各處：

1. 南土街　　時間：農曆正月初四日
2. 火神廟　　農曆正月初七日
3. 邊村　　　農曆正月初八日
4. 干河沿　　農曆正月十二日
5. 老君堂　　農曆二月十四日
6. 救苦廟　　農曆二月十九日
7. 三官廟　　農曆三月三日
8. 小滿會　　農曆小滿節
9. 城隍廟　　農曆五月二十八日
10. 馬王廟　　農曆六月二十二日
11. 機神廟　　農曆五月初五日
12. 灶爺廟　　農曆八月初三日
13. 魯班廟　　農曆九月初九日
……，……。

其他「還願戲」是不定期的，例如：對堵廟門的大仙廟，西棚板街的大仙廟都不分時間，接連不斷地演出達半月或一月之久。有時同神異廟，各廟演各自所定的戲，如財神廟、財神店錢業會館，往往同時有戲。

這種廟會的戲一律免費觀看，因而必須在廟院以外，選定

廣場，用棚板搭成高台演唱，顯示出廟會的繁華盛況。沒有
廣場的，把戲台搭在街中心，離地一兩丈高，台下仍可人車
來往。[83]

　　在清中葉之前，廟會演劇（或稱神廟演劇）不僅是中國鄉村
社會最重要的戲劇演出形式，在城市中也扮演重要的角色。但清
中葉之後，隨著北京、上海等大城市的商業化和商業戲園的大量
出現，廟會演劇在城市中的地位似乎日益消減。[84]作為一個全國性
的代表性劇種，我們對豫劇廟會演出的了解，顯然還在起步的階
段。周華斌在《京都古戲樓》一書中，對北京郊外的鄉村戲台和
廟會演出，作了詳細的調查和描述，[85]既可以和前文提到的開封城
郊的廟會演戲作一對比，也值得我們用來作進一步研究豫劇戲
樓、演出的參考。

四、俚俗的民眾戲曲

　　豫劇從乾隆初年逐漸形成後，在大多數士大夫眼中，是一個
無法忍受的粗鄙怪物。一直到清末、民初，漸漸有些對民間新興
戲曲多所鼓勵的知識分子，一方面用「同情的理解」的態度，指
出梆子戲的出身和俚俗表現間的關係，一方面也提出各種正面的
改進之道。這些看法，可視為20世紀二、三十年代豫劇改良運動
的先聲。

83　鄒碧峰，《大梁豫劇及其發展》，頁117-118。
84　我在前引英文書稿的第1章〈鄉村演劇〉的部分，對此有較詳細的討論。
85　周華斌，《京都古戲樓》，頁207-245。

（一）對豫劇的批評

士大夫和知識分子對豫劇的批評，從清末到民國20年代，可說從未中斷過。

> 豫劇在乾隆年間于開封一帶形成之後，並未受到上層社會的注意。後來由於廣大群眾對這一新興藝術的歡迎，它的聲勢逐漸增大，一些縉紳士大夫之流才始而驚訝，繼而恐慌，感到它們「匪我族類」，遂極力地加以詆毀。如清末的陳彥衡即在《舊劇叢談》中說這種梆子戲「多鄙俚嘈雜，少文靜之趣，故為縉紳先生所不取」。耐寒在民國六年七月十四日的《豫言報》上也說什麼「梆戲之化妝粗陋，劇詞卑鄙，上流人士不屑涉足」。並譏笑當時名旦李劍雲所在的戲班「僅能於各廟之酬神演劇者，略博膏火資，不能議及開園賣座。因皮黃班中之牡丹花、十三旦尚在梁苑，下里巴人自不能與陽春白雪相提並論」。直到民國二十一年，徐味蓴還在四月份的《戲劇月刊》中說河南梆子的「角色粗魯，行頭破爛，說自（白？）純系土音，唱詞俚俗不堪」，武斷地認為它「絕對一無可取」。[86]

這種「粗陋鄙俗」的印象，當然和梆子戲源自民眾有很大的關係：「河南梆子戲為工農大眾所歡迎，從其起源歷史的敘述，是為勞工們所發起，已經說明了。勞工們因為教育程度的低下，

---

86 張鵬，〈豫劇源流新探〉，韓德英、趙再生選編，《豫劇源流考論》，頁190-191。

所歡迎的戲，自然不是『斯文的』，而是『俚俗不堪』的。故河南梆子戲的詞句做派，均極俚俗。在清代的時候，扮演河南梆戲者皆目不識丁，多染有食煙嗜好，演唱均墨守舊法。但當時多係高台戲，賣茶的時候很少，每一開台，均要先唱一場十八板；所謂十八板者，即是在鑼鼓響後先出來一人，到台之中間念罷四句打油詩後，坐在台中道白，其每句白須隔十分鐘或二十分鐘不等。……總而言之，所謂十八板者，即故意耗費時間以待後台化裝，……其扮相之不倫，唱做之費解，甚為勞工大眾們所歡迎。」[87]

在士大夫或知識分子看來「俚俗不堪」的梆子戲，卻因為反映了下層民眾風俗習慣中「鄙俚粗俗之人與事物的關係」[88]，所以再不倫，再費解，再可笑，卻受到民眾的熱烈歡迎。

京劇作為雅樂昆曲的對照，原來也是源自下階層的亂彈調，但在不斷修飾的過程中，卻儼然成為精緻文化的表徵。張履謙在將梆子戲和京戲作對比時，為了達到效果，處處將京劇和上層社會畫上等號。梆子戲因此成了「為下等社會中人現身說法的戲劇」，「是表現下等社會人的風俗習慣」，「以粗俗把握者觀眾意識」，因此，在詞句使用上多用土語，而流於淺俗，相對於京戲的「設身處地，力求隈帖」，梆子戲格外顯得粗枝大葉。[89]作者在此為了對梆子戲的特質作出同情的理解，反而更強化了豫劇下層和俚俗的形象。

徐慕雲一方面站在鼓勵地方戲曲發展的立場，希望大家不要

87　張履謙，〈相國寺梆子戲概況調查〉，韓德英、趙再生選編，《豫劇源流考論》，頁25-26。

88　同前注，頁27。

89　同前注，頁26-27。

因為梆子戲囿於一隅，未經世人雕琢，就認為它不堪入目，而棄如敝屣；一方面還特別舉了山西梆子和陝西秦腔致力改良的成效，為梆子戲的改良打氣：「山西梆子經過長時間改良，自必有顯著之進展。同時陝省之秦腔，亦於入民國後，經軍政各界要人之提倡並撥款創辦易俗社等學校，以造就後進之人才，成績尤為可觀。」但即使站在這樣同情的立場，徐慕雲仍對豫劇的毫無進步，感到可惜：「全省中除號稱河南梆子戲大王陳素真（坤伶）近來尚知力圖上進，並以灌唱片之故，不得不倩人修正其鄙俗之唱詞外，餘則一仍習慣，地方色彩絲毫未曾刪去也。」[90]徐並進一步摘錄了一些劇碼的戲文，也證明其粗俗、淫猥：

> 《打金枝》劇，當公主被郭子義之子郭愛所毆，哭訴于唐王駕前時，曾唱四句妙詞，即：「小郭愛太無理，他不該把咱爺們欺，打了為奴還不算，不該罵為奴是狗X的。」又《陳州放糧》一劇，宋王出場時念引子：「孤王生就個朝廷命，二十三歲就坐朝廷。（白）宣包黑上殿。」包白：「臣包老爺見駕。」王白：「黑啦，叫你陳州放糧，你去是不去？」包白：「在家閒著也是閒著，只要管臣盤纏，怎著不去。」王白：「你要去，千萬不要苦害孤的百姓。」包白：「要害百姓，是個驚羔。」包辭別王駕在途中所唱為：「放糧路過蕎麥地，捉個鵪鶉是牡的。」又如《姚剛征南》劇，乃河南梆子班四大征之一。四征者即《薛禮征東》、《樊梨花征西》、《姚剛征南》與《燕王征北》是也。旦角于《姚剛征南》中有唱詞一段：「我一見小姚剛無從搭話，不由得小奴家骨酥

90　徐慕雲，〈河南梆子〉，韓德英、趙再生選編，《豫劇源流考論》，頁78。

皮麻。他頭戴著鎖子盔，身穿連環甲，跨下白龍馬，銀槍手裡拿。哎喲咳，娘的心，他是誰，他是誰家個白娃娃。」皮黃劇之《虹霓關》東方氏所唱之「賽韋陀……似呂布……」一段之唱作，其描寫蕩婦愛慕俊男之情態，雖與此段無多差別，然而詞句之雅俗，則截然不同耳。[91]

對豫劇同樣抱持同情立場的鄭劍西，也忍俊不禁地摘錄了幾句可笑的戲文：

河南戲劇的好處，是平正暢達，長於演兒女纏綿，家庭瑣屑，比較跟中小社會接近一點。最不易演袍帶戲，實在沒有雍容華貴的態度和談吐了。因為這些戲劇，創造於內地鄉鄙，角兒們輕易見不到大官大府，何況帝王卿相呢。所以一個不小心，就有「包老爺背個小褲套」，「正宮娘娘烙大餅，孤王給你卷大蔥」，「有朝得了天和下，我坐朝來你坐廷」，「有人問我那一個，姓玉名皇字天爺」等等一類的妙文了。[92]

除了不合身分的粗俗、淫猥的戲文，又臭又長的台詞也同樣令人不能忍受：

河南戲有幾種詞句之多異乎尋常，對張三說那麼大套，對李四又是一字不易的那麼一大套，再有趙甲、錢乙見面，還

91　同前注，頁79。

92　鄭劍西，〈從民間藝術談到河南戲劇〉，韓德英、趙再生選編，《豫劇源流考論》，頁65。

是那麼一大套，他們行話叫做「倒糞」，你瞧聽的人夠多麼
膩煩，是不是應當改良刪減的。[93]

（二）營造摩登品味

在戲文的精鍊、淨化、改良外，這些同情的觀劇者也特別期
望豫劇女演員擺脫村氣的穿著裝扮，要以京劇名旦為楷模，迎頭
趕上新的時代潮流，打造出摩登士女的品位：

服裝要趨時代化。雖不必穿中山裝戴禮帽，也要合乎美的
條件，頂好是拿舊京派二簧戲作標準，何等大方而美觀，其
好處是抽象的。最可笑海派的行頭扮相，太求相真，弄得奇
形怪狀，一團野氣，反而糟心。……河南梆劇除省會陳素真
外，其它都有村氣撲人，尤其不講究衣裙服裝的配色（如大
紅帔粉紅裙，藍帔綠裙，綠帔湖色裙，都是犯色大忌，這種
戲班弟子，就根本不理會了）。也應該看看二簧名旦是怎樣
穿的，頭面（包括貼片、畫眉、搽粉、點唇等化裝工作）、
身段（包括手、眼、腰、腿、步等作工），都要模仿他們，
自然入時，合了摩登士女的脾胃了。近十幾年二簧的旦角化
裝格外精盡，畫眼圈，手臂搽粉等工作，就是新興的，早先
就不這樣講究。二簧旦角還這樣隨著新時代潮流努力邁進，
何況衰落的內地戲劇呢。[94]

93　同前注，頁67。

94　同前注，頁68。

結語

豫劇的興起，較16世紀初流行的南戲四大聲腔至少晚上二百年，自然缺少後者的錘煉。即使和約略同期，於18世紀出現的「亂彈」諸腔相比，豫劇一直到20世紀初，始終無法擺脫在士大夫和現代知識分子心目中的俚俗、粗鄙形象。從前文知識分子的論述和清末民初開封高級的戲園都以表演京劇為主這個事實來看，豫劇從18世紀到20世紀初，基本上還是一個以鄉村及下層民眾為主要訴求的民間劇種，其民眾或粗俗的性格，甚至較山西梆子及陝西秦腔還顯得強烈，也難怪會讓一些「恨鐵不成鋼」的知識分子或戲曲專家急於提出他們的觀察所得，並期勉豫劇以京劇或秦腔為楷模，加速現代化的改良步調。

大規模改良京劇和秦腔的論述和實踐，約從1900年代和1910年代開始。與此相比，豫劇的改良運動，從1927年的「遊藝訓練班」[95]到豫劇名編導樊粹庭在1931年，借用河南省政府的力量介入豫劇改良，[96]晚了大概二三十年。

從此開始，一波波的豫劇改良運動，其詳情及成果為何，顯然還有待更深入的研究討論。在改革的過程中，是否因為力求提高與精緻，而淨化、消解了梆子戲原有的土俗風格，也是一個值得我們探索的課題。

---

95 王鎮南，〈關於豫劇的源流和發展〉，韓德英、趙再生選編，《豫劇源流考論》，頁86-87。

96 李雪楓，〈豫劇名演員陳素真表演技藝片斷〉，中國人民政治協商會議河南省開封市委員會文史資料研究委員會編，《開封文史資料》（開封：開封市委員會，1985），第2輯，頁112-113。

第六章

建立新事業
晚清的百科全書家

一、一個新的知識類型

　　從1810年代開始，各種西方新式的傳播工具（如宣傳小冊、書籍、每月定期出刊的期刊、商業報刊），逐漸在中國外圍的南洋、港澳一帶出現。此後到1895年止，由南而北，由邊緣到中央，由租界到內地，各種傳播機構，如印刷所、新式學校、出版社、翻譯社等，在沿海口岸不斷出現。[1]不過就像李仁淵所說的，在這八十多年間，儘管有許多中國人開始接觸到這些新式的傳播媒介，並藉此對西方的器物技術、精神信仰有所了解，但這些文化輸入卻並未對中華帝國的主幹帶來結構性的影響，居於支配地位的士大夫階層，仍然對這些新事物視若無睹。[2]1895年後，情勢顯然有了根本性的改變，「西學」開始成為知識界的新「論域」（discourse）。[3]一方面，新型報紙、學堂和學會大量出現，[4]另一方面，隨著「強學會」的成立，原來位居邊緣的新式報刊，從香港、上海等華夷雜處的商業城市，直搗政治中心的北京，並得到位居政治核心的大臣的支持。[5]

　　在這個西學由邊緣而中央，新式報社、學堂、學會大量出現的深化過程外，我們也同時看到一個非常明顯的西學「普及化」

1　李仁淵，《晚清的新式傳播媒體與知識分子：以報刊出版為中心的討論》（台北：稻鄉出版社，2005），頁23-28；熊月之，《西學東漸與晚清社會》（上海：人民出版社，1994），第2、3章對這個過程有更詳細的討論。

2　李仁淵，《晚清的新式傳播媒體與知識分子》，頁22-23。

3　參見拙著，《清末的下層社會啟蒙運動：1901-1911》（石家莊：河北教育出版社，2001），頁13-14。

4　張灝，〈晚清思想發展試論——幾個基本論點的提出與檢討〉，《中央研究院近代史研究所集刊》7（1978）：480-482。

5　李仁淵，《晚清的新式傳播媒體與知識分子》，頁107、113。

的趨向，這個普及化的趨向，除了見諸1900年之後，我所謂的
「開民智」或下層社會啟蒙運動外，也可以從1900年代大量出現
的教科書和我在本文中所討論的百科全書窺見端倪。

　　「百科全書」一詞作為一個新的中國詞彙，首見於1897年康
有為的《日本書目志》。[6]鍾少華在《人類知識的新工具：中日近
代百科全書研究》一書中，第一次對在晚清出現的這一種特殊的
知識類型，作了界定和較全面的介紹。其中很重要的一點是將百
科全書和當時盛行的另一種叢書形式——《皇朝經世文編》——
相對比，立刻可以看出百科全書作為一種新型類書的特色。大抵
而言，清末——特別是1890年代之前——的「經世文編」是將當
時人的時論、奏摺、文件全數照收，雖和洋務、富強之道有關，

6　米列娜，〈未完成的中西文化之橋：一部近代中國的百科全書（1911）〉，陳
　　平原、米列娜主編，《近代中國的百科辭書》（北京：北京大學出版社，
　　2007），頁135-136。更進一步的討論，見Milena Deleželová-Velingerová and
　　M. Henri Day, "An Early Modern Chinese Encyclopedia（1911）: An Unfinished
　　Bridge Between the Chinese and Modern European Culture"，發表於中央研究院
　　歷史語言研究所主辦，「中國近世的百科全書」學術研討會（台北：中央研
　　究院歷史語言研究所，2007年10月5-7日）。日本人在1873年最早鑄造了
　　「百科全書」一詞；見鍾少華，《人類知識的新工具：中日近代百科全書研
　　究》（北京：北京圖書出版社，1996），頁19、121。就像晚清的許多新詞彙
　　一樣，康有為輾轉將「百科全書」一詞引進中國。1907年，嚴復寫了一篇短
　　文，〈書「百科全書」〉。雖然題目就叫百科全書，但嚴復對encyclopaedia的
　　譯名，似乎還是有不同的看法，先是音譯為「嬰塞覺羅辟的亞」，又意譯為
　　「智環」和「學郛」。事實上，商務印書館在1902至1903年間已將
　　Encyclopaedia Britannica譯為《不列顛百科全書》，出版發售。但從嚴復的文
　　章，及1900年代各種不同的用詞來看，「百科全書」一詞，一直到1900年
　　代，仍未變成唯一標準的譯名。相關的討論見米列娜，〈未完成的中西文化
　　之橋〉，頁138-139。

但多半長篇累牘，全文登錄，不太為讀者的需求設想。[7]「經世文編」作為一個編纂文章的類別，從《皇明經世文編》到魏源在道光六年（1826）受賀長齡之命主編的《皇朝經世文編》，在理念、體裁上大體一貫相沿，沒有什麼變化。但從1827年魏、賀版之後，到1890年代，甲午之戰前後大量出現的各種新編、續編、續新編等不同版本的經世文編間，在內容乃至體例上，確實出現了一些微妙的變化。[8]一方面，有些版本，像1888年葛士濬主編的《皇朝經世文續編》在傳統照六部分門別類、架構知識的基本體裁外，增列了洋務一類，並在內容上呈現少數、個別和百科全書類似的風格。而甘韓主編的《皇朝經世文三編》，更逕以《皇（清）朝經世文新增時洋務續編》為書名；[9]另一方面，這個不斷

7　鍾少華試著從內容、形式和作者的身分等幾方面，討論百科全書和經世文編之間的本質性差異；見《人類知識的新工具》，頁97-104。

8　黃克武曾對1826到1903年出現的各種名目的經世文編，作了一個簡表；見〈經世文編與中國經世思想研究〉，《近代中國史研究通訊》2（1986）：86-87。Andrea Janku對這些前後出版的文編，有全面、深入的分析；見"Preparing the Ground for Revolutionary Discourse from the Statecraft Anthologies to the Periodical Press in Nineteenth-Century China," *T'oung Pao* 90.1-3（2004）：72-76.

9　葛士濬主編，《皇朝經世文續編》（台北：文海出版社據清光緒二十三年〔1897〕刊本及石印本影印，1979），共有120卷，洋務部分占了20卷，可見其分量。其中的內容包括了奏摺、條約全文、策論、丁韙良關於領事官責任的譯文等，不一而足，不像百科全書一樣有著較一致的體例。但其中偶爾穿插的條目，像卷119的「論今南洋各島國」「五印度洋形勢」「騰越邊徼」「西域形勝」等，卻已約略有了百科全書的味道；見《皇朝經世文續編》，卷13，頁3167-3177。年代越往後，這樣的色彩越明顯。例如甘韓在光緒二十三年（1897）出版的《皇朝經世文新增時洋務續編》，在洋務的幾卷中，分別包括了「列國編年紀要」「教派考」「風俗考」「刑禮考」「電線電局考」「（各國）軍政考」「英國鐵路考」等，已經和我們下文中要討論的百科全書

隨著政局加速演變而與時俱進的傳統類書類別，也與新的大眾媒體——報紙——發生密切的關係，而出現一種跨越文類的現象。Andrea Janku在仔細的比較了太平天國之亂以降到20世紀初的各種經世文編和報紙文章後，特別指出就內容而言，報紙的時論文章和經世文編中的文章，有越來越接近的趨向，這種現象在19世紀末以後特別明顯。一方面，報紙的政論文章有很強的經世色彩，另一方面，從1880年代後期開始的許多經世文編，都收列了報紙上發表的經世文章。10

　　不過儘管經世文編在19世紀後半葉到20世紀初之間，在內容上有所轉變。但大體而言，在呈現方式和知識的廣博度上，都和百科全書有著極大的取向上的區別。西方的百科全書一方面要不斷容納更多學門和更廣泛、即時的知識，一方面卻又充分考慮到讀者的閱讀和吸收，利用個別的條目、字母順序的排列、大量的圖表和通俗的語言等形式，讓讀者可以比較容易地進入廣博的知識領域。11

的內容和呈現方式頗為類似；甘韓，《皇朝經世文新增時洋務續編》（收入沈雲龍主編，《近代中國史料叢刊續輯・第81輯》〔台北：文海出版社，1979〕，第801種，據清光緒二十三年（1897）掃葉山房活字版排印本影印），卷23，頁405-488。甘韓、楊風藻於光緒二十八年（1902）編的另一本《皇朝經世文新編續集》，則在各卷的相關條目中，先收列奏章，再分別介紹各國的情形，包括了官制、各國的學校、農會、工藝、商務、郵政、軍政及沿革，可以說是傳統經世文編和百科全書的混雜綜合版；甘韓、楊風藻，《皇朝經世文新編續集》（台北：文海出版社據清光緒二十八年〔1902〕商絳雪齋書局石印本影印，1979）。

10　Janku, "Preparing the Ground for Revolutionary Discourse from the Statecraft Anthologies to the Periodical Press in Nineteenth-Century China," pp. 68-72, 81-91.

11　米列娜對此作了非常精扼有力的分析；見Deleželová-Velingerová and Day, "An Early Modern Chinese Encyclopedia (1911)," pp. 2-3.

　　我在本文中對百科全書家（包括編者、譯者及作者）的討論，基本上就以鍾少華書中所提到的各種類型的百科全書（包括百科全書型、專門百科全書型、百科辭典型及所謂的過渡型）為基礎，略作損益而成。大致上，我將這些編纂者分成四個類型：（一）外交官與上層士紳，（二）維新派，（三）留日學生，（四）新型文人。這四個類型雖然各有指涉，但彼此間也有重疊之處，有些編纂者同時具有兩種乃至三種身分。在每個類別下，我挑選了一兩位資料較詳備，又具有代表性的作者，作比較深入的討論。最後，我則試著將這些百科全書家放在一個較寬廣的歷史脈絡下，對西學的傳遞和積累過程，作一個概括的分析。

二、百科全書家的身分

（一）外交官與上層士紳

　　在這個範疇內的編纂者中，馬建忠（1845-1900）和錢恂（1854-1927）顯然有許多類似之處。二人都來自相對顯赫的家族，但都在正規的科舉仕進之途上受到挫折，轉而涉身洋務，留學、出使各國，並分別成為李鴻章和張之洞的洋務幕僚，又同時在政治活動外，從事新知識的介紹和編纂活動。

　　馬建忠出生在江蘇丹徒（今鎮江市），原籍丹陽馬家村。其先人早在明末時，就在利瑪竇赴丹陽傳教後，皈依天主教。太平天國之亂後，馬建忠的二哥馬相伯進入上海徐匯公學就讀，馬建忠隨後也受戰亂影響，進入徐匯公學。咸豐十年（1860），屢試不第的馬建忠，在英法聯軍進入北京，士大夫卻絕口不談洋務的

刺激下，決定放棄科舉仕進之途，轉而致力洋務。[12]

1877年，在李鴻章的賞識和推薦下，馬建忠以中國第一任駐法國外交官隨員的身分，和福州船政學堂的首批留歐學生出洋。[13]和他同行的除了嚴復外，還有同樣以隨行翻譯身分，出身福州船政學堂的陳季同。馬建忠並奉李鴻章之命，和陳季同一起進入巴黎政法學院攻習公法。[14]陳季同之弟陳壽彭也被歸入百科全書家之列，在下文中將會進一步討論。馬建忠在1880年獲得法學學士學位，隨即回國，在天津謁見李鴻章，成為李的幕僚，時年三十六歲。此後直到1890年出任上海機器織布局總辦為止，是馬建忠在中國致力洋務推動的時期。1891至1900年過世為止，馬建忠定居上海。因為政治上的失意，轉以著譯為業。除了《馬氏文通》外，並編纂了95卷的《藝學統纂》。這本被鍾少華歸入「專門百科全書型」的長篇鉅著，在馬建忠過世後兩年，由上海文林書局石印刊行。[15]正好是百科全書大量出現的高峰。

根據羅振玉為此書寫的序，我們知道這是馬建忠「平日隨手記錄之作」。[16]共分為十四類，分別是天學、地學、測繪學、製造學、算學、礦學、聲學、光學、電學、化學、汽學、重學、農學和醫學。[17]「藝學」作為一種詞彙，在晚清的百科全書中似乎格外

12 薛玉琴，《近代思想前驅者的悲劇角色：馬建忠研究》（北京：中國社會科學出版社，2006），頁16-24、214。

13 同前注，頁10。

14 同前注，頁217-218；岳峰，〈東學西漸第一人──被遺忘的翻譯家陳季同〉，《中國翻譯》2001.4：54-57。

15 薛玉琴，《近代思想前驅者的悲劇角色》，頁10-11、221、236。

16 馬建忠，《藝學統纂》（上海：上海圖書館藏文林書局刊本，1902），〈羅振玉序〉。

17 我這裡用的是上海圖書館的藏本。

受到重視。比《藝學統纂》早一年出版，由何良棟主編的《泰西
藝學通考》即是一例，包含的知識類別也大抵相同。另外一本同
樣在光緒二十八年出版的百科全書，則名為《五洲政藝撮要》。[18]
藝學的受到重視顯然和戊戌變法以後，考試內容的改變，由八股
策論旁及泰西藝學有關。[19]在徐毓洙為《泰西藝學通考》寫的序
裡，我們可以看出「藝」基本上是作為「道」的對立面而存在，
內容包括了西方人素來重視的工藝。洋務運動中建設的船廠、製
造局、電報、鐵路、郵政，[20]就是藝學的具體實踐。

　　當時一般人多將藝學和洋務、時務或西學畫上等號，但對
「歐學」有第一手認知的馬建忠，卻認為對「實學」的講求，並
非西方人格物致知之學所專擅，中國古代對利用厚生、製器、稼
稼之學的重視，其實和西方的格物致知之學有一貫之處。和馬建
忠在上海一度毗鄰而居，時相往還的羅振玉，對馬建忠的想法深
感契合，所以在序中特別對此加以闡述：

　　　　每相見，輒商榷古今，以適用之學相砥屬。嘗謂西人以格
　　物致知為學，實與我中國古者利用厚生之恉有合，乃今人多

18　本書的編者為肖德驤，鍾少華認為是仿照江標的編書體例編寫，可能是學塾
　　本。內容除了公法、學制、禮制、官制、軍制等「政」的範疇外，還包括了
　　聲、光、化、電、動植物等，馬建忠稱為「藝學」的知識；見鍾少華，《人
　　類知識的新工具》，頁58。
19　Benjamin Elman對甲午戰爭之後到1905年間，各種關於科舉的改革建議，以
　　及這段時間內科舉考試中的西學試題，作了全面的分析；見 *A Cultural
　　History of Civil Examinations in Late Imperial China*（Berkeley: University of
　　California Press, 2000），pp. 585-602.
20　何良棟輯，《泰西藝學通考》（上海：上海圖書館藏鴻寶書局清光緒二十七年
　　〔1901〕刊本），〈徐毓洙序〉。

以形下之學輕之。抑知我上古製器創物之聖人，實與教稼明
倫者並重，固無分軒輊耶！21

　　我們仔細翻讀《藝學統纂》一書的內容，發現馬建忠不僅對
西方的技藝之學有清晰的勾勒，對墾荒、屯田、蠶絲、樹桑等中
國歷來統治者所重視的課題，及其改進之道，也反覆致意，完全
符合了羅振玉在序文中的陳述。作為一名精通西學，又實際涉身
洋務的官員、士紳，馬建忠藉著這套平日隨手記錄，而具有條理
的鉅著，同時呈現了他百科全書式的西方知識及強烈的經世之
心。

　　《藝學統纂》的開本不大，類似商務印書館日後出版的袖珍
型文庫，前二冊為總目和細目。全書無標點，但有些條目用空格
或圓圈來區分，以利閱讀。條目的名稱獨自成行，每個條目或一
百字、或二、三百字，長者約千餘字，短者不及百字。〈醫學卷〉
的條目從「英人運動各法」、「不運動之弊」、「英國食物分三類」
談到「食肉食麵分配之理」和「茶與加非之益」，22 很明顯地可以
看出西方人的醫學知識、養生之道和飲食習慣在這個留學生身上
的影響。

　　在電氣部分，馬建忠用了幾個不同的條目，分別介紹了「銅
絲傳電氣」的一些基本原則，海報電報繩的速度，海底電報的緣
起、類別。並用簡單的條列，統計了咸豐十一年為止，西班牙、
法國和各國電報公司所建深海電報的分布和里數。23 在火車（蒸汽

21　《藝學統纂》，〈羅振玉序〉。

22　《藝學統纂》，卷1，頁8b-11b。

23　同前注，卷4，〈電學〉，頁10b-13b。

車）部分，則用了三十幾個條目，介紹了西方從 1700 年開始，到 1870 年代為止，各個階段的創新和發展。合在一起，等於是西方蒸汽車的發展簡史。[24]

電報、火車是馬建忠參與的洋務運動中的主要建設，他在平日的記錄和摘選中，將許多包含技術細節的資料選入，充分透露了一生關注和志業所在。另一方面，卷 5〈農學〉部分的內容，則反映了和西方格物致知之學相對應的中國經世致用之學的傳統。但作為一名對西方科技、工藝有深切體認的西學家，馬建忠對中國厚生、稼穡之學的敘述、評論和建議，顯然又超越了中國傳統士紳有關育蠶、樹桑之學的論述模式，而有了現代農技改良的色彩。「中國育蠶宜求善法」一則，對中國蠶、絲的特長、病害及改良之道的論述，最足以顯示《藝學統纂》一書，如何既掌握專業知識的細節，又同時具備國際性的視野，而將中國傳統的農業論述帶入一個新的層次。[25]

錢恂雖然出生略晚，但和馬建忠可算是同一個時代的人物。他的家世更為顯赫，伯父錢振倫在道光十八年（1838）和曾國藩一起中進士，妻翁氏是翁同龢的姊姊，父親錢振常則是同治十年進士。[26]小他三十幾歲的弟弟錢玄同更是五四新文化運動中知名的疑古派。錢恂在十五歲時考過生員，但此後屢試不中，被迫放棄科舉正途，遊於薛福成門下。薛福成曾先後在曾國藩、李鴻章幕府中供職近二十年，光緒十五年（1889）奉清廷任命為出使英、

24　相關的記載，見前書，卷 5，頁 5b、10a、11b。

25　同前注，頁 7b。

26　錢恂，《吳興錢氏家乘》（收入國家圖書館地方志家譜文獻中心編，《清代民國名人家譜選刊》（北京：北京燕山出版社，2006），第 34 冊，〈說明〉，頁 1-2。

法、義、比四國欽差大臣，因故改於第二年由上海乘法國郵輪赴任。[27] 下文中會提到的不第文人鄒弢就是在這個時候，帶著自己編纂的《萬國近政考略》，在上海求見薛福成，並受到薛的賞識。錢恂則於此時，以門生兼隨員的身分，隨薛出使歐洲。[28]

和馬建忠作為第一任駐歐大使郭嵩燾的譯員相比，晚了十年多赴歐的薛福成和錢恂都可以看成第二代的駐歐外交官。1890年，錢恂奉調赴俄羅斯，成為駐俄使館的參贊。1893年，出洋三年期滿回國。接著，在翁同龢的關說協助下，再度被派往英國。1895年，錢恂以通曉西學，被張之洞調請回國，成為張的幕僚，並開始結交維新派的代表人物，和夏曾佑、汪康年有緊密的交往。[29]

在幕府任內，錢恂受到張之洞的高度賞識。1899年，張之洞以「學生遊學，關係重大」，派錢恂為遊學日本學生監督。留日期間，錢恂一方面作為官方的代表，一方面卻同時和當時旅居日本的梁啟超、孫中山互相往來，並對有革命傾向的留日學生保持同情。下文中會提到的《新爾雅》的編者汪榮寶、葉瀾，以及錢恂的女婿董鴻禕，也都在這一段時間內赴日留學。1903年，錢恂再度展開外交使臣的生涯。1907年，被任命為出使荷蘭和義大利的大臣，政治生涯達到最高峰。[30]

錢恂以一介不第秀才，而終能攀升到二品出使大臣的高位，

---

27 見蔡少卿，〈薛福成日記‧序言〉，《江蘇大學學報（社會科學版）》7.2(2005)：14-15。

28 丁鳳麟，《薛福成評傳》（南京：南京大學出版社，1998），頁207。

29 本節取自邱巍，《吳興錢氏家族研究》（杭州：浙江大學人文學院中國近現代史博士論文，2005），頁34-35。

30 同前注，頁37-38。

相對於馬建忠而言，更可以說是一個異數，也為19世紀下半葉的讀書人開闢了科舉仕進之外，另一條進身的道路。不過也許正因為錢恂早期近乎邊緣的身分，讓他在過去關於洋務運動和晚清思想的研究中，一直沒有浮上檯面，反而是他的妻子單士厘的經歷和著作，因為在婦女解放和中西文化交流史上的意義，而受到更多的重視。[31] 但從晚清百科全書編纂者的角度來看，我們卻能對像錢恂這一類非正途出身的知識分子，在近代中國西學知識傳播上所扮演的角色，有不同的評價。他不但和積極參與革命運動的女婿董鴻禕合編了《日本法規解字》，並在1901年分別出版了《五洲各國政治考》及《五洲各國政治考續編》兩種百科全書類的著作。[32]

《五洲各國政治考》的特殊之處，在於作者是根據自己對歐洲各國和日本上層政治的親身了解，作了一手的記述，和當時一般侈談洋務，勒為成書，卻無法掌握到各國「政治大端」和「制作之原」、「振興之本」的現象很不相同。[33] 錢恂在《五洲各國政治考續編》的自序中，對自己根據親身經歷，撰寫這套叢書的過程，有相當生動的描寫：

> 往年隨使英、法等國，公餘之際，惟以采問其政俗為事。

---

31 參見邱巍，《吳興錢氏家族研究》，第4章；齊國華，〈巾幗放眼著先鞭——論錢單士厘出洋的歷史意義〉，《史林》1994.1：34-40。

32 錢恂，《五洲各國政治考》（上海：上海圖書館藏清光緒二十七年〔1901〕刊本）；《五洲各國政治考續編》（台北：中央研究院近代史研究所郭廷以圖書館藏清光緒二十七年〔1901〕刊本）。海德堡大學的百科全書資料庫中有兩套書的掃描本。

33 見陳洙珠為《五洲各國政治考》寫的序。

凡曾確聞暨目擊者，筆諸於書。六年報滿回華。又奉張孝達
督憲，檄使日本。彼國風景人物，固予所心儀而神往者。一
旦得此契意之事，興更勃然。到差後，得獲與彼國士大夫
游。見其政治之美，備于是，擇要訪錄，積稿成卷。[34]

　　錢恂先後駐節歐洲和日本，對東西列強政治制度和先進文明
都有比較深入的了解，在當時的知識分子和外交使節圈中，確實
是少見的例子。他把握這個難得的際遇，用心採訪、蒐集資料，
對各國的政法制度、風俗習慣，作了寬廣而扼要、生動的介紹，
在很多方面都具備了百科全書的基本質素。

　　不過在進入錢恂所勾勒的百科全書式的圖景之前，還是有必
要對這套著作中承續傳統的一面略加說明。事實上，《五洲各國
政治考》和《五洲各國政治考續編》可以說是依照兩套不同的標
準來編寫。前者已體現了百科全書的理念和設計，後者則保留著
《皇朝經世文編》的架構。其中卷13到16介紹西方列強軍政的部
分，依條目編寫，格式近乎《五洲各國政治考》，其他介紹中國
新政的各卷則是奏摺、資料的彙編，和百科全書的精神大相悖
離。

　　《五洲各國政治考》共8卷，總目部分仍依照中國政治的框
架，分為吏政、戶政、禮政、兵政、刑政、工政六個類別。但細
目和內容則已是近代百科全書的撰寫方式。如卷1〈吏政〉下共
分36個條目，簡要地介紹了36個國家的政治，從日本、美國和
歐洲列強到非洲的埃及、南美洲的祕魯、智利、烏拉乖（今烏拉
圭）、中亞的阿富汗，涵蓋甚廣。每個條目各有標題，內容以二

<hr>

34 《五洲各國政治考續編》，〈自序〉。

百至三百字為度，少的如越南，不足60字；長則如德意志，約四千字左右。內文雖無標點，但文字其實淺顯易解，「德意志」條下的開頭如此寫道：

> 日耳曼合眾國，近存二十有五。各國連橫，互相保護，冀國強盛。七十一年四月新定章程，推奉布國王總領日耳曼各國，改號德意志，國名曰德意志蓋薩蓋薩猶云皇也。章程內第十一條，凡合眾各有遇交涉外國事宜，及出令派守地方，立約議和諸務，均由德意志蓋薩主之。若有出師外國之舉，則必與總議院大臣酌定，然後施行。總院分上、下兩院。[35]

短短一百多字，已將德國的組成和基本的政治運作模式，勾勒出一個明確的輪廓。

除了基本的政體和制度介紹，錢恂對各國的基礎設施、鐵路、電線等也有即時而扼要的敘述，大概由於曾經奉派到日本，掌握了最新的資訊，所以在這個部分的介紹格外添加了數字的細節：

> 東京新橋至橫濱港，延長十八英里每英里合中國三里三。明治三年三月起工，五年九月成。停車場七，曰新橋、曰品川、曰大森、曰川崎、曰鶴見、曰橫濱。建設費二百八十四萬四千二百八十五元，每一英里合十五萬八千零十六元。神戶至大津共延長五十八英里……[36]

---

35 《五洲各國政治考》，卷1，頁5a。
36 同前注，卷8，頁1a。

但在這些細微的數字外，錢恂卻往往又能以洞識全局的眼光，掌握到這些新政建設的基本命意所在：

> 日本之創建鐵路也有兩意焉：一曰保國，務使東西京聲勢聯絡，呼應靈捷。推而及之，各大碼頭、各大省會，皆聯為一氣；一曰養民，欲使遍國之地，血脈貫通。商人轉運，貨物腳價，省於昔者十倍。民間所需物價，皆賤于前，商民兩便。截至前年為止，共成鐵路三千三百餘里。核諸日本全國形勢，原係由西南通至東北，極長之海島鐵路，則由北至南以為幹路，而四旁另開枝路。[37]

從諸如此類淺簡、扼要卻能掌握全面形勢的敘述中，我們不難了解到錢恂為何能以一個秀才出身的下層士大夫，在四十幾歲的壯年，就以精通西學的聲譽馳名於世，而受到張之洞等人的不次拔擢了。張之洞在保舉他的奏摺裡所作的各種形容：「該員中學淹通，西學切實，識力既臻堅卓，才智尤為開敏。歷充歐洲各國出使大臣隨員、參贊，于俄、德、英、法、奧、荷、義、瑞、埃及、土耳其各國俱經游歷，博訪深思。凡政治、律例、學校、兵制、工商、鐵路靡不研究，曉其利弊，不同耳口游說，恂為今日講求洋務最為出色有用之才。」[38]在我們閱讀《五洲政治通考》的過程中，可以明確地體現出來。

另外值得一提的是，這本書不僅對西方及各國的政法、制度、建設提供了清晰的圖像，對於宗教、風俗和生活上的一些細

37　同前注，頁1b。

38　張之洞，〈保薦使才摺并清單〉，轉引自邱巍，《吳興錢氏家族研究》，頁36。

節，也作了許多獨到而意趣盎然的描繪：

> 法國城市間，街衢修整，道路坦潔，而都城尤甚。遇有碎
> 石犖确，稍涉不平，則必命工匠修補。若其遺煤剩物狼藉途
> 中，每街必專僱一二人司灑掃之役，以車載之而去。[39]

鴉片戰爭之後，中國的知識階層開始了解到奇技淫巧的重要
性，百科全書中也出現了《泰西藝學通考》之類的著作，對各種
機器、日用事物的製作技術，作了大量圖文並茂的介紹。錢恂則
以簡拙的文字，對法國人的工藝之精和利用專利、文憑等措施來
獎掖有特殊才能的專門名家的作法，特別詳細陳述，他山之石的
用意，不難體會：

> 法國設立成例，凡民間有能別具手眼，獨出心思，精創一
> 器一藝者，許專其利。或書籍，或醫藥，或工作，最先新
> 創，許其專門名家能人，不能摹仿影射，妄希行世奪其利
> 藪。所以懷才抱異之士，不患致富之無具，馳名之乏術也。
> 惟是某人創製某物，必先奏明國家，國家給以文憑，方許行
> 之久遠，其頒設文憑之法，自古所無，今則歐羅巴及亞美利
> 加皆行之矣。
>
> 法人心思精敏，工於製器。如一切新法機輪、槍砲、舟
> 車，大半皆其所創。即織造之工，在歐洲中亦推精巧。所織
> 大呢羽緞，皆鎮密細緻，又能織花紋絲緞，式樣新異，層出
> 不窮。此惟法人所獨擅，他國不能及也。

---

39 《五洲各國政治考》，卷8，〈街道〉，頁10a。

機器製造之局，大小不知凡幾，巴黎設有機器博物院，凡一切機器，俱有模式，分室陳列，俾資考究。[40]

對於日本和西方的男女、親子關係，也提出了和儒家男尊女卑、父慈子孝的理念極不同的視野：

（日本）男子自強之意，卻不如女子。女子能擔畚互市於市街，男子則與鄉黨朋友飲酒娛樂，食婦女之力，所在皆然也。[41]

泰西一夫祇能配一妻，即君主亦然。近來鰥夫始准續娶，從前尚無此例。惟姦情不禁，姦生之男，育嬰堂為之撫養，十四歲以前，由姦夫貼飯貲若干，否則姦婦可以控告。

泰西男婚女嫁皆自擇，其俗女蕩而男貞，女有所悅，輒問其有妻否，無則狎之，男不敢先也。如有所悅，則約男至家相款洽，常避人密語。相將出游，父母不禁。款洽既久，兩意投合，各告父母。

泰西人不重後嗣，積產數百萬，臨終盡捨以建義塾及養老、濟貧等院。措置既已，自謂歿世無憾。詢以祀事何人，則曰吾捨貲以成善舉，雖千百載，猶奉吾像於其地矣！奚以祀為？語以祖父血食之斬，則曰祖父養吾一人，吾以其財養千萬人，大孝即在是矣！[42]

40　同前注，〈工政・工藝〉，頁11a。

41　同前注，卷3，〈禮政・日本・風俗〉，頁2a。

42　同前注，〈禮政・泰西・風俗〉，頁3b-4a。

　　這樣的立論，和陳獨秀、胡適等人1900年代在白話報上宣揚的男女平權、無後主義、非孝論等激烈的言辭，在思想取向上已經類同，同樣可歸入新文化、新潮流的範疇。雖然我們不知道錢恂此書的讀者群為何，也無從推斷白話報中種種激烈言辭的根源，但可以合理的推測，西方人不同的女權和家庭觀，就像列強的政法制度一樣，對清末的知識分子，必定產生了極大的影響。就思想的系譜來說，錢恂此處的介紹，和晚清民初的相關言論，可以說是一脈相承。從這個角度來考察前文所引錢恂各種關於政治、制度、風俗的記敘，我們不難發現《五洲各國政治考》全書其實有著一貫的精神和取向，不論是就形式或內容而言，這本百科全書式的著作，已經充分展現了現代的新風貌。

（二）維新派

　　陳壽彭（1855-?）所翻譯的《中國江海險要圖誌》，由英國海軍海圖官局編製，根據鍾少華的描述：「原書是英國海軍對世界航行進行多年實測成的航行百科全書」，前後編纂的時間達五十年，修訂三次。[43]內容雖較專門，但已有百科全書的精神和規模，所以被鍾歸入「專門百科全書型」。[44]

　　陳壽彭的背景，和前文描述的馬建忠、錢恂有不少類似之處。他的哥哥陳季同（1851-1907）是清末著名的外交官及翻譯家，和馬建忠同船赴法。妻子薛紹徽則和錢恂的妻子單士厘一樣，同樣以清末女翻譯家的身分，在晚近的研究中受到特別的關

43　鍾少華，《人類知識的新工具》，頁68。

44　同前注，頁68，題為《新譯中國江海險要圖誌》，原書內頁的書名也如此標示，不過內文和各卷均題為《中國江海險要圖誌》。

注。陳季同和嚴復都是福建侯官（今福州）人，是馬尾船政學堂
的第一批畢業生。陳壽彭在陳季同的引導下，也進入船政學堂。
1883年4月，他到日本遊學半年多。1886年被選入船政學堂第三
批出洋學生，赴英留學三年。[45]陳壽彭留學英國期間，曾在格林威
治皇家海軍學院學習兩年，專學水師海軍公法，這是他日後翻譯
《中國江海險要圖誌》的原因之一。

　　光緒三十三年（1907），陳出版《中國江海險要圖誌》一書
時的官銜是「洋務委員候選知縣」。[46]但從資料中，我們可以看出
陳壽彭自1889年回國之初的一段際遇，顯然無法和他的兄長陳季
同及錢恂相比。書前的一篇序文，對陳壽彭最初如何受沈葆楨的
提拔，進入馬尾船政學堂、出洋留學以至「海外歸來，落落無所
遇」的過程，有如下的描述：

　　　時侯官陳君繹如以少年聰雋，為文肅所識拔，命習英文，
　　兼駕駛術。留堂者五年，上練船者二年，而學始成。君意不
　　自慊，歸而博考中國圖籍，……久之，出遊歐洲，各大國都
　　會足跡幾徧，耳濡目染，學識益進。顧海外歸來，落落無所

45　薛紹徽對陳壽彭赴英留學的年代分別有1885和1886年兩種不同的記載；見
　　林怡，〈簡論晚清著名閩籍女作家薛紹徽〉，《東南學報》2004，增刊：頁
　　283、285。但根據李長莉對洋務運動時期官派留學生所作的概述，船政學堂
　　第三批24人赴歐的年代應為1886年；見《先覺者的悲劇：洋務知識分子研
　　究》（上海：學林出版社，1993），頁223，附錄三。林慶元對船政學堂出洋
　　留學的學生和年代，做了更全面的考證；見《福建船政局史稿》（福州：福
　　建人民出版社增訂本，1999），頁204-207。
46　見書前所附陳壽彭願將此書版權送歸廣雅書局的奏摺；陳壽彭譯，《中國江
　　海險要圖誌》（台北：中央研究院歷史語言研究所傅斯年圖書館藏清光緒三
　　十三年〔1907〕廣東廣雅書局重印本）。

遇。雖成己丑科副貢，而長才蠖屈，卒不得有所藉手以自表
現，為君惜，抑為國家慨。[47]

　　從序言中，我們知道陳於1889年回國後，曾試圖重回科舉正
途，在當年舉為副貢，但始終無法在仕途上有所發展，夫妻二人
過著儉樸的生活。1897年，43歲的陳壽彭帶著妻子移居上海，展
開一段和其他許多新式文人一樣，靠賣文譯書為生的日子。這年
夏、秋之交，以婦女為主的維新派團體「女學會」在上海成立，
譚嗣同和康廣仁的妻子都是倡辦董事，陳季同和梁啟超、汪康年
等都參與其事，薛紹徽也應邀參與女學會創辦的《女學報》的編
輯工作。[48]

　　1897年，戊戌變法前一年，陳季同和陳壽彭在上海辦《求是
報》，[49]由陳的同鄉，支持洋務運動和戊戌變法的「同光體」詩人
陳衍為主筆，[50]《求是報》是維新派的機關報《時務報》支持的眾

---

47 同前注，〈楊敏曾序〉，頁1a。

48 林怡，〈簡論晚清著名閩籍女作家薛紹徽〉，頁283。錢南秀對薛紹徽的生
　　平、著述和思想，做過很詳細的研究。可參考她寫的兩篇文章；錢南秀，
　　〈中典與西典：薛紹徽之駢文用事〉，程章燦編，《中國古代文學文獻學國際
　　學術研討會論文集》（南京：鳳凰出版社，2006），頁582-612；〈清季女作家
　　薛紹徽及其《外國列女傳》〉，張宏生編，《明清文學與性別研究》（南京：
　　江蘇古籍出版社，2002），頁932-956。薛紹徽雖然參與了女學會創辦的《女
　　學報》的編輯工作，並對君主立憲制度持肯定態度，但對女學會所提倡的女
　　權、女學、婦女參政、婚姻自由等思想都不表認同，對新的婦女觀表示了強
　　烈的不滿和憂慮；見林怡，〈簡論晚清著名閩籍女作家薛紹徽〉，頁283-284。

49 有關陳季同的生平和著述，以及《求是報》的相關研究，可參考李華川，
　　《晚清一個外交官的文化歷程》（北京：北京大學出版社，2004）；岳峰，〈東
　　學西漸第一人〉，頁54。

50 關於陳衍及他此時的政治立場，見林東源，〈陳衍的經濟思想解讀〉，《商業

多報刊之一。[51]我將陳壽彭歸入維新派，這是最主要的原因。

　　但就像我在文章開頭中所說的，這些百科全書家常常具有幾種不同的身分。以陳壽彭為例，既可算是留學生，在1900年後的經歷，又可歸入上層士紳之列。此處將他歸入維新派，不過是就他生涯中某一項較醒目的活動所做的區劃。

　　《求是報》於1897年9月30日在上海創刊，陳壽彭翻譯的《西學淵源考》，有一部分就刊載在《求是報》上。這份報刊停刊日期不詳，但顯然並未維持太久。[52]陳隨即於1898年進入寧波儲才學堂，任西文教習。《中國江海險要圖誌》就在這段時期譯出。1902年，他考中舉人，開始遊宦於上海、河南、南京等地。[53]

　　英國海軍海圖官局原來編纂的全書於1894年出版，分四大部，長數百萬言，陳壽彭取其第三部專門介紹中國海濱的部分 The China Sea Directory 譯出。[54]從1898年春天開始著手，到1899年冬天大抵告成，全稿抄繕完畢後，適逢義和團亂起，「津沽煙塵正急」，乃將書稿束之高閣。1900年冬天，陳壽彭辭去寧波儲

時代》2006.27：110。

51　李仁淵，《晚清的新式傳播媒體與知識份子》，頁141-142。

52　湯志鈞，《戊戌時期的學會和報刊》（新北：臺灣商務印書館，1993），頁456-461。

53　林怡，〈簡論晚清著名閩籍女作家薛紹徽〉，頁283。

54　《中國江海險要圖誌》，卷首，〈譯例〉，頁1。此書的原作是 Charles Henry Clarke Langdon ed., *The China Sea Directory, Comprising the Coasts of China from Hong Kong to the Korea; North Coast of Luzon, Formosa Island and Strait; The Babuyan, and Bashee, and Meiaco Sima Groups. Yellow Sea, Gulfs of Pe-Chili and Liau-Tung. Also the Rivers Canton, West, Min, Yung, Yangtze, Yellow, Pei Ho, and Liau Ho; and Pratas Island*（London: Hydrographic Office, 1894-96, 3rd ed.）。我要特別謝謝華格納（Rudolf Wagner）教授告訴我這則資料。

才學堂的教職，攜稿至上海。[55] 全書先於1901年由上海經世文社用石板印行二千部，包括正編22卷，續編5卷，圖5卷，共32卷。書成之後，風行海內外，「續學之士咸稱有用」。官方也讚譽備至。1905年張謇就因為這本書的啟發，而奏請清廷繪製漁業界圖。外務部和商務部接到張謇的咨文後，「亦言是書精詳，嘉許備至」。[56]

　　這套書初版兩千本，銷售一空。甲午戰敗後，清廷意欲整頓海軍，全書又有了新的時代意義和需求，已經擢升為候補知縣的陳壽彭也因此萌生捐書給廣東官書局的構想。在給兩廣總督周馥的奏摺中，陳對這段捐書的過程，有生動而細微的說明，為清末百科全書的發行、製作、銷售，提供了難得的記錄：

　　近聞廷議，將欲振頓海軍，然海軍之根本，在於圖誌。圖誌明，則險要熟，船礮始克得用。今壽彭所譯之圖誌，乃英人費五十年測量之力而成，尤為通宜之本。第當時初版，僅印二千部，久已售罄。既未許以版權，而經世文社亦已倒閉，故未續印，致各學堂及有志之士，欲求購是書，竟不可得。近又聞　大師曾令提學司開設官書局。壽彭願將此書版權，送歸廣雅書局，聽憑刊印石板或木板行世，定價出售，以廣流傳。所得利益，壽彭皆不過問，惟印成時，倘蒙批賜若干部給與壽彭，以為分贈親友之需，足矣。[57]

55　同前注，〈譯例〉，頁3b。

56　同前注，〈序前說明〉，頁2a-b。

57　同前注，頁2b。

這套書雖然是譯作，但陳壽彭在格式和內容上都作了調整、補充。原書的編目，按層按節，為的就是方便讀者閱讀。陳在各分卷之首，又補編了細目，「使讀者易於稽查次第」，[58]是極標準的百科全書的編排方式和精神。在內容方面，則添加了一些注解文字，並將原書的圖表，根據中譯本的規格，作了不少調整：「誌與圖，表裡為用，今計是書應用之原圖約百軸，而大小不齊，難入卷帙。用酌選西圖之要者，手為描繪，大者繪小者，拓精煩者，切割為數圖，共成二百零八軸，釐為五卷。」[59]

交由官書局重印的版本，印製相當精良，字跡工整，字型較一般同類書大，間距也寬闊很多。在卷首的總目錄外，陳壽彭在每一卷前又增列了每卷的目錄，每個條目前，冠以小標題，單獨成行，和傳統類書相比，查索容易許多。每個條目約二、三百字，亦有短至數十字，長至一、二千字者，中有標點。更特別的是，每個條目的內容雖不分段落，但幾乎每隔一、二行或二、三行，就會有一空格，對上下文作出段落一般的區隔，方便讀者閱讀的用心非常明顯。陳季同在序文中，將本書放在《水經注》以降的輿地書的傳統中，對其性質和價值作了扼要的評估，認為它承續了林則徐以來，採譯西國輿地書的長處，又免掉了魏源《海國圖志》或是錯誤百出，或是不得西人原書精要，或是缺乏圖誌的各種弊病。[60]綜觀全書，雖有如霧號、潮流、方位、羅經差等專門的知識，但許多關於中國城市、口岸的描寫，混雜了西方人好奇、新鮮的視野和陳壽彭雅馴的中文，帶來一種新的閱讀經驗和

---

58 同前注，頁2b。

59 同前注，〈譯例〉，頁3a。

60 同前注，〈陳季同序〉，頁3a-b。

愉悅感。下面這則陳壽彭加了幾處按語的「台灣島」，是一個例子：

> 台灣島由南沙至龍頭角，皆台灣之東濱，俗稱之台灣後是也
>
> 台灣島。Formosa island 南北長二百十迷當，最濶處八十迷當。高山綿亘，所占甚廣，其中部舒於西岸，山勢暫低，入海為平原，乃中國之郡城，曰台灣府 Taiwan fu。其西北一帶，港口村落，久隸中國。而東濱土蕃，頑梗而好勇，叛服不常。中國但視寬大以撫之。
>
> 土風　往者外洋之船擱淺其處，水手等曾為土蕃殺害。一千八百六十七年，西曆十月十五日，由美國駐劄廈門之領事，與土蕃立約。約使台南濱海一帶得以安穩也。[61]
>
> 台灣東濱
>
> 台灣東濱，諸山綿亘，絡繹起伏，展至東北北，計長二百迷當，除蘇澳 Sans Bay 見下外，別無他港。言無可停泊之港，非然者。當常春有埤南港。再之則花螺港，再之則蚵廣澳，安得謂無哉？近岸處皆深水。諸山皆峭立於海山者。山旁有少許種植之區，所見村落則零星。[62]

對濟南府的介紹，一方面有著傳統遊記的風味，一方面又能在短短的篇幅下，對這座城市的地理位置、商業活動作了肌理清晰的鳥瞰式綜覽：

61　同前注，卷10，頁12a。
62　《中國江海險要圖誌》，卷10，頁14a。

濟南府

濟南府。Jsi nan fu乃山東之省會也。立在河之南四迷當，距諸山之麓不遠。其近處之山，約高八百至一千二百尺，諸山遠近、好景如畫，叢樹開展處，一城屹然。其林木蔭蔚於河之兩岸，凡數迷當。樹木隱約中，見鄰近諸小山，或尖瘦如削筍，或稜突如犬牙，而堆疊者則岩石也，比比皆是。路口在濟陽之上，二十四迷當半，乃省會大埠也，在河南岸上，地勢長而散，乃無城郭之市鎮，濟南商埠皆聚此，亦一大要道焉。其運載首重兩輪車走陸路，是處亦見無數艇船，皆無大號者，蓋以經行於運河者尤眾。商貨惟鹽頗廣，皆由鐵門關溯河而上者。煤亦一宗之貨，有產本地者，有從黃河他邑而來者，第有天生之油質言係曲煤，每擔索價至一千二百文。[63]

在陳壽彭完成全部譯文後，一度讓他將手稿束之高閣的津、沽煙塵，在英國人的勘測、記載中，因為事關重大，而格外詳實。在大沽的部分，由港口的軍事設施入手，以雞鴨牲畜、綿羊、蔬菜等後援物資收尾，可謂鉅細靡遺：

大沽

大沽。Taku乃北河進口處，足以直達都城，是為武備要衝。其地勢低而平。新來之船，欲取以為誌，而進此口甚難。若 船不在是處，則無可指之方向。再除其舉起之鐵炮台，凡船至此，更無驗準。 砲台之前，有泥灘焉，變幻不

測。其水之覆與否，亦不定，是處又有一小砲台，略偏於西南向。

　　電線　相連於砲台兩岸之間，凡船須提防，勿泊近於纜。

　　接濟　天津由沿河一帶，牛犢雞鴨皆有之，綿羊尤廉而盛，脂油特厚，菜蔬略少。[64]

　　大沽之後，緊接著就是天津，英國的調查員對這座城市的整體布局、洋務設施，乃至流行疫病，同樣有簡扼而帶有異國風味的描述：

天津

　　天津。Tien tsin乃商埠也，已詳於上，在運河北河匯合處。……狀四角，郭外向河之處，較城尤寬廣。其兩向沿河者，約長二迷當，是為商務薈萃之區。　霍亂痞癗、痘症等，每年死者甚夥。據云天津水中之消息，足與上海、廣東等也。　外國領界，約在其城之下節二迷當處。英國者曰紫竹林 Tz chu lin 在河之南岸，中設有領事官，外有碼頭，以便輪船起卸諸貨。英租界之下，四分迷當之一，乃關道衙署，是處亦有圓式女牆，並深溝等，謂之三角林 Sang ko lin 未詳，其內有外洋房居、海關、小禮拜堂、賽馬場、墳地等。亦有一神廟，即一千八百五十年和約署押處。中國政府於天津設軍械廠二，皆外洋人課之，一在於河之左岸，乃製火藥及砲彈鋼殼等，其一則為魚雷書院，有英國電學家一人董其事，生徒十四人，恒為訓練。此中有電報德律風，通於天津總督

64　同前注，頁15a-b。

衙署，以生徒司之。[65]

　　接下來，編者以約三百字的篇幅介紹了天津在1892年的進出口數額、進口商船的數量（全年共649艘），綿布、綢緞、鴉片等進口的洋貨和各種從上海轉運來的土貨。[66]並對天津的天氣與郵政，提供了非常實用的資訊：「天津陸路之驛遞，每拜二、拜四、拜六，午刻即發一次，由鎮江行。若無大風雪所阻，則直達上海，計須十六日之程。亦有通於牛莊者。其至北京者，每一日一次。」[67]

　　從上面這些不厭其詳的引文中，我們可以看出，即使在這部以軍事、國防為主要目的的鉅幅作品中，也充滿了各種觀察城市、港埠乃至日常生活的新鮮視野。在略去某些過於專門的條目後，全書的記述簡拢、淺顯，既提供了有趣的細節，又能同時勾勒出每座城市、島嶼、港灣的整體面貌。雖然描寫的對象是中國而非錢恂所介紹的日本、歐洲等地，但卻同樣能為中國讀者帶來新鮮的視野，在內容和形式上都符合百科全書的編寫精神。

（三）留日學生

　　1903（光緒二十九）年出版的《新爾雅》一書，只有176頁，在規模上完全無法和馬建忠、錢恂、陳壽彭的作品相類比。但在內容和形式上，卻已具備百科全書的架勢，鍾少華將之和《博物大辭典》、《普通百科大辭典》及《外國地名人名辭典》等

65　同前注，卷21，頁15b-16a。

66　同前注，頁16a。

67　同前注，頁16b。

著作並列，歸入「百科辭典型」。

　　《新爾雅》的編纂者共有兩位：汪榮寶和葉瀾。關於葉瀾，目前還沒有看到有系統的研究，我爰就資料所及，拼貼出一個大概的輪廓。1875年出生的葉瀾，和錢恂的女婿董鴻禕，同樣是浙江仁和人，曾和兄長葉瀚一起赴上海格致書院就讀。1876年開院的格致書院，是培育中國近代新式知識分子的重鎮，對西方科學知識的普及，也有極大的貢獻。[68]在1886到94年王韜掌院期間，格致書院周圍聚集了三百名青年知識分子，「他們或者肄業于格致書院，廣方言館，或是初有功名，大多數則是府州縣學的生員。」[69]葉瀚是仁和縣學的增貢生，葉瀾則是杭州府學的附貢生，[70]都是轉型期的地方精英。兄弟二人都是學院中表現優異的學生。書院每年春秋二次考課的命題、評閱由海關諸道、南北洋大臣承擔。在這個近似西方人 "Essay Contest" 的論文競賽中，葉瀚分別在1892和93年名列優勝者之列，評閱人都是李鴻章。[71]

　　葉瀚、葉瀾兄弟從格致書院畢業後，一度積極參與戊戌變法運動。就在陳季同、陳壽彭兄弟創辦《求是報》的同時，葉瀚、葉瀾也在同一年（1897）10月26日，同樣以兄弟檔的形式，在上海創辦了另一份維新派的期刊——《蒙學報》——由汪康年任總

68　參見郝秉鍵、李志軍，《19世紀晚期中國民間知識分子的思想：以上海格致書院為例》（北京：中國人民大學出版社，2005），頁3-8；王爾敏，《上海格致書院志略》（香港：香港中文大學出版社，1980）。

69　劉世龍，〈清末上海格致書院與早期的改良思想〉，《華東師範大學學報（哲學社會科學版）》1983.4：46。

70　郝秉鍵、李志軍，《19世紀晚期中國民間知識分子的思想》，附錄三，〈上海格致書院特課與季課歷年優獎課生名表〉，頁291。

71　同前注，頁34-35、297、299。

董，葉瀚為總撰述，葉瀾為撰述兼刪校。這份《蒙學報》由蒙學公會發行。蒙學公會由葉瀚、汪康年等人設立，宗旨在辦書報、立學堂，[72]充分反映了1895年之後，知識分子立學會、設學堂、辦報紙的時代潮流。

1901年，葉瀾到日本留學，[73]進入早稻田大學，政治立場也日趨激烈，成為一個十足的革命黨人。根據馮自由的記載，我們可以將葉瀾留日期間的活動作一個簡單的摘要：1902年冬天，和董鴻禕、汪榮寶、張繼及積極參與革命黨活動的秦毓鎏等人，一起在東京成立「青年會」。發起人中除了上述諸人外，還包括我們較熟悉的蔣百里、蘇曼殊、馮自由等共十餘人。這個日本留學界中最早的革命團體，成員多半是早稻田大學的學生。[74]葉瀾會和汪榮寶在1903年合編《新爾雅》一書，顯然和同為早稻田大學學生及革命黨員有關。

1903年春天，俄國進兵東三省，掀起了留日學生的民族主義熱潮。鈕永建欲發起拒俄義勇隊，為留學生會館的幹事章宗祥、曹汝霖拒絕。葉瀾聞訊，乃向秦毓鎏等人遊說附和鈕的主張，隨即遍發傳單，在神田錦輝館召集了五百多名各省的留學生舉行大會。鈕永建和葉瀾等人在會中慷慨陳辭，拒俄義勇隊乃告成立。葉瀾同時擔任會議主席。[75]

同年夏天，拒俄義勇隊被迫解散後，葉瀾又和董鴻禕、秦毓鎏等人發起軍國民教育會，從拒俄禦侮轉為革命排滿。[76]軍國民教

72　湯志鈞，《戊戌時期的學會和報刊》，頁472-474。

73　劉世龍，〈清末上海格致書院與早期的改良思想〉，頁52。

74　馮自由，《革命逸史‧初集》（新北：臺灣商務印書館，1953），頁102。

75　同前注，頁104、125。馮在此處有不同記載，說與會留學生逾千人。

76　同前注，頁109。

育會是一個人數不多，但組織嚴密的祕密團體。組成後不久，陳天華等人被派回國作運動員，運動各省的排滿運動，董鴻禕則赴南洋群島活動。[77] 1903年夏天，孫中山造訪橫濱，各省留學志士紛紛前往拜謁，葉瀾和董鴻禕都在名單之列。[78]同年五月，《蘇報》案發生，為了宣傳需要，章士釗等人於十月在上海另外創立《國民日日報》，風行一時，被稱為《蘇報》第二。不久，報社內部發生爭執，訴諸公堂。已經返回上海的葉瀾一度介入，奔走協調。[79]從1901年赴日，到1903年返回上海，兩年之內，年不滿三十的葉瀾已經從一位維新志士，變成積極獻身革命的熱血青年。

　　我在這裡將葉瀾歸入留學生之列，而非革命黨項下，有下面幾點考慮：（一）葉瀾除了獻身革命外，還一度是立憲派報刊的創辦人。（二）和葉瀾一起編纂《新爾雅》的汪榮寶，回國後積極參與立憲運動，被視為立憲派的代表人物。早稻田大學留學生的身分，乃成為兩人共同具有的特點。（三）《新爾雅》一書雖然是1903年由革命黨在上海的機關團體國學社發行，[80]但卻是兩人在日本撰寫，並在東京淺草的「東京並木活版所」印刷。[81]和日本

77　同前注，頁112、124-125。

78　同前注，頁132-133。

79　同前注，頁135-136。

80　根據馮自由的記載，1903年軍國民教育會成立後，推舉同志返國分省起義。七月在上海成立的國學社，就是在革命黨人回國分途活動的策略下出現，既編譯革命書籍，又兼為革命同志的運動機關；見馮自由，《革命逸史‧初集》，頁125。

81　見《新爾雅》（東京：東京都立中央圖書館實藤文庫藏1903年原刊本）一書後的版權頁。根據這個藏本，此書由東京淺草的「東京並木活版所」印刷，於上海明權社發賣。詳細的討論，見沈國威，《『新爾雅』とその語彙：研究‧索引‧影印本付》（東京：白帝社，1995），頁1。我這裡用的是沈雲龍

的關係極為密切，也反映了百科全書編纂者及知識來源的另一個趨向。

汪榮寶（1878-1933），江蘇吳縣人，比葉瀾小兩歲，同樣在1901年赴日本。先後在東京政法速成學校、早稻田大學、慶應義塾大學等校學習政治、法律和史學。返國後任京師譯學館教員，1908年起在民政部擔任數種職位，並在修訂法律館和憲政編查館兼職。1910年任資政院欽選議員。1911年任協纂憲法大臣，還被指派為《法令全書》的總纂。他在宣統年間的北京政壇非常活躍，[82] 積極鼓吹立憲政治，是清政府欽定憲法草案的主要起草者，也是立憲派的核心人物之一。民國初年任臨時參政院議員、國會眾議員。1915年為中華民國憲法的起草委員，後出任駐瑞士公使。1922至31年擔任中國駐日本公使。[83]

比錢恂晚了將近一個世代的汪榮寶，雖然也在人生的後半期攀登上仕途的高峰，出任先進大國的使節，而可歸入外交官和上層士紳的範疇。但在二十三、四歲時，出國讀書，並參與激進的留學生組織。和許多20世紀初的年輕知識分子一樣，在教育、生

主編，《近代中國史料叢刊續輯》收錄的複製本。汪榮寶、葉瀾，《新爾雅》（收入《近代中國史料叢刊續輯‧第44輯》〔台北：文海出版社，1977〕，第434種）。但此複製本並無相關的印刷、發行資料。

82　北京大學圖書館1987年出版的《汪榮寶日記》就詳細記載了宣統元年（1909）至三年（1911）的時局、事件和顯要人物；汪榮寶，《汪榮寶日記》（北京：北京大學圖書館藏稿本叢書由天津古籍出版社發行，1987）。參見日記前的內容提要。

83　本節資料取自王曉秋，〈清末政壇變化的寫照——宣統年間《汪榮寶日記》剖析〉，《歷史研究》1989.1：73。汪榮寶在日本攻讀的學校，則見沈國威，《『新爾雅』とその語彙》，頁4。

涯模式上，已經具備現代的風貌。

《新爾雅》一書篇幅短小，但內容卻涵蓋了法政和科學的主要類別。全書以活字在日本印刷，雖然可能囿於經費，編排簡樸，但已經和錢恂、陳壽彭以傳統線裝書裝幀的形式迥然不同，而近於今日的書籍排印方式。書前目錄欄中未列章節，但簡單的排列出全書的主要內容，分別是「釋政、釋法、釋計、釋教育、釋群、釋名、釋幾何、釋天、釋地、釋格致、釋化、釋生理、釋動物、釋植物」等十四類。〈釋政〉項下分三篇，分別是〈釋國家〉、〈釋政體〉、〈釋機關〉。每篇之下又分若干條目。如〈釋政體〉下分為「德意志之立憲君主政體」、「英吉利之立憲民主政體」、「日本之立憲君主政體」、「法蘭西之立憲民主政體」等條目。每個條目約二、三百字，雖然簡略，卻能充分掌握到各國政體的特色：

> 英吉利者，為世襲君主統治之國，然實則民政發達最早，所謂立憲制度者，各國無不取法於英國。故英國政治之特色，在眾議院有最高至強之權力。
>
> 日本乃純然之君主國體也。其主權由天皇總攬，惟既立憲法開國會，與君主專制不同。
>
> 北美合眾國者，為民主最完全之國也。其國家組織，自一七八七年制定聯邦憲法始。當獨立戰爭時，北美各洲，已有由殖民地改為合眾國之機。
>
> 法蘭西者，現今為共和政體。溯十八世紀初，時為君主國，時為民主國。革命屢起，政體亦隨之屢變。現今法國之憲法，乃一八七五年國會所承認者也。然其共和制度，與美國不同。蓋美國之主權，在一般人民，法國則集於代表多數

人民之議會。[84]

　　汪榮寶和葉瀾編纂此書時如何分工合作，我們無從得知。但沈國威從二人留學前和留學時期的教育、專業背景，推測汪榮寶可能負責政治、法律，葉瀾則負責地理、天文部分。這個推斷有相當的根據。汪榮寶在留日期間，曾參與《譯學彙編》一書的編纂，在其中分別編譯了〈論理學〉、〈史學概論〉、〈歐洲歷史之新人種〉等文章。葉瀾則於留日前後編寫過《天文地學歌略》，作為新式小學校的教科書。[85]《新爾雅》在編纂的過程中，極可能參考了當時東京可以找到的百科全書、教科書、辭典等論著。即便如此，以兩人二十多歲的年紀，能在簡短的篇幅中，抓住課題的核心，確實反映出二人的識見和訓練。1896年之後，中國留學生大量湧入日本，此後藉由翻譯書籍等途徑引進的西方知識，成為中國知識分子重新建構其生活世界的「思想資源」和「概念工具」的重要來源。[86]汪榮寶和葉瀾的案例，為這個大的知識圖像，

84　《新爾雅》（1977），頁10-11。

85　沈國威寫為《天文地理歌略》，見《『新爾雅』とその語彙》，頁4-7。不過根據省城學院前寶經堂藏版，葉瀾原書的名稱應為《天文地學歌略》，分為〈天文歌略〉、〈地學歌略〉兩個部分。二者都以四字韻言編成，類似《三字經》的格式。葉瀾在〈凡例〉中說：「是歌編寫，四字一句，以便童蒙，易於上口。間有繁瑣之理，不能編歌，即就各句下小注詳述，庶讀者更易明白。」〈天文歌略〉較短，只有一千多字，〈地學歌略〉則有四千餘字。兩者前分別附了天文圖和地球圖，包括了「八星繞日」「地球繞日成四季」「日月掩蝕」等圖和頗為詳備的東半球、西半球地圖；葉瀾，《天文地學歌略》（台北：中央研究院歷史語言研究所傅斯年圖書館藏民國間廣州寶經堂藏版）。細讀全文，可視為葉瀾前此在格致書院所學西方天文、地理知識的綜結。

86　參見王汎森，〈「思想資源」與「概念工具」──戊戌前後的幾種日本因

做了具體的註腳。

（四）新型文人

　　如果我們以科舉考試作為衡量的標準，會發現大多數的百科全書作者其實都只具備初階的秀才身分。馬建忠、錢恂如此，曾經大量翻譯日本近代醫書，全面有系統地引進日式西醫知識與體系的丁福保（1874-1952）也是如此。[87]但錢恂得意仕途，馬建忠受過完整的西方教育，回國後也頗能施展所長；丁福保則從1908年開始，在上海行醫達23年之久，其後並出任次子所創建的虹橋療養院的董事長等職位，是一位以專業名家的現代專業人士，[88]在他身上已經完全看不出不第文人的色彩。相形之下，主編《百科

　　素〉，氏著，《中國近代思想與學術的系譜》（新北：聯經出版公司，2003），頁181-194。

87　丁福保是江蘇無錫人，光緒二十二年（1896）23歲時，成為無錫縣學的生員。1900年刊行的西醫通俗讀物《衛生學問答》，以簡單的問答方式，有系統的介紹醫學、衛生知識，用本文的標準來看，已可歸入百科全書的範疇；丁福保，《衛生學問答》（上海：上海圖書館藏清光緒二十六年〔1900〕文明書局印行本）。這本書在東京印刷，由上海文明書局印行。光緒二十六年發行第一版，六年之內，增訂了11版，可見其受歡迎的程度。我用的是上海圖書館的藏本，當時是作為「普通教科問答叢書」的一種發行。1901年，丁福保進入盛宣懷在上海虹口創設的東文學堂，學習日語及醫學。1909年應兩江總督端方及盛宣懷之命，赴日本考察醫學及醫療機構，對日本醫學改革的成果、日本醫學與醫療技術的發展，有了第一手而深刻的了解。翻譯、出版日文西醫書成為他豐富的人生事業中的一個主要面向，先後翻譯或編譯的醫書近百種；參見牛亞華、馮立昇，〈丁福保與近代中日醫學交流〉，《中國科技史料》25.4（2004）：315-329；高毓秋，〈丁福保年表〉，《中華醫史雜誌》33.3（2003）：184-188。鍾少華將丁福保譯自恩田重信的《新萬國藥方》歸為「專門百科全書型」；鍾少華，《人類知識的新工具》，頁71。

88　參見高毓秋，〈丁福保年表〉。

新大辭典》的黃人（1866-1913），[89]主編《博物大辭典》的徐念
慈，[90]和編纂《萬國近政考略》的鄒弢更切近我們對這類新型文人
的想像。李仁淵對包天笑所代表的這批新時代的江南士人的生涯
模式，作了精要的勾勒：

> 1900-1906年間，包天笑從蘇州到南京，從南京到上海，
> 從上海到青州，最後回到上海定居，一路上從事的都是與傳
> 播「新學」相關的工作：到新學堂教書、辦報紙期刊、翻譯
> 日文書、組學會聽演講、寫小說投稿、在報社任記者編輯。
> 然而不過在十多年前，包天笑還在科場奮鬥，5歲入私塾，
> 1890年落榜，1893年18歲時考上秀才。……但是在短短數

89　黃人，字摩西，江蘇常熟人。相關的研究，可參考陳平原，〈晚清辭書與教
　　科書視野中的文學〉，陳平原、米列娜主編，《近代中國的百科辭書》，頁
　　155-192；米列娜，〈未完成的中西文化之橋〉，頁135-154。

90　徐念慈，江蘇常熟人，1875年生，雖然鄙視帖括之學，仍於1895年中秀
　　才。1903年，徐念慈和丁祖蔭等設立中國教育會常熟支部，一方面體現了他
　　在地方熱心推動新式教育的努力，一方面則因為他在同一年加入同盟會，想
　　用此名目來掩護革命活動。1906年，為了和商務印書館競奪教科書的市場，
　　徐念慈建議小說林社擴充事務，出版教科書，並增設宏文館，編輯印行辭
　　典、地圖。1907年，《博物大辭典》一書問世，除了徐念慈本人外，編輯群
　　中還包括了同樣是秀才出身的新型文人包天笑。參見時萌著，《中國近代文
　　學論稿》中所附的〈徐念慈年譜〉，及《博物大辭典》一書的例言；時萌，
　　《中國近代文學論稿》（上海：上海古籍出版社，1986），頁247, 248, 252,
　　257；徐念慈，《博物大辭典》（上海：宏文館，1907）。包天笑晚年寫的回
　　憶錄中，也簡略地提到小說林社和宏文館編輯《博物大辭典》一事，但從他
　　的語氣中，我們無法確定他是否真的參與了此書的編輯；見包天笑，《釧影
　　樓回憶錄》（收入《近代中國史料叢刊續輯・第5輯》〔台北：文海出版社，
　　1974〕，第48種），頁323-327。

年間，包天笑卻全然轉向新學，儼然成為地方上的新學領
袖；反而是他在科舉上表現傑出的母家親戚，日後都沒有特
別的表現，抑鬱而終。

　　從一個蘇州的窮士子，到上海著名的小說家、報刊編輯與
教育家，後來更被追溯為鴛鴦蝴蝶派的創始者之一，包天笑
這幾年的經歷可說是部分江南士人的典型。[91]

　　就生涯模式而言，鄒弢和包天笑所代表的這一批新型文人或
江南士人，可以劃入同一個範疇。但從出生的年代來看，鄒弢比
這群1860至70年代出生的晚清士人更為年長，和1845年出生的
馬建忠及1854年出生的錢恂反倒屬於同一年齡層。但換一個角度
看，鄒弢雖然因為編纂《萬國近政考略》而受到薛福成的賞識，
似乎可以和馬、錢一樣，躋身西學家之列，但他的西學知識，卻
沒有為他在功名仕進、社會地位和經濟收入上帶來實質的助益。
更有意思的是，在他的傳世作品和近代學界的研究中，首先映入
眼簾的是一個落魄潦倒的豔情小說和駢體詩文作者的舊式文人形
象。鄒弢一方面出生得早，和馬建忠、錢恂同屬一個時代；一方
面又活得夠久，不幸目睹了五四新文化運動所造成的「國粹消
沉，不學少年方迷信語體，……令人欲嘔而學界偏奉為程式潮
流」[92]的群魔亂舞的現象，讓鄒弢的舊式文人形象更形突出。鄒弢
死後由友人集資出版的駢儷文集《三借廬集》，雖然讓鄒弢作為
反動、守舊文人的那一個面向格外刺眼，但如果將他放在清末的

91　李仁淵，《晚清的新式傳播媒體與知識分子》，頁342-344。

92　見吳蔭培為《三借廬集》所寫的序，收入鄒弢，《三借廬集》（常熟：開文社
　　印刷所，1932），頁5。

時代脈絡下來考量，不但《萬國近政考略》充滿了「進步」的新氣息，即使他的自傳小說《海上塵天影》，也在舊的情節框架和敘事結構下，處處呈現著出人意表的時代性情節。部分敘事甚至可以看成是《萬國近政考略》的補編，可以當成百科全書的條目來閱讀。

　　關於鄒弢的生平，中國大陸的學者已經作了一些基本的考訂，我這裡根據這些資料和《三借廬集》中的記載勾勒如下。鄒弢是江蘇無錫人，生於道光三十年（1850），卒於1931年。號瀟湘館侍者、瘦鶴詞人、司香舊尉。生平嗜酒，又自號酒丐，充分反映出舊式文人的性格。同治五年（1866）隨父親遷居蘇州。光緒元年（1875）考上秀才，此後十試秋闈皆不中。光緒六年至上海，任申報館記者、主筆，在這裡結識了一批志趣相投的報人作家，[93]並投身王韜門下（見下文），大大拓展了他的西學視野。十四年，應山東巡撫之請，在淄川礦山供職。十八年與風塵女子汪瑗相交，詩詞唱和，恩愛非常。光緒二十年（1894）赴湖南為幕，開始寫作《海上塵天影》。二十一年，鄒弢返回上海，汪瑗已經從良。從《三借廬集》中的詩文，我們知道鄒返回上海後不久，就在徐家匯置屋住居。[94]二十六年成為天主教徒。三十一年（1905）開始在啟明女塾任教職。[95]

93　鄒弢於光緒六年（1880）到上海，先後擔任《申報》的記者、主筆，和黃式權、葛其龍、秦雨等人是氣味相投的朋友。王韜回到上海後，很快就成為這群《申報》報人作家的領袖，和鄒弢、何桂笙、錢昕伯等文人名士詩酒往返；見王學鈞，〈鄒弢《海上塵天影》的中西比較意識〉，《明清小說研究》2004.2：136。

94　《三借廬集》，〈六十放言〉，頁107b。

95　參見蕭相愷，〈鄒弢〉，氏編，《中國文言小說家評傳》（鄭州：中州古籍出

　　鄒弢在啟明女塾任職17年，所從事的工作包括編教科書、速成文訣、尺牘課選和課本菁萃，頗能切乎1900年代和1910年代的時代需求，也反映了他作為新式文人的一面。但就和徐念慈等人創辦的宏文館一樣，這些維新、啟蒙的事業不但不能帶來穩定的收入，反而常常讓投入這個新興市場的文人、知識分子傾家蕩產，失敗以終。宏文館如此，金粟齋如此，葉瀚的啟智書局[96]和啟明女塾亦復如此。根據鄒弢自己的描述，他在啟明編纂的教科書、課本，基本上是義務性質，六年內焚膏繼晷，耗盡精神，增進了學校的聲譽，最後卻被學校棄如敝屣。鄒因而破產，1923年被迫返回無錫故里，出任圖書館的館長。[97]鄒弢破產後返回故里，生活頓成問題，他過去在啟明女學的學生，幾次發起募款活動，作為養老津貼。[98]鄒弢在80歲和81歲時寫的詩文中，都曾感慨系之的提起此事：「特為銷愁沽酒去，最難養老送錢來」、[99]「八一衰年未倒翁，讓鄉僻處守孤窮，平生已悔虛名立，到死還虧實惠通。」[100]

　　鄒弢在生命即將走到盡頭之際，對自己一生徒具虛名，卻不能轉換成實惠的感嘆，對一位從年輕時代就致力於經濟有用之學的讀書人來說，當然不無一絲反諷的意味。相對於本文中提到的

　　版社，2004），頁830；以及黃毅為上海古籍出版社本的《海上塵天影》所寫的前言；鄒弢，《海上塵天影》（收入《古本小說集成》編委會編，《古本小說集成》〔上海：上海古籍出版社，1990〕，據復旦大學圖書館藏清光緒三十年〔1904〕石印本影印）。

96　見《釧影樓回憶錄》，頁237-247。

97　《三借廬集》，頁100a、101a、116b。

98　同前注，頁121a、123b-124a。

99　同前注，頁123b。

100　同前注，頁120b-121a。

多數百科全書的作者來說，鄒弢畢生為貧窮所困的窘境似乎格外
突顯，孫乃德和薛福成為《萬國近政考略》寫的序文中，更讓我
們體會到講求時務的虛名無法轉換為社會地位和經濟資源的悲
哀。鄒弢晚年放棄洋務，轉回到舊式文人「徒務虛文」的老路子
上，和經世之學無法帶來任何個人的實質利益應該有極大的關
係。孫乃德在光緒二十一年冬寫的序文，放在這樣的角度下來檢
視，讓我們看到一個發憤苦讀新學，經濟情況卻未因之改善的有
志之士立志讀書、出版的過程。

　　孫乃德首先感慨從道光末年以來，風氣雖然日漸開通，朝野
士大夫也都以講求洋務為尚，但幾十年下來，卻功效不彰。究其
原因，和士大夫考求不精，徒務虛文顯然有極大的關係：「每歲
考求洋務，而各國之山川地理、兵刑、風教，仍多未嫻。豈稽考
之未精歟？抑亦虛文之無當也？」相形之下，鄒弢卻是廢寢忘
食，全力投入洋務之學的編纂工作：

　　　譜兄鄒子翰飛，束髮讀書，不屑帖括章句之學，而於經濟
　　有用之書，切切參求，日手一編，竟忘寢饋。庚寅冬，有某
　　大員重幣招致。時翰飛方閉戶著書，辭而弗就。越二年，輯
　　成《洋務新書》四十二卷，中有十六卷名曰《萬國近政考
　　略》。余力勸付梓，以心力相違，不克如願。今翰飛自湘中
　　回，因請之於黃愛棠大令、浦鑑庭上舍，集貲附益之，始得
　　付之鉛印。此書一出，吾知士林中之喜論時務者，靡不爭先
　　快覩。豈但有益時務而已哉！[101]

---

101 鄒弢，《萬國近政考略》（台北：中央研究院近代史研究所郭廷以圖書館藏清
　　光緒二十一年〔1895〕三借廬校印本），〈孫乃德敘〉。

　　文中的「庚寅冬，有某大員重帑招致」，指的就是另一位為本書寫序的薛福成。光緒十六年，薛福成奉朝廷命令，擔任出使英、法、義、比大臣，在上海等船，對攜書求見的鄒弢頗為賞識，勸他一起出洋。鄒弢以親老不能遠遊婉拒了薛福成的好意。薛福成的序文中對鄒弢的清寒孤傲和困窘的遭遇留下深刻的印象，對書中考據的確切，也頗為嘉許：

　　　　同鄉鄒翰飛茂才，王紫詮先生高足弟子也。年少蜚英，喜
　　習經濟，常抱劉子元疑古之癖，懷王景略治國之才。顧起身
　　蓬茅，有相如壁立之貧，無元禮登龍之引，而又意氣睥傲，
　　以求人苟就為羞。於是起滅風塵，閉門著作。將平日所得於
　　中西人士者成書十六卷，曰《萬國近政考略》，皆徵之近
　　聞，與耳食無憑者相去霄壤。……因囑將書速付手民，以裨
　　當世。按茂才於洋務頗有門徑。惜處境多困，遭際艱難，今
　　得是書以顯之。坐而言者，何異起而行，請以余言，為後日
　　之左券可乎？

　　薛序中的王紫詮即王韜，王韜在為《海上塵天影》寫的序中，一開頭也說本書是「門下士梁溪鄒生」所作。[102] 鄒弢這個在

102　王韜，〈海上塵天影序〉，鄒弢，《海上塵天影》（收入《晚清豔情小說叢書》
　　〔南昌：百花洲文藝出版社，1993〕），上冊。王韜在光緒十年（1884），在
　　丁日昌、馬建忠、盛宣懷等人的奔走斡旋下，得到李鴻章的默許，全家人得
　　以由香港返回上海；見王學鈞，〈王韜〉，蕭相愷主編，《中國文言小說家評
　　傳》，頁813。但在此之前，在1882年他便曾回上海探路。鄒弢就在這個時
　　候登門探訪：「甫里王紫詮廣文韜，又字仲弢，才大學博。……壬午（按即
　　光緒八年，1882）春歸自香海，往訪之，一見如舊相識。」見鄒弢，《三借

傳統氛圍和制度下成長的不第文人，靠著一腔孤憤，自己的刻苦求索，而能得到洋務大臣的賞識，可見本書用力之深。薛福成也顯然希望這本書的出版，能為作者「處境多困」「遭際艱難」的生活乃至日後的生涯發展帶來助益。但衡諸鄒弢的後半生，這本中年出版的洋務專書，顯然沒有為他提供正途之外的另一種進身之階。

　　不論是薛福成對本書「相去霄壤」的評價，或孫乃德「此書一出，吾知士林中之喜論時務者，靡不爭先快覩」的預言，都充分反映在日後的出版記錄中。鄒弢持書在上海請見薛福成是光緒十六年（1890），孫乃德的序文作於光緒二十一年（1895），可見書成之後，到獲得資助出版，中間隔了好幾年。上海圖書館收藏了本書的三個版本，分別是光緒二十三年（1897）明道堂版、二十七年（1901）三借廬本，及二十八年（1902）上海書局版。中央研究院近代史研究所藏有光緒二十一年的版本，出版地不詳，封面題為《泰西各國新政考》，內頁題為《萬國近政考略》，內容則完全相同。這些不同的版本加在一起，讓我們可以推測此書在市場上顯然有不錯的需求，才會有不同的出版者年復一年的刊行。

　　《萬國近政考略》的出版，是在鄒弢赴湖南短暫遊幕，重返上海定居之後。《海上塵天影》一書的刪定完稿，也正在這一段

盧筆談》（收入《筆記小說大觀》〔上海：進步書局，出版年不詳〕，第7輯，第4冊），卷10，〈天南遯叟〉，頁13b-14a。王隨即於1885年受聘為格致書院院長；見郝秉鍵、李志軍，《19世紀晚期中國民間知識分子的思想》，頁5。鄒弢顯然不是王在格致書院的學生，而應該是1882年回上海，受美查邀請參與《申報》時的學生；見王學鈞，〈鄒弢《海上塵天影》的中西比較意識〉，頁136。

時期。《海上塵天影》中之所以會出現大量有關時務的敘事——
即王韜在序言所說「大旨專事言情，離合悲歡，具有宛轉綢繆之
致，……且于時事一門，議論確切，如象緯、輿圖、格致、韜
略、算學、醫術、制造工作以及西國語言，無乎不備」[103]——實
和鄒弢此前長期關注，投入洋務有密不可分的關係。王韜在序言
的結尾中將此書的寫作和鄒弢的經世實學放在同一個大的脈絡下
來考量，一方面可以說是一種夫子自道，有著強烈的自我投射和
自我辯解的意味，一方面卻可以視為鄒弢半生著作和志業的最佳
詮釋者：

> 余嘗觀此書，頗有經世實學寓乎其中，若以之問世，殊足
> 善風俗而導顯蒙，徒以說部視之，亦淺之乎測生矣。生近日
> 所著，如《萬國近政考略》、《洋務罪言》等，皆有用之書，
> 原非徒嘔出心肝，為緣情綺靡之作者。[104]

事實上，如果撇開文學分析的角度，而從前此二十年間，鄒
弢致力研讀、蒐集時務的脈絡來看，我們甚至可以將《海上塵天
影》中的許多段落，視為《萬國近政考略》的補編來閱讀。

相較於當時許多長篇鉅製的同類作品，四卷本，一百五十幾
頁（一頁雙面）的《萬國近政考略》，實不算宏大之作。但敘事
精審簡扼，且出版年代較絕大多數同類型的著作早，難怪會受到
薛福成的讚許和市場的接受。在〈凡例〉中，鄒弢自謂「是書之

103　王韜，〈海上塵天影序〉，《海上塵天影》（1993），頁2。
104　同前注，頁3。

成，已二十年」，[105] 如果我們完全相信他在此處的說法，則此書的成書年代應在光緒初年，編輯的年代也可能從同治末年即開始。比馬建忠編纂《藝學統纂》，和錢恂在1890年代隨薛福成出使英法等國時，開始蒐集《五洲各國政治考》的資料都要早很多年。這個時候，鄒弢還沒有來到上海，也沒有與《申報》的報人作家群結識，但出於對「經濟有用之學」的講求，開始著手撰寫這本領先時代的新式洋務著作。

更大的一個可能是鄒弢在進入上海申報館供職後，隨著交遊圈的擴大和王韜的影響，在既有的基礎上，不斷的對舊著進行修改。照他自己的說法，本書的資料主要取自下列三個管道：或得自師承；或采取教士之說；或從翻譯之後，得其緒餘，集腋成裘，累積成書。這個師承，指的顯然就是王韜。而根據學者的研究，在這段時間，鄒弢和西方來華人士有廣泛的交往，並在光緒十五年（1889）加入了由美國傳教士卜舫濟（Pott. Francis Lister Hawks）所發起，旨在傳播西方科學的「益智會」。[106] 所謂「采取教士之說」，究係何指，雖然目前還不能完全確定，但極有可能就是這批西方來華之士和傳教士卜舫濟。

除了文字外，鄒弢原來也製作了一本地圖集，「詳誌道里」，但光緒十七年（1891）往南京鄉試時，這本放在行囊中的地圖輯，在下關輪船上被小偷偷走。所以鄒弢特別建議讀者在閱讀本書的文字描述時，另外購買泰西新圖一類的著作，與本書互為印

---

105 《萬國近政考略》，〈凡例〉。我用的是上海圖書館1901年，《三借廬筆談》的藏本。不過中央研究院近代史研究所1895年版的凡例和內容與1901年版相同。

106 見王學鈞，〈鄒弢《海上塵天影》的中西比較意識〉，頁136。

證。[107]鄒弢對地圖和圖像的重視，在《萬國近政考略》中雖然無法顯現，在《海上塵天影》中倒是牛刀小試了一番。書中第15、16章，敘述主角秋鶴陪著一位家財萬貫的廣東大學生到歐洲各國遊歷，作者藉著秋鶴之口，長篇累牘的敘述歐洲各地砲台的分布和裝置。為了對比中國官員對西方科技的無知，秋鶴從彈道原理談到克虜伯砲的射程，又為了方便隨行官員、聽眾的理解，還當場畫了三幅拋物線和射程遠近計算圖。[108]雖然只有三幅圖，但其立意和精神，卻和我們在《泰西藝學通考》[109]等1900年代流行的百科全書相彷彿。

也許因為和上海的西方人有頻繁的接觸，再加上和王韜的師生關係，以及與傳教士的交往，讓鄒弢對《萬國近政考略》書中譯名的正確性，有著出人意料的信心：「書中人名、地名，係照西士口音譯出，且或英或法，又各不同，閱者須當意會。」另一方面，他雖然自稱「境地清寒，知識淺陋，管窺所及，安能進於高深」，但對自己超越其他侈談洋務者的考證功力，卻頗為自得：「余入世以來，每喜考論時務，……惟近來談洋務者，非失之迂，即失之固。是書但尚考證，不尚論斷。」[110]這種精於考證的特長，不但被薛福成所鑑可：「余見書中考據確切，讀而嘉之。」

---

107 同前注。

108 《海上塵天影》（1993），頁233-234。下文中的引文，用的都是百花洲文藝出版社的版本。

109 《泰西藝學通考》的性質和馬建忠的《藝學統纂》類似，以介紹西方的聲、光、化、電、天文學、力學、汽學等科技知識為主體。印刷較《藝學統纂》精良，最大的特色是全書有大量的插圖，有時一頁就有好幾幅圖版，不過書中關於自然科學、動、植物學的專業性較強，一般讀者恐怕不易了解。

110 《萬國近政考略》（1901），〈凡例〉。

也讓鄒弢覺得自己既超越了時人，也超越了前賢：「《海國圖志》、《瀛寰志略》兩書所載甚詳，惟當時風氣初開，洋務未悉，故偶有虛誕失實之處，茲書悉從西書譯出，諒無是病。」[111] 不過相較於前文中提到的陳季同對魏源的指責：「魏默深廣之為《海國圖志》，其間繁略謬誤之處姑無論，惟皆指摘他人疵瑕，不知自己疤癥，明燭千里，不見眉睫，又安足用哉？」[112] 鄒弢這裡的評論可說是點到為止，而且語多體諒。

　　作為中國近代第一波認識世界的系統性論著，《海國圖志》的時代意義和它對1850年之後中國乃至日本知識界的影響，歷來都有所論述，[113] 但也不斷有人對書中的謬誤有所指陳。郭嵩燾在盛讚該書的成就和對明清以來的漢文西書「徵引浩繁」之餘，也不忘指出該書「有參差失實」之處。康有為一方面用《海國圖志》、《瀛寰志略》作為講述西學的基礎，一方面也對兩本書的優劣之處作了比較：「《瀛寰志略》其譯音及地名最正，今製造局書皆本焉。《海國圖志》多謬誤，不可從。」[114] 鄒弢在〈凡例〉中特

---

111 同前注。

112 《中國江海險要圖誌》，〈陳季同序〉，頁3a。

113 鄒振環對此有非常好的描述：「《海國圖志》與《瀛寰志略》是晚清地理學共同體成員之間產生聯繫，發生影響最大的兩本書，19世紀40至50年代主要在地理學共同體中流傳，並首先在日本引起反響。1853年《海國圖志》六十卷本和《瀛寰志略》相繼傳入日本，有識之士如廣瀨旭庄、橋本佐田等對《海國圖志》不斷進行搜求和朱批；自1853年幕臣川路左衛門尉聖謨首命學者鹽谷世弘訓點翻刻開始，以後各種翻刻、訓解、和解、校正本，幾如雨後春筍，盛極一時。1854年後的一兩年間，《海國圖志》的「訓點翻刻本」與「邦刻本」等便有二十餘種。《瀛寰志略》在日本也大受歡迎。」鄒振環，《晚清西方地理學在中國：以1815年至1911年西方地理學譯著的傳播與影響為中心》（上海：上海古籍出版社，2000），頁317。

114 此處引文均轉引自鄒振環，《晚清西方地理學在中國》，頁318-319。

別標出這兩本書，一方面反襯出二者在鄒弢編纂《萬國近政考略》的同、光之際持續不衰的影響力；[115] 一方面也顯示在二書問世二、三十年後，連一個地方型的讀書人，也有能力對外在世界作更細緻、精確的呈現。西學的深入和普及，於此可窺見端倪。

特別值得一提的是，1842年發行的50卷本的《海國圖志》，將林則徐主持翻譯的《四洲志》全文八萬七千多字，全部重新分類收入；而《四洲志》所從出的《世界地理大全》，原來的英文書名已用了「百科全書」一詞：*The Encyclopedia of Geography*。這本書由英國人慕瑞編著，初版於1834年在倫敦發行，此後又有多種增訂本。原書厚達一千五百多頁，介紹了亞洲、非洲、歐洲、南美洲、北美洲等地主要國家的歷史地理，[116] 是一本名符其實的「百科全書」。雖然「百科全書」作為一個中文詞彙，大概遲至1897年，才由康有為由日本引進，但作為一種知識類別，卻早在1867年，就已經引起主持江南製造局翻譯工作的徐壽的注意。[117] 而在實際內容上，鄒振環認為英國傳教士慕維廉（William Murihead, 1822-1900）1854年在上海墨海書館出版的《地理全志》，實際上就是一本中文版的西方地理學百科全書。[118] 但如果照前文的敘述，不論是就內容或標題來看，1841年刊行的《四洲

---

115 事實上，根據鄒振環的摘述，我們可以看出這兩本書，特別是《瀛寰志略》的影響力，持續到19世紀末乃至20世紀初葉；鄒振環，《晚清西方地理學在中國》，頁320-322。

116 熊月之，《西學東漸與晚清社會》，頁223。

117 鄒振環，〈近代最早百科全書的編譯與清末文獻中的狄德羅〉，《復旦學報（社會科學版）》1998.3：47-48。

118 鄒振環，〈慕維廉與中文版西方地理學百科全書《地理全志》〉，《復旦學報（社會科學版）》2000.3：51-59。

志》已經可以算是半個世紀後盛行的各種百科全書的鼻祖。

　　字數約當《四洲志》兩倍的《萬國近政考略》，共分16卷，除〈天文考〉、〈風俗考〉、〈教派考〉等卷外，剩下的〈地輿〉、〈沿革〉、〈軍政考〉諸卷，基本上都沿用前人以各洲、各國為條目的方式撰寫。對條目的安排順序，鄒弢也採用了很務實的原則：「是書地輿、沿革、軍政三門，所排各國次序，間有不同。蓋地輿先亞洲而後他洲，其餘以地大國強為先。」[119]這樣的原則使我們大致可以看出當時人心目中的大國名單。

　　《萬國近政考略》內文無標點，但條目清晰，每個條目約二、三百字，西班牙一條六百多字，美利堅一條則長達二千字，是比較特殊的例子。鄒弢對書中人名、地名的翻譯顯然甚為得意，特別說明是「照西士口音譯出，且或英或法，又各不同，閱者須當意會」。不過對今天的讀者來說，鄒弢這些自矜標準的音譯，讀起來仍然充滿詰屈聱牙的蠻夷不馴之味，和《四洲志》、《海國圖志》的時代，似乎仍然相去不遠：

　　　　美利堅亦名合眾，俗名花旗。……明萬曆間，英人創浮及尼部，後三十年荷蘭人創紐約部。康熙初，地又歸英。旋英民又開曼歲去塞部。天啟間開牛海姆駭或名紐罕什爾部。荷蘭瑞典國人，又次第占特拉回痕或名特拉華、牛久善或名牛執爾西等部。……逾十九年，英提督名賓有功國家，賜美洲新地居之，名曰賓西爾瓦尼亦名烹碎而浮泥部。雍正十年，又闢叫及也部亦名若爾治。

　　　　至乾隆三十八年，各部之桀黠者，又鼓動其間，民不能

119《萬國近政考略》（1901），〈凡例〉。

忍，咸有叛志，然尚未敢卒發也。又二年，暴政如故，民遂
大會費拉特費，即非非勒代而非爺地方，公推華盛頓為將，
力拒英人，而以曼歲去塞之保司登兵為首。又明年七月初
四，檄告諸部，自立為邦，不歸英廷管轄。[120]

　　初看這些文字，不論是詰聱的譯名，「今國中共分部四十
三，又分疆六部」等行政區劃的術語，或「各部之桀黠者」、「民
不能忍，咸有叛志」之類的修辭，以及中國紀年的使用，都給人
一種熟悉的陌生感，好像講述的是新疆、蒙古等中國邊疆的歷
史。但在這些看似熟悉或傳統的敘事手法外，鄒弢其實已在二千
字內，從移民、獨立到建國、內戰，首尾俱足地勾勒出一個新興
強權的歷史。條文中對推舉總統、創建民主、設立議院以及由奴
隸制度引發的南北內戰和林肯遇刺等重大事件，作了要言不煩的
交代，呈現出一個在中國脈絡中不曾存在過的新世界：

　　英廷無可如何，聽其自立，且與之盟，此華盛頓之功也。
國既立，創為民主，由各部推舉總統自主之國，此為首創，
他國未有。眾念華功，遂名京城曰華盛頓。從此定制。每部
自立巡撫一人、副者一人，并設議院以佐之，均以四年為
限。各部又公舉總統一人，裁主國事。京都上議院，每部例
薦二員，一任六年，分為三班，次第入院，二年一調。班次
下院，無定額，大約十七萬人中選保一員。至一千八百六十
一年，北方各省見傭奴受虐，議禁販買。時南方各省富人多
以用奴起家，深資其力，聞議大譁，遂至本國南北交戰。美

---

120 同前註，卷4，〈地輿考・美利堅〉，頁2a-b。

王林肯力持前議，大將格蘭脫崛起，亂遂平。然雖南人心慄，願訂禁奴公約，而林肯則被刺矣。[121]

除了對東岸大城紐約、波士頓的簡扼描述外：「紐約埠在紐約部東南，商民輻輳，帆船如雲。其次為曼歲去塞之保司登，富庶之休，蓋堪頡頏。」[122]對華盛頓的宮闕之美、百官之盛和國會大廈的圖書、文物收藏的描繪，更足以顯示19世紀末葉，一個亂世文人對世外桃源和帝國都城的想像：

按華盛頓本為新都，嘉慶五年遷徙於此，樓台壯麗、風景清華。鐵路、電線、工程，甲於天下。軍器廠、船政局、博物院、觀星台及各部官衙，盡在於是。總統宮闕，皆白石築成，內有大殿，為召見百官之所。宴舞殿、紅綠藍殿，為接見親信大臣與各國公使之所，規模雄鉅。四面園亭，帶清流、蔭佳木，百花繁縟，林樹常青。居其中者有世外桃源之想。城中居民約十五六萬餘名。城之正中有廣廈一所，巍峨奇崛，中起圓樓，高十有八丈，內藏古今書籍、各國史記，約三十餘萬冊。樓下懸掛各畫，皆名人之筆，繪形繪神、惟妙惟肖，每幅值價數萬金。樓左右為上下議政院，明窗淨几，潔無纖塵。[123]

在美國之外，鄒弢花了更長的篇幅，用四千字左右來介紹日

---

121 《萬國近政考略》（1901），卷4，〈地輿考・美利堅〉，頁2b。

122 同前注，頁3a。

123 同前注，頁3b。

本的沿革。不論是從篇幅或內容來看，都顯示出他對這個積極向
現代化邁進的鄰國的重視。整篇文字從日本的開國神話開始，在
朝代興替、戰亂叛逆之外，花了相當文字介紹漢語、儒學和佛教
在日本的傳布過程。對明朝之後，中、日、朝鮮的關係，也多所
著墨：

> 　　時足利義滿執政，遣僧人朝貢中國，書辭恭順。明永樂帝
> 封義滿為日本國王。後小松王不許，罷其職。迨稱光即位，
> 上杉氏強奪鐮倉之權，高麗王遣戰艦一千三百餘艘，攻對馬
> 島，不勝。中國使至，請彼此通好，未允。彥仁立為後花園
> 天王，遣使中國。明宣宗遣內官雷春往報，贈銅錢三十萬
> 緡。朝鮮王聞之，亦遣使與朝鮮立約互市。……自此商務相
> 通，往來不絕，而將軍義勝及義政當國，皆稱臣於中國。[124]

　　不過這個以中、日、朝鮮為主軸的敘事架構，隨著葡萄牙商
船和天主教的到來，而頓然改變。在鄭芝龍、程朱理學之外，荷
蘭人、英國人、俄國人、美國人相繼出現在長崎、下田等地的海
岸。隨之而來的則是明治元年開始的各種改革：「明治元年改江
戶曰東京，因國用不豐，命造紙幣。二年罷警蹕喝道，置議政院
議員，以諸藩充之。創立電線，定府藩縣一制之例，廢公卿諸侯
之稱。」「四年遣外務大臣伊達宗城至中國，立商約。……遣使聘
歐美各國，准民人隨意散髮、脫刀，……許僧人食肉娶妻，設郵
政局，置裁判所，創銀行及鐵路，攘琉球於中國，為沖繩縣。」
「七年，……設女子公塾，又遣使議台灣事，獲償款而還。八年

124《萬國近政考略》（1901），卷9，〈沿革考・日本〉，頁9b。

廢左右院，置元老院、大審院，冬奪柯太島，與俄易俄之千島。九年遣使責問高麗，高王謝罪，乃與立約。十年減地賦及各種額金，自是而後，變更無常，均以富國為要。」[125]

　　鄒弢在〈凡例〉中特別強調自己知識淺陋，所以本書「但尚考證」、「不尚論斷」。我們如果拿這裡的敘事，和錢恂對日本創建鐵路的用意所作的分析相比較，確實可以看出二人的差異所在。相較於錢恂對西學、洋務洞識全局的眼光，鄒弢將自己定位為洋務考證家，而不敢涉入西學，也不敢妄下論斷的態度，無疑是一種明智的抉擇。不過鄒弢在選擇素材和開展敘事時，除了有著化繁為簡的能耐，以及對細節的好奇和敏感度外，也不是毫無目的和寄託。這段關於日本沿革的敘述，雖然跳出本書設定的敘事年限，而向下延伸到甲午朝鮮之亂、中日開戰，以及「中國大受其創」的結局，但對明治維新內容、細節的摘敘，最終目的，還是為了要導出整個條目的下述結論：「按日本自行西法後，實事求是，心計極深，將來亞洲之中，當與俄國同稱巨擘也！」[126]

　　鄒弢以四千字的篇幅，藉著各種有趣的細節，將日本歷史從開國神話、列強叩關，一路講到明治變法維新，意趣盎然，可讀性極高，讓人領略到小說家的敘事本領。但更有意思的是，鄒弢或許是對自己念茲在茲，辛勤蒐羅所得的資料投入過深，無法忘情；或許是希望這些資料得到更大限度的利用，所以當光緒二十年，正籌措出版此書的同時，他又利用白話的形式，將類似乃至同樣的資料，寫入《海上塵天影》中。

　　小說的第14至16章，描寫主角韓秋鶴在自己效命的經略因

---

125 同前注，頁10b-11a。

126 同前注，頁11a。

病亡故後，痛失知己，大哭而歸，「雄心灰冷」，127隨即展開了一段浪跡天涯的旅程。訪問的國家除了前述的歐洲、俄國外，還包括美國及日本，時間則約略從光緒十七到十九年。原來在《萬國近政考略》中，用精扼的文言敘述的〈地輿〉、〈沿革〉、〈軍政〉和〈洋務〉考，如今透過親身見聞的旅遊形式，藉著主角和海外華僑的對話，用更淺白延展的語言重新演繹一次。除了前述的砲台分布和彈道知識外，這裡可以從小說中對美國、日本的描繪，作更進一步的說明。

　　光緒十七年（1891）三月，秋鶴坐的輪船抵達美國「嘉厘豐尼亞省，在三佛昔司克登岸」。借住在友人蕭雲處。蕭雲的父親原來在舊金山販運金沙，後因美國禁止華工，生意清淡，所以在日本開了一家新聞紙館。秋鶴就靠著這層關係，分別在舊金山和長崎有了落腳的處所：

　　　是夕與蕭雲抵足談心，論美國商務國政。蕭雲道：「此國自華盛頓民主以來，國勢蒸蒸日上。商務以製造、耕種兩項為大宗。向來織布，往往用印度棉花，近五十年來，棉花反可運到列國。英吉利的織廠，大半購買美國的棉花呢！上年棉花出口，值價五千萬元，你想國中富不富？」秋鶴道：「弟向聞美國種田多用機器。糞壅之法，說用格致家的物料，又從祕魯運來一種鳥糞，曰爪諾，所以一人可種數頃之田，或麥或棉，獲利甚巨。前曾考究美國地輿志，說有四十

127《海上塵天影》（1993）第14章，頁200。韓秋鶴就是作者鄒弢的化身。書中偶爾出現的「酒丐」之名，實即鄒弢的別號；見王學鈞，〈鄒弢《海上塵天影》的中西比較意識〉，頁138。

二部，今看這等富庶，大約各處盡行開墾了。」蕭雲道：「卻
不盡確，美國自乾隆四十一年七月初四叛英自立之後，只有
十三部，曰浮及尼，曰曼歲去塞。……此後又漸增行部。至
西曆一千八百六十一年，又因擁奴一節，林肯為總統，南北
交戰，格蘭脫平亂，更推廣疆域。」[128]

接下來，蕭雲歷數美國各州的州名，加在一起，正好是《萬
國近政考略》中的43部，而非小說中為了強化效果所說的42
部。各州的名稱，不論是烹碎而浮尼或矮烏鴉、美恩、浮夢、牛
海姆駭，則仍然如《山海經》中的地名一樣荒誕、遙遠。對火
藥、礦石等西方藝學情有獨鍾的秋鶴，並趁機炫耀了一下自己在
這方面專門、古奧的知識。

這年年底，秋鶴從美國搭了一艘兵船回到香港，略事逗留，
隨即轉往日本橫濱、長崎等地。抵達橫濱後，鄒弢藉著讓秋鶴閱
讀《日本地輿形勢考》的安排，對日本的地理分布，元朝人對日
本的攻戰以及日本和朝鮮的交涉、和戰，借題發揮了一番。

光緒十九年，秋鶴一行人從歐洲束裝返國。此時因為日本出
兵朝鮮，秋鶴的友人欲前往南洋籌餉招兵，秋鶴以中國進兵到日
本的地圖相贈。圖中詳細載明了日本的地理險要，「連一屋一門
一樹一石一澗一橋都記在上邊」，由中國到日本的水陸各道亦都
注出。接下來六、七百字的敘述，雖然簡要，卻有了一絲英國人
寫作《中國江海險要圖誌》的意味。而秋鶴於江邊送別友人的贈
言，和日本沿革考的結語，相互呼應，反映出作者鄒弢從未中斷
過的經世之心和對時局的關注：

128《海上塵天影》（1993）第14章，頁201。

　　弟此番已是倦游，就要回到家中，不再遠出了。你去須見機而作，能夠獨當一面最好，切不可受人的節制。現今日本學習洋人的法子，實心整頓，比中國可強數倍，不可以輕敵的，況且他不過與高麗為難，我們只好同他合保高麗，立一個私約，保全亞洲的大局。若必要同他失和，勝敗也不定呢。[129]

　　王韜說本書「頗有經世實學寓乎其中」「徒以說部視之，亦淺之乎測生也」，證諸前引各項關於西法、新學的描述，可說是對本書的微言大義，作了最同情的辯解。小說與百科全書兩種文類互相參照的現象，既說明了清末百科全書在文類疆界上的開放、彈性，也反襯出西學知識的無孔不入，和作者的經世之心。

結論

　　從上文的討論和鍾少華在《人類知識的新工具》一書中臚列的資料來看，1895年左右的政治局勢，顯然和百科全書這一新型態的知識類型的出現，有根本性的關聯。1900年代以後，百科全書的出版更達到高潮。但更進一步分析，我們卻發現，這一新型態的知識類型的出現，固然和甲午戰爭以後政局的演變有密切關係，卻不是甲午戰後一個突然出現的全新發展，而實與鴉片戰爭後，上層士大夫開始關注、引進西學有著不絕如縷的傳承關係。華格納教授（Rudolf Wagner）根據海德堡大學的百科全書資料庫所作的一份初步統計，就顯示從1872年以後，一些可以歸諸百科

---

[129]《海上塵天影》（1993）第14章，頁238-241。

全書這個類別的著述已陸續出現。[130] 我在本文中所分析的幾本著作，也顯示不少作者在出書前的洋務經驗，和他們在1900年代的出版有極大的關係。

像是錢恂，從1890年代隨薛福成留歐期間，就已以公餘之隙，采問各國的政俗。而在此之前，從1883年起，錢就已經進入薛福成的幕府。[131] 馬建忠在《藝學統纂》一書中對洋務和經世之學的見解，則和他1880年後成為李鴻章的幕僚，實際參與洋務運動的經歷有密切關係。

鄒弢的《萬國近政考略》，讓我們更進一步，將1895年以後的百科全書和1840年代林則徐、魏源、徐繼畬等第一代介紹西學的論著，建立起系譜的關係。和陳季同、康有為一樣，鄒弢顯然是以《海國圖志》和《瀛寰志略》作為立論和著述的參考點。

在《四洲志》、《海國圖志》與《萬國近政考略》這一條不絕如縷的西學譯介系譜外，由傳教士和清政府所創辦的學校、報紙、雜誌，以及一些「混血性的機構」──像是1843年創建的墨海書院、1865年創建的江南製造局以及1876年成立的上海格致書院──顯然也對1895年前西學在中國的深入、普及，有極大的影響。[132] 鄒弢和葉瀚、葉瀾兄弟就是很好的例子。前文曾提到，《萬國近政考略》的資料來自三個管道：師承、教士和翻譯。鄒弢既

130 Rudolf Wagner, "A Preliminary List of Early Modern Chinese Encyclopaedias, 1894-1911," 未刊稿。我要特別謝謝華格納教授惠賜這份資料。

131 邱巍，《吳興錢氏家族研究》，頁34。

132 Natascha Vittinghoff 對此作了很精要的概述；見 "Social Actors in the Field of New Learning in Nineteenth Century China," in *Mapping Meanings: The Field of New Learning in Late Qing China*, ed. Michael Lackner and Natascha Vittinghoff（Leiden and Boston: Brill, 2004）.

是王韜的學生，又對教士之說和翻譯文章相當熟悉，我們可以合
理的猜測，江南製造局翻譯館每年定期出刊的雜誌《西國近事匯
編》和格致書院出版的《格致匯編》，都可能是他的資料來
源。[133] 葉瀚、葉瀾的經歷、著作，更具體說明了格致書院在甲午
戰爭前，已對轉型期的知識分子帶來什麼樣的影響。

　　1895年之前，近半個世紀累積的西學知識，對此後大量出現
的百科全書的影響，還可以從1860年代以後不斷出現的西洋遊記
著作中一窺端倪。這些著作——從斌椿於同治五年（1860）奉派
遊歐的《乘槎筆記》開始，到同文館出身的張德彝從同治五年
起，在多次隨行、出使途中，陸陸續續寫成的《航海述奇》、《歐
美環游記》[134]——雖然著述體例多以日記形式出之，與日後百科
全書的體裁不同，但其中記載的各種地理知識、新興事務、風土
人情和典章制度、日用民生、城市景觀，在內容上，已和日後的
百科全書有許多類同之處。

---

133 根據Vittinghoff的綜述，江南製造局翻譯館在1868到1912年存在期間，大概
　　有十位包括傅蘭雅（John Fryer）在內的教員，及二十位包括華蘅芳等人在內
　　的譯員，翻譯部門則負責出版《西國近事匯編》。這份雜誌只登錄譯自世界
　　各地，特別是倫敦《泰晤士報》的新聞，是中國士大夫獲知世界重大事件的
　　主要參考來源，康有為、梁啟超都是其讀者。格致書院則是以倫敦工藝技術
　　學院（Polytechnical Institution）為其楷模。格致書院的英文洋名"Shanghai
　　Polytechnic Institution and Reading Room"，就充分反映了其間的關聯。書院
　　內有教室、圖書館和展覽廳，定期出版《格致匯編》，是有志西學者的重要
　　社交俱樂部；見Vittinghoff, "Social Actors in the Field of New Learning in
　　Nineteenth Century China," pp. 93-96.

134 這些遊記，包括林鍼的《西海紀游草》、斌椿的《乘槎筆記》、志剛的《初使
　　泰西記》、張德彝的《航海述奇》、《歐美環游記》，都收在鍾叔河主編的
　　《走向世界叢書》（長沙：岳麓書社，1985）中。這套書第1輯共有10冊，此
　　處所提到的幾本書，都收集在第1冊。鍾叔河也分別為這些書寫了導言。

在這個從 1860 年開始的西洋遊記類型中，袁祖志的《談瀛錄》和王韜的《漫游隨錄》特別值得稍作分析，原因是這二人混雜著江南文人和轉型期知識分子的經歷以及其著作，都和本文所討論的鄒弢類似。二人又都以上海為主要的社交、著述場合，也都和鄒弢有著或師或友的個人關係。

如前所述，鄒弢西學知識的三個來源之一──得自師承──指的就是王韜。而王韜以同治九至十二年（1867-1870）的遊歐經驗寫成的《漫游隨錄》，從光緒十三年（1887）年開始，在《點石齋畫報》上陸續連載了兩年，引起極大的迴響。在此之前，王韜更在同治十五年出版了《普法戰紀》一書，成為介紹西方政治情勢的第一批中文著作。[135]

這些著作，或是帶有遊記的性質，或是對西方的文化與政治發展有全面的介紹，和鄒弢同時兼顧文學與西學的特色一致，也難怪王韜在為《海上塵天影》寫序時，對全書的宗旨多所闡述。以出書的年代先後，和二人對師生關係的強調來推斷，我們不難想像王對鄒的影響，並可進一步推想王韜所代表的 1870 及 1880 年代的同光西學或西方認知，對 1890、1900 年代百科全書的編纂所產生的影響。

和王韜的《漫游隨錄》相比，袁祖志的《談瀛錄》似乎未受到學者太多的重視。但不論就作者還是論著來看，都有值得一提之處。袁祖志是袁枚的孫子，咸豐時曾官縣令、同知，後寓居上海。1876 年出任上海第一份官方報紙《新報》的主筆，和以《申

---

135 參見呂文翠，〈晚清上海的跨文化行旅：談王韜與袁祖志的《泰西遊記》〉，《中外文學》34.9(2006)：7-9。

報》為中心的滬上文人何桂笙、錢昕伯等人交誼甚篤。[136]光緒九年（1883）三月，上海輪船招商局總辦唐廷樞奉李鴻章之命，前往歐洲各國考察招商局業務，袁祖志奉命同行，前後十個月內，考察了十一個國家。回國後不久，將考察筆記集結成書，在光緒十年交由上海同文書局出版。[137]在十個月的海外旅遊中，袁祖志常常寫詩題贈給滬上的政商名流和文化界名人，鄒弢也赫然在列。[138]

　　從鄒弢和葛元照、錢昕伯、何桂笙同列袁祖志的贈詩名單中，可以想像二人的交誼顯非泛泛。但過去對鄒弢上海交遊圈的討論，對此或是一筆帶過，或是略而不提。事實上，從《談瀛錄》中的資料來判斷，鄒弢和袁祖志的交誼大概還超過過去的了解。《談瀛錄》共分6卷。除了前4卷是海外見聞雜記外，卷5〈海外吟〉，收集了前述袁祖志出洋考察途中題贈國內友人的詩作，大多數和域外景物並無太多干係，純粹是感懷之作。[139]卷六〈海上吟〉，則更和十個月的出洋考察全無關係，而是前此以上海冶遊、逸樂為主題的記事詩，卷前有葛元照等人的題詞，題詞前復有兩篇序文，其中第一篇序文，即是鄒弢所寫。這篇序寫於光緒七年，全文古奧雕琢，頗符合鄒弢「瘦鶴詞人」的舊式文人風格。[140]在這個1880年代，由上海報人／文人組成的社交圈中，袁

---

136 呂文翠，〈晚清上海的跨文化行旅〉，頁7，註2。

137 呂文翠，〈晚清上海的跨文化行旅〉，頁7；袁祖志，《談瀛錄》（台北：中央研究院近代史研究所郭廷以圖書館藏清光緒十年〔1884〕上海同文書局刊本），〈唐廷樞序〉，及序後題詞。

138 呂文翠，〈晚清上海的跨文化行旅〉，頁7。

139 同前注，頁19。

140 見《談瀛錄》，卷6，〈海上吟序〉。

祖志大概是少數既有科名，又有實際仕宦經歷的功成名就者。他會請鄒弢為自己的〈上海記事詩〉寫序，既可能顯示了兩人交誼的深厚，也可能是因為鄒弢在詩詞創作上，確實已贏得同儕文人的肯定。但不論如何，以二人的交誼關係，我們可以合理推論，二個人可能也同時在對時務實學的關注上，互相影響。

　　《談瀛錄》於光緒十年出版，比《萬國近政考略》早了十幾年。該書出版後，似乎成為當時上海文化圈的一件大事，文人賦詩歌詠者不斷。三年之後，另一家上海的書局「管可壽齋」重印此書。[141] 出版的盛況，和《萬國近政考略》可前後媲美。

　　在《申報》上刊登的這些文人唱和之作，固然增加了這本遊記的能見度，並達到促銷的目的，但作品內容的引人入勝，可能是讓這本書受到歡迎的主要原因。和前述諸遊記以日記體為主的形式不同，《談瀛錄》的某些章節已經有了以專題敘事的取向，雖然體例各章不一，而無法做到《萬國近政考略》和其他1890、1900年代的百科全書那種綱舉目張的程度，但每個標題以幾百字，乃至一百字上下不等的篇幅，勾勒出大致的輪廓，其精神已與日後的百科全書相彷彿。而對異國風俗和各國城市、生活的介紹，趣味盎然，又深深具備旅遊文學敘事引人入勝的特長。

　　以卷一〈瀛海採問〉為例，分別介紹了英、法、德、和（荷）等西方列強。每個國家先對其都城作概論的綜覽，然後分為政令、民俗、武備、物產等各項做簡要的介紹。在「法都巴黎」項下，作者如此描述：

　　　法蘭西之京師也，介居英德荷義之間，東西南朔，平壤居

---

141 呂文翠，〈晚清上海的跨文化行旅〉，頁19-20。

多，無甚高山大川，幅員不廣，而稱強海外，久樹一幟。民
生繁庶，土地肥沃，以首善之區而論，氣局宏闊，市肆繁
華，誠可首屈一指。然政令煩苛，物價昂貴，居大不易之
嘆，恐有甚於長安也。[142]

政令項下，則以簡扼的敘述，切中政體的核心：

　　本為君王之國，自經德國挫敗之後，改為民主之國。其主
四年一更，由民間公推，稱為伯理璽天德。虛擁高位，毫無
權柄，一切國政，皆歸議政院主持，議既成，但請伯理璽天
德畫諾而已。一既退位，遂與齊民無異。[143]

　　如此簡要的敘述，和葉瀾、汪榮寶在1903年編的《新爾雅》
一書中類似條目的呈現相彷彿，卻多了一份遊客和文人的悠遊之
趣。

　　文學性西方遊記和1890與1900年代的百科全書的關係，顯
然是我們在討論19世紀下半葉的西學系譜時，不能忽略的課題。

　　在時間上，百科全書的大量出現，和前此的西學論述有著一
脈相承的關係，代表了西學知識的深入和普及。從林則徐、魏
源、徐繼畬等開風氣之先的上層士大夫，向下擴及到許多在仕途
上受挫的外交官、擁有最低科名或沒有任何科名的新型文人，以
及像葉瀚、葉瀾兄弟一樣，由生員轉向留學生的知識分子。就空
間分布而言，百科全書的作者，從我在前文中約略的討論中初步

統計，多集中在江蘇（馬建忠、江榮寶、鄒弢、丁福保、丁祖蔭、徐念慈等）、浙江（錢恂、董鴻禕、葉瀾），少數人像陳壽彭則來自福建。這份名單雖然不全面，但和Natascha Vittinghoff對1860至1911年間，上百位廣義的科學家、翻譯者和新聞工作人員所作的出生地分析，大致吻合。這些被Vittinghoff稱為進步或有影響力的新學傳遞者，多數來自沿岸及江南各省。這些地區——像是浙江、江蘇、湖廣——由於和通商口岸相連結，所以容易受到新思想的影響。[144]

　　這些來自同一區域的百科全書家，或是彼此相識，或是從事類似的文化事業，往往互相援引，在家鄉或上海結成網絡。有些人——像錢恂、董鴻禕——更因為血緣、姻親關係，而先後致力於啟蒙的事業。另外一些人——像葉瀾、董鴻禕、汪榮寶——則因為留學日本，而建立了一個以早稻田大學為據點的激進革命基地。

　　就像我在這篇文章一開頭所說的，從19世紀初葉到1895年間為止，西學的輸入，有著一個從邊緣到中央的演變過程。1890、1900年代的百科全書熱潮，顯然是過去將近一個世紀西學輸入成果的總驗收。過去的研究，一方面忽略了鴉片戰爭之前，西方思想在中國邊緣地區的傳播；一方面也忽略了鴉片戰爭之後，甲午戰爭之前，半個世紀間，西學在中國內地逐漸傳衍、流布的過程和影響。從百科全書這個據點切入，顯然有助於我們對後面這個問題重新省思。其中特別值得一提的是：過去幾十年間，學界對洋務運動的研究，或是集中於上層，或是集中於個別

---

144 Vittinghoff, "Social Actors in the Field of New Learning in Nineteenth Century China," p. 104.

的建構、機制，對上層官僚士大夫的指導理念，如何透過江南製造局、格致書院、報紙、雜誌、翻譯書刊等建構、機制向下傳布的流動過程，缺少關注。本文所分析的幾個範疇的百科全書作者──外交官、維新派、留日學生、新型文人──恰好可以彌補這個西學傳遞、流通、綿衍過程中的空缺。

　　和林則徐、魏源等人相比，這些百科全書的製作、編撰者的一個最大共同特色，就是他們絕大多數被摒棄於傳統的科舉仕進之途之外，在通過秀才這一個基本關口後，就被迫轉向時務和西學所提供的另一條看起來也充滿了可能性的進身之階。和鴉片戰爭前絕大多數無法在科舉仕進之途攀爬的下層文人不同的是，他們可以不必只以塾師、地方儀式專家、教派領袖、幕友或戲曲、小說及淫詞小曲的撰寫者為主要的出路，而在出使、駐外、留學、新興的啟蒙事業或上海文化圈，找到另外一個性質迥然不同於傳統文人的洞天。

　　就像百科全書在發展階段，格式、內容游移而難以精確統一界定一樣，百科全書的作者在這個轉向新的進身之階或謀生之道的過程中，對新的身分認同或自我感覺，也沒有一致、統一的傾向。不論是從包天笑的夫子自道或Vittinghoff的分析當中，我們都不能說這些在科舉仕進之路上挫敗的文人士大夫，是19世紀下半葉中國社會的邊緣人。但另一方面，我們確實又看到像鄒弢這樣為貧窮所困，在新／舊、文學／時務、傳統／現代中游移、擺盪的文人。相對於包天笑在上海所獲得的聲名和實質利益，鄒弢的擺盪、游移，讓我們在同一個新型文人的範疇下，看到更多的光影。這些大體上在傳統舉業受到挫敗的士人，因為不同的際遇，而以不同的方式切進西學。切進西學的不同路徑，也使得他們編纂的百科全書，呈現出不同的風貌。錢恂因為長期出使各國

的經驗，讓他的作品比其他根據口耳之傳或資料編纂所成的作品，既多了許多即時、生動的細節資訊，也多了一份盱衡全貌的能力。馬建忠長期投身洋務運動的經驗，則讓他在編纂《藝學統纂》時，更加注意堅船利砲和厚生、稼穡之學的技術性知識。相較之下，鄒弢這位對傳統詞章、冶遊和文學更多迷戀的江南文人，在向時務、實學轉進的同時，則多了一份落魄文人、駢麗詩文和豔情小說給人的俗豔之感。在整體取向上，更近乎《點石齋畫報》新舊交雜的詩文、圖像所營造出來的混雜氣息。

這些人雖然在政治信念、專業訓練和立身謀生的技能上各自不同，卻共同為晚清的知識分子開闢了一片嶄新而醒目的新疆域，並藉著一套新的書寫類型，為近代中國建立了另一種可能的啟蒙之道。他們充分掌握了時代動向和市場需求，一方面總結了前此的西學知識，一方面也為五四時代的科學、民主、男女平權，和西方物質文明的優越性等新思潮，做了發凡奠基和潛移默化的工作。

第七章

胡適與白話文運動的再評估

從清末的白話文談起

前言

　　民國12年，以評論文章見長的甲寅派領袖章士釗對新文化運動加以抨擊，其著眼點主要是對白話文的風行痛下「針砭」。對章氏來說，白話文運動的迅速進展顯然到了讓人驚心的地步，所謂「今之賢豪長者，圖開文運，披沙揀金，百無所擇，而惟白話文學是揭。如飲狂泉，舉國若一，胥是道也。」[1] 而造成這種舉國若狂的現象的就是胡適。自從胡適祭起文學革命的旗幟後，跟隨的人就「以適之為大帝，績溪為上京」「一味於胡氏文存中求文章義法，於嘗試集中求詩歌律令……以致釀成今日的底他牠嗎呢吧咧之文變。」[2] 從章氏生動的描述中，我們可以清楚地看出當時人對胡適與白話文運動的關係的看法，以及白話文風捲殘雲的態勢。連反對者都不得不承認胡適在這場「文變」中扮演的角色，擁護白話文運動的人就不必說了。廖仲愷甚至對胡適說：「我輩對於先生鼓吹白話文學，於文章界興一革命，使思想能借文字之媒介，傳於各級社會，以為所造福德，較孔孟大且十倍。」[3] 即使批判胡適不遺餘力的中共學界在這幾年的翻案風下，也開始比較客觀的全面重估其的思想，對他在白話文運動中的貢獻加以肯定。[4]

1　章士釗，〈評新文化運動〉，收於《中國新文學大系》，《文學論爭集》（上海：上海良友圖書公司，1935），頁198-199。

2　同前註，頁197。

3　《胡適來往書信選》（武漢：社科院近代史研究所，1979），頁64。

4　例如朱德發寫的《五四文學初探》（濟南：山東人民出版社，1982），就詳細地討論了胡適的白話文學主張及其影響，並肯定了胡在這方面的革命性貢獻。頁158、126-192。

胡適對白話文的貢獻是無庸置疑的。但值得注意的是白話文雖然因為胡適這位知音而由附庸蔚為大國，從此成為中國人抒情論理的主要工具，卻並不意味白話文運動一直到胡適的提倡才首開其端。就和五四運動的其他許多面相一樣，我們必須在清末的歷史中找尋其端源。Benjamin Schwartz教授曾經用一個很巧妙的比喻說明這個觀點，他認為五四不是平原上突起的高峰，而是高山帶上比較高的山脈。[5]這個比喻用來解釋白話的發展同樣恰當。事實上，胡適之前早已有人提倡白話並不是什麼新鮮的說法，胡適本人就多次提到清末白話文的發展。[6]問題是過去有關清末白話文的討論不僅低估或根本忽視了這個時期白話作品的數量，也不曾對這項發展的意義作過適當的評斷。正因為我們對清末白話文運動的意義沒有確切的了解，我們對胡適在這個運動中的貢獻的真正性質，也勢必無法完全的掌握。本文的目的就在探討清末白話發展的詳情，分析其特質，然後再在這個歷史的脈絡下重新估量胡適在中國近代白話文運動中的地位與意義。

一、清末白話文的發展

李澤厚曾經用「啟蒙」與「救亡」兩個主題來解釋五四運動及其後中國思想史的發展。[7]事實上，這兩個主題不僅可用來解釋

5　Benjamin Schwartz ed., *Reflections on the May Fourth Movement*（Cambridge: Harvard University, 1973），Introduction. p. 4.

6　如《中國新文學運動小史》，（以下簡稱小史），（台北：啟明出版公司，1958）頁7-15；《胡適文存》（以下簡稱文存）（台北：遠東圖書公司，1983），第2集，頁264。

7　李澤厚，〈啟蒙與救亡的雙重變奏〉，收於《中國現代思想史論》（北京：東

五四，也同樣可以用來分析清末的許多發展。1895年，嚴復發表了著名的〈原強〉一文，利用斯賓塞（Herbert Spencer）「社會有機體」的理論，重新審視中國的問題，提出了「鼓民力」、「新民德」、「開民智」的主張。[8]其中「開民智」的主張成為此後知識分子的新論域，「開民智」三個字也成為清末十年最流行的口頭禪，其普遍的程度絕不下於五四時代的「德先生」與「賽先生」。這種為了救亡而強調啟蒙的重要性的思潮，在義和團之亂後達到最高潮，一般「有識之士」或所謂「志士」有感於「無知愚民」幾乎招致亡國的慘劇，紛紛設法從事各種開民智的工作。他們辦閱報社、宣講所；積極提倡演說；試驗、推展各種新的字母、簡字；為貧苦不識字的人辦半日、簡字學堂；發起戲曲改良運動。凡此種種，都清楚地指出在清末的十年，在救亡的強烈危機意識下，中國的知識分子曾經如火如荼地展開一項空前的下層社會啟蒙運動。[9]就在這樣的思潮和運動下，清末的白話文也有了長足的發展。

（一）清末的白話報刊

　　討論清末的白話文運動，第一個值得重視的現象是白話報刊的蓬勃發展。根據一項統計，至少在1897年就已出現了兩份白話

方出版社，1987），頁7-49。

8　嚴復，〈原強〉，這個議論在〈原強修訂稿〉中有更進一步的發揮，二文俱收於王主編的《嚴復集》（北京：中華書局，1986），第1冊，頁13-15、27。斯賓塞及達爾文主義對嚴復的影響見Benjamin Schwartz, *In Search of Wealth and Power; Yen Fu and West*（Cambridge: Harvard University Press, 1964），第3章，特別是頁56-59。

9　筆者將另外為文討論這項運動，此處姑略而不論。

報，從1900到1911年共出了111種白話報。[10]而北京一地在辛亥革命後一年內就至少出了16種白話報。[11]從1912年到1918年又出了27種。[12]事實上，這份統計資料還不完全，我就在一些報紙的記載和廣告中另外輯出20份出版於1900到1911年間的白話報刊。[13]我想如果我們在各地的報紙資料中繼續爬梳，一定還可以發現更多在五四之前印行的白話報刊。

　　當然，這些報紙的壽命多半都不長，很多出了幾期後就因為經費不足而關門大吉。黃培林在1908年8月12日和8月15日在北京分別出版《醒群白話報》和《醒群畫報》，但很快就停刊，[14]可

10　蔡樂蘇，〈清末民初的一百七十餘種白話報刊〉，收於《辛亥革命時期期刊介紹》（北京：人民出版社，1987），第5期，頁493-538。

11　黃遠庸，〈北京之會黨與報館〉，遠生遺著，上冊（台北，中國現代史料叢書，第1輯）。黃氏這篇文章民國元年十月二十二日，所列的報紙則是辛亥年十二月二十五日以後立案者。頁254-255。

12　同注10，頁539-544。

13　這些報紙依年代排序分別是，《童子世界白話報》，《江西俗話報》，又名《江西白話報》或《青年愛》，每逢朔望出版；《江西實業白話報》、《江西新新白話報》。以上分見《警鐘日報》1904.8.14、9.15、11.5、11.12。1905年出的有北京智化寺內出的《工藝白話選報》，練兵處出的《勸兵白話報》，見《大公報》1905.7.31、5.18。1906年出的有留日學生辦的《鵑馨報》以及在北京西觀寺印行的新聞報社，分見《大公報》1906.3.21及《順天時報》1906.10.5（？）。1907年出的有《中國婦人會小雜誌》，每月出兩次；《海城白話演說報》；山東曹州府總兵辦的《白話報》；《官話北京時報》以及保定的《中州白話報》，分見《大公報》1907.3.8、5.5、11.12、12.9以及《順天時報》1907.2.23（？）。1908年出的有《吉林蒙文報》；北京的《醒群白話報》；山西汾陽的《白話報》，見《大公報》1908.6.6、8.9、11.19。1910年則有天津《晨鐘白話報》；安徽《安慶通俗日報》；《北京新報》，《白話簡報》，見《大公報》1910.3.23、12.16、11.1。

14　《順天時報》，1908.8.12、8.15。

以說是相當典型的例子。但更值得注意的是那些長年附刊白話的大報和一些有影響力的純白話報。日報中附設白話一門的以《天津大公報》首開其例，自1902年創刊以後就經常性的附有白話論說一欄。1905年8月21日起每日定期出版白話附張，稱為「敞帚千金」，免費隨報分送，也另外單張出售。[15] 不久之後，這些白話附張又以同樣的名字結集出版，到1906年3月就已經出了10本。[16] 到1908年初出到30冊。[17] 這個時候，《大公報》認為風氣已開，北方的白話報紙日漸增多，不需要再「踵事增華」「每日曉曉陳言」，[18] 所以停掉每天的白話附張，改為不定期的刊登白話專欄。剛開始時，有時七、八天甚至十幾天才出一次，但不久後，又恢復經常性的出刊。

　　自從《大公報》附設官話一門後，「因為其說理平淺，最易開下等人之知識，故各報從而效之者日眾。」[19] 這種為了開啟下層社會人民的智識而使用白話的作法，很顯然地已經成為一代風潮，以北方另一份主要的日報《順天時報》為例，也從1905年的6月29日起出版白話附張，從7月14日起開始經常性的見報，有很長一段時間，每天都有白話論說或記事。在南方，1900年創刊的革命黨的第一份機關報《中國日報》也有白話專欄，更值得注意的是用白話或廣東方言寫的各種戲曲，如粵謳、龍舟歌、南音、班本、雜曲等。這種刊載戲曲文詞的作法明顯地反映出清末改良戲曲以開通民智的思潮，只不過革命黨進一步用來宣傳革

15　《大公報》，1905.8.20。

16　同前注，1906.3.14。

17　同前注，1908.2.7。

18　同前注。

19　同前注，1905.8.20。

命。革命黨的另一個機關報《民立報》（創刊於1910年），也闢有雜錄部，每天刊載白話小說故事。《民立報》在清末的影響相當大，巔峰時期的銷售量高達兩萬份，[20]毛澤東讀的第一份報紙就是《民立報》，讀後還激動不已。[21]

　　就純白話報而言，影響最大的首推《京話日報》。這份報紙在1904年8月創刊於北京，1906年9月因創辦人繫獄而被迫停刊。創辦人彭仲翼出身官宦世家，自己也作過小官，八國聯軍侵占北京期間，他一度衣食無著，「被迫流落在社會底層」，對下層社會的生活有深切的了解。[22]庚子以後，他開始辦報。首先在兒女親家梁濟的資助下，於1902年出版了一份以童蒙為對象的啟蒙畫報，以白話配合圖片。根據梁漱溟的記載，梁濟之所以資助彭仲翼辦報，是因為「經拳匪之禍，公深痛國人之愚昧無知，決然以開民智為急」。[23]這段典型的記述很明確地指出拳亂與清末開民智運動的關係。彭為了達到開民智的目的，在1904年進一步辦《京話日報》。這份報紙出版後，大受歡迎，不僅流布北方各省，而且東到奉黑，西及陝甘。「凡言維新愛國者莫不響應傳播，而都下商家百姓於《京話日報》則尤人手一紙，家有其書，雖婦孺無不知有彭先生。」[24]銷售量最高的時候達到一萬多份，成為北京第

20　戈公振，《中國報學史》（台北：台灣學生書局，1976），頁213。

21　Edgar Snow, *Red Star over China* (New York: Grove Press, 1977), pp. 139-140.

22　《京話日報》原報未見，對該報比較詳細的介紹可以看方漢奇，〈京話日報〉，收於《辛亥革命時期期刊介紹》，第5期，頁57-69。此處的敘述見方文，頁57-58。

23　梁煥鼐、梁煥鼎，桂林梁先生遺著，中華文史叢書之37（台北：華文出版社），頁37。

24　同前注，頁42。

一個銷售量超過一萬份的報紙，也是當時北京銷路最大，影響最廣，聲譽最隆的報紙。[25]《大公報》發行人英斂之對該報也讚譽有加，說「北京報界之享大名者，要推《京話日報》為第一」。[26] 1906年，該報因得罪當道停刊後，到1910年為止，北京出的白話報至少有十幾種。這些報紙不論是在篇幅、格式或秩序上，全都模仿《京話日報》，「不敢稍有更張」，[27]可以想見《京話日報》的魅力和影響力。

除了《京話日報》外，這裡還要特別提到《安徽俗話報》和《競業旬報》。《安徽俗話報》發行於1904年，是半月刊，共出了22期，到1905年停刊。[28]這種維持一兩年就停刊的情形和《杭州白話報》、《中國白話報》、《蘇州白話報》、《寧波白話報》、《紹興白話報》等當時通行的白話小報差不多。[29]對我們來說，這份報紙特別值得一提的是它的主編是和胡適一起搞文學革命的陳獨秀。陳獨秀不僅是該報的主編，同時也是主要的撰稿人。[30] 1904年8月第11期中，陳以三愛的筆名發表〈論戲曲〉一文，認為「戲館子是眾人的大學堂，戲子是眾人大教師」，[31]把戲曲、演員的地位推上史無前例的高峰；此外，他還在文章中提出戲曲的興革之道，是清末戲曲改良運動中的重要文獻。事實上，《俗話報》

25　方漢奇，前引文，頁57、68。

26　《大公報》，1907.11.26。

27　同前注，1907.11.27、1910.10.12。

28　見《安徽俗話報》影印者說明，影印者為人民出版社，1983。

29　沈寂，〈安徽俗話報〉，收於《辛亥革命時期期刊介紹》（北京：北京市社會科學院，1982），第2期，頁167。

30　同前注，頁163-164。

31　《安徽俗話報》，第11期（1904.8），頁1-2。

中絕大多數的論說都是陳以三愛的筆名發表，陳在五四時期的思想，有一部分在此已可窺見端倪，這點下文還要繼續討論。

《競業旬報》對我們之所以重要，則是因為胡適在上面發表了不少文章。這份報紙於1906年10月在上海創刊，以後陸陸續續的發行，直到1909年6月出到第41期為止。[32] 胡適在第1期就以「期自勝生」的筆名，發表了一篇通俗的〈地理學〉，這個時候他還不滿15歲。後來胡適對這篇文章有所評述，認為「這段文字已充分表現出我的文章的長處和短處了。我的長處是明白清楚，短處是淺顯」。[33] 從第24期開始，胡適負起旬報的編輯工作，一直到第38期。這個時期他寫了不少文章，有時候全期的文字，從論說到時聞，差不多都是他做的。[34] 他日後的一些思想主張，也同樣可以在這些文字中找到根源。這幾十期的《競業旬報》，照胡適自己的說法「不但給了我一個發表思想和整理思想的機會，還給了我一年多作白話文的訓練」。「我不知道我那幾十篇文字在當時有什麼影響，但我知道這一年多的訓練給了我自己絕大的好處。白話文從此成了我的一種工具。」[35] 這一年多的訓練對胡適、對中國的白話文運動到底有什麼意義，在下文中會詳加分析，此處暫時不論。

上面曾經提到清末白話文和白話報，是在對下層社會進行啟蒙以救危亡的思潮下發展出來的，這裡打算對白話報理念和實際上的閱讀者作進一步的探討。在理念層次上，白話報的對象以下

32　耿雲志，〈競業旬報〉，見《辛亥革命時期期刊介紹》（北京：北京市社會科學院，1983），第3期，頁272。

33　胡適，《四十自述》（台北：遠東圖書公司，1954），頁62。

34　同前注，頁63。

35　同前注，頁67-68。

層社會為主體，是毫無疑問的。上舉《大公報》官話一門「最易
開下等人之知識」是一顯例，《順天時報》在1905年添設白話專
欄，目的也在「開發下等社會」。[36]參與編纂1901年出版的《杭州
白話報》，自號「白話道人」的林獬（又名少泉，後改名白水），
1903年在上海創辦《中國白話報》。在發刊辭裡，他激切地說
道：「現在中國的讀書人沒有什麼可望了，可望的都在我們幾位
種田的、做手藝的、做買賣的、當兵的以及那十幾歲小孩子阿
哥、姑娘們。」問題是這些希望所寄的人既沒有錢讀書，又看不
懂「那種奇離古怪的文章，奇離古怪的字眼」。林和朋友商量之
後，決定為了這些人辦白話報。[37]1905年在北京出版的《工藝白
話選報》，也同樣立意為下流社會說法。[38]此外，前述《京話日報》
停刊之後，在北京出現的十幾種仿《京話日報》的白話報，根據
記載，目的也在開通下等社會。[39]又如廣東順德一個何某人，也在
1904年招集股本，打算辦一份粵聲報，用俗話戲曲來開發下流社
會。[40]而在一篇論說國語統一方法的文章中，一位作者提到當時的
志士，「皆以中國文字太深，汲汲謀編輯白話書報以開通下流社
會」，[41]可以看出當時的風向所趨。

　　但值得注意的是，所謂「下流社會」或「下等社會」並不一
定是不識字的人，他們很可能是粗通文字的「種田的、做手藝

36　《大公報》，1905.6.4。

37　原報未見，此處引文俱見蔡樂蘇，〈中國白話報〉，《辛亥革命時期期刊介
　　紹》（北京：北京市社會科學院，1982），第1期，頁442-443。

38　《大公報》，1905.7.31。

39　同前注，1910.10.12。

40　《警鐘日報》，1904.8.21。

41　《大公報》1904.10.30。

的、做買賣的、當兵的」以及十幾歲的小孩子、姑娘們或林琴南說的「都下引車賣漿之徒」。[42] 一篇在1902年發表，講述開民智之法的論說裡，就主張多設白話報館，「俾粗識字者皆得從此而知政要，庶不致再如睡夢矣。」[43] 北京志士所辦的《京津白話報》，就是為了便利粗識文字的人。[44]《安徽俗話報》在發刊辭裡對這一點說得更清楚：「現在各種日報旬報，雖然出得不少，卻都是深文奧意，滿紙的之乎也者矣焉哉字眼，沒有多讀書的人，哪裡能夠看得懂呢？所以各省做好事的人，可憐他們同鄉不能夠多多識字讀書的，難以學點學問，通些時事，就做出俗話報，給他們的同鄉親戚朋友看看。」[45]《大公報》在二千號的紀念徵文中，有一個題目是「論推行強迫教育之法」，其中一篇得獎之作就主張多設白話報社，將國家政治要聞，地方的疾苦利弊，工藝商業之發明以及社會學問的進步，編為白話列入報紙，以使粗識文字的人深知世界狀況，並增長其知識。[46]

　　當時的人所謂的「下流社會」或「下等社會」是一種約定俗成的說法，並沒有十分嚴格的界定，不過從上面舉的例子，我們大概可以知道他們包括哪些人。基本上，這個階層的人當然包括絕大多數不識字的人，[47] 和那些粗通文字的人。而白話報所針對的

42　林紓，〈致蔡鶴卿御太史書〉，收於《畏廬三集》（台北：文海出版社，近代中
　　國史料叢刊，939-2），頁672。

43　津門清醒居士，〈開民智法〉，《大公報》，1902.7.21。

44　《大公報》，1905.6.7。

45　《安徽俗話報》，第1期，頁1-2。

46　仲玉，〈強迫教育先從天津試辦之方法〉，《大公報》，1908.2.10。

47　這裡必須要強調的是識字與否並不是決定一個人社會地位的唯一因素，譬如
　　官宦之家的婦女就可能不識字。David Johnson認為個人在社會的統治力的位
　　階（the hierarchy of dominance）（例如有人有優越的地位，有人自給自足，

下流社會，大體上指的還是粗通文字的人。這一方面固然是因為
這個階層的人數量相當可觀，亟待開發也比較容易用白話開發；
一方面也是因為白話再容易，對不識字的人來說，還是起不了什
麼作用。關於前者，近人的一項研究，也許可以幫助我們的了
解。根據Rawski的估計，在18、19世紀時，中國人粗通文字
（Functional literacy或basic literacy）的，男性大約有百分之三十到
四十五，女性則約當百分之二到十。[48]至於後者，當時多數從事啟
蒙運動的知識分子對各種媒體的對象都有相當清楚的了解。他們
對文字的侷限深有所知，所以提倡戲曲；重視演說、宣講；試行
字母、簡字；創設簡字學堂、字母報紙，針對的都是不識字的人。

　　至於白話對不識字者的作用，則主要是透過講報而來。例如
1905年，北京一個名叫卜廣海的醫師就把東四牌樓一帶一家說書
用的茶樓，改為講報處，逐日講說《京話日報》。[49]過不了幾天，
就有人起而效尤，講的也是《京話日報》。[50] 1900年代，各大城市
流行設立閱報處，以廣開民智。但當時就有人表示，閱報處對認
得字而無餘款買報者有益，對不識字的人卻沒有功用，所以主張
多設講報處，擇錄一些白話報，講給工藝人聽，再由這些人在喝
茶閒聊時傳說給其他的人。[51]這種由閱報社附設宣講所或講報處的

有人則必須仰人鼻息），是另外一個要考慮的因素。"Communication, Class,
and Consciousness in Late Imperial China" 收於 David Johnson 等人編的 *Popular
Culture in Late Imperial China*（Berkeley: Univeristy of California Press, 1987），
pp. 55-57。

48　Evelyn Sakakida Rawski, *Education And Puplar Literacy in Ching China*（Ann
Arbor: University of Michigan Press, 1979）, pp. 22-23, 82.

49　《大公報》，1905.5.15。

50　同前注，1905.6.2。

51　同前注，1905.6.6。

情形在當時非常普遍，講的內容不一定只限於白話報，但白話報無疑地是重要的材料。根據報導，北京的進化閱報社每天晚上講報章時事，並配合自製的電影（應該是幻燈片之類的設施），痛論高麗和印度亡國的情形，聽者日以千百計。[52]這個例子中，聽講的人數也許高於一般的宣講處所，但講報的作法卻是相當典型的。另外在天津河東一帶，一個叫做杜學義的窮教書匠在一所育英學館教書，為了訂閱報紙，不惜典當自己的衣物。因為有感於講報的好處，一天突然心血來潮，買了一個玻璃燈，在學館門外開起講報處來。講的主要就是白話報和敝帚千金等。剛開始，聽的人只有十幾個，都來自附近，不到十天，聽眾就增加到四、五十人，還有遠道而來的。杜氏照顧不來，特別找了四、五個志同道合的人來幫忙。[53]這個具體而微的故事，不但使我們更深入地了解當時開民智的風潮，怎麼樣影響到一般沒沒無聞的有志之士。也有助於說明白話報的閱讀對象和傳達到社會底層的方式。《大公報》1905年一篇白話的論說，也提到中國在庚子以後漸漸開通，其中值得注意的是，在1905年上半年，京津一帶開了許多閱報處及講報者。[54]這些講報者講的不一定都是白話報，但白話報包括在講材中應該是不用懷疑的。原因之一是因為當時寫作的白話，很多不僅是用來看的，也是用來說的，像「今日天氣不早了，改天再談吧！」「你們大家看看，我說這段白話是不是呢？」[55]一類的表現法，很明顯地還有說書的意味在裡面。經常以竹園道人為筆

52　同前注，1906.5.4。

53　同前注，1905.7.13。

54　同前注，1905.7.22。

55　分見《大公報》1908.9.1及11.21的白話論說。

名，在《大公報》上寫白話的丁國瑞（子良），在〈竹園勸善白話
並序〉一文的標題下，就自加註解說「宣講與苦人及游手聽」。[56]
另外一個原因是宣講白話報在當時已經是許多人共同的看法。在
一篇題為〈論小說有益於社會〉的文言論說中，作者歸結中國問
題的解決，必自開民智始，而「欲開普通之民智，必自設宣講
所，演白話報始。」[57]有鑑於報紙對人心的影響最快，北京的警部
還特地在1906年通飭各省設白話官報，並在各州縣的宣講所照官
報演說。[58]

　　白話報雖然多半以開發下流社會為宗旨，但有些報紙設定的
讀者群，卻不侷限於不層社會，而涵蓋了各個階層。如1902年在
四川成都發行的《啟蒙通俗報》，就是要「為中下等人說法」。[59]
1907年出版的官話《北京時報》，其對象包括士庶紳商。[60]前述的
《安徽俗話報》訴求的對象更廣，除了種田的、做手藝的、做生
意的、當兵的和女人小孩以外，還包括了教書的和做官的。[61]

　　而各種白話報的實際閱讀對象也遍及各個層面。其中《京話
日報》大概是最受一般民眾歡迎的報紙。前引梁漱溟的話，說
「都下商家百姓於《京話日報》則尤人手一紙，家有其書，雖婦
孺無不知有彭先生」。[62]證諸其他的記載，並不算太誇張。當時的

56　《大公報》，1904.7.1。

57　同前注，1905.12.30。

58　《大公報》，1906.4.15。我會另外為文討論閱報社和宣講、講報的情形，此處
　　茲不贅述。

59　《大公報》，1903.5.9。

60　同前注，1907.12.9。

61　《安徽俗話報》，第1期，頁3-4。

62　同注24。

報導就說《京話日報》在北京的勞動界頗為風動,「擔夫走卒居
然有坐階石讀報者」。[63]《京話日報》常常登載讀者的來稿,根據分
析,這些投稿的人除了職員、蒙師、書辦、學生外,還包括了識
字不多的小業主、小商販、小店員、手工業工人、家奴、差役、
士兵、家庭婦女、優伶以及一部分墮落風塵的妓女。很顯然地,
這份報紙和中下層社會的關係是相當密切。[64]《大公報》的白話欄
及敝帚千金,顯然也有很大的影響。不但其他的報紙紛紛仿行,
還有人用為講本。前面提到的津門清醒居士在提到白話報的好處
時,特別舉了一個例子,說曾看到粗識字的人,專挑《大公報》
的白話附件來讀,並且高聲朗誦,眉宇間露出得意之態。[65]林獬辦
的《中國白話報》雖然目的在開通下層社會,但根據他們自己做
的廣告,購買的人多半是學生。不過值得注意的是,很多學生買
報的目的是為了家鄉的「婦孺盲塞」,像湖南的學生就曾集資每
月買幾百份報紙分給自己的鄉人。[66]《安徽俗話報》開始的時候印
一千份,半年後發行到第12期時,已增加到三千份,有時還要再
版或三版,聲譽和《杭州白話報》相埒。它的讀者多半是當時所
謂思想前進的學生,還有一些教師也以此作教本。績溪縣知事還
出告示,鼓勵群眾閱讀,並且「捐廉購辦,隨同官報發行,聽人
採取。」[67]浙江湖州埭溪的革命黨人蔡綠農辦了一家書店,叫做擺
渡船,又名普渡書社,專購白話報及小說借人閱讀,對象則是各

---

63 《警鐘日報》,1904.11.17。
64 方漢奇,前引文,頁67。
65 《大公報》,1902.7.21。
66 《警鐘日報》,1904.4.22。
67 沈寂,前引文,頁166。

地的貧窮志士，[68]這些志士也不一定是下等社會的人。

　　至於白話報的內容，則以破除迷信，勸戒鴉片，勸戒婦女纏足為主，還有一些勸善懲惡的道德文字和一些介紹新知的作品。以敝帚千金為例，第一本包含的作品分五大類：開智、闢邪、合群、勸戒纏足和寓言。[69]雖然不少作品，特別是那些勸善懲惡的道德文字，在內容思想上和傳統的善書之類的刊物並沒有什麼差別，[70]但形式的變化不可避免的會影響到所載的道。多數的白話報固然是站在上對下的地位，對不識之無的愚夫愚婦施以教化，但也有像彭仲翼這樣深知民間疾苦，秉持正義的原則，站在人民的立場，對濫用權勢者痛加抨擊的作法。譬如對郡王府活埋侍妾的事件，除了零星的報導外，共寫了五篇有系統的論述。其他類似這種揭露官府黑暗面的報導也不少。[71]這種作風使《京話日報》在某些方面表現出反既存秩序的激烈傾向。該報三番兩次的聲明：「我們這京話日報是一個膽大妄言，不知忌諱，毫無依傍，一定要作完全國民的報」「凡衙門八旗的弊病，明說暗說，毫不容情」「應該爭論的，刀放在脖子上還是要說」。[72]在傳統的政權下，這樣激烈的言辭是非常突出的。我認為這和採用白話有不小的關係，雖然採用白話不一定就表示和人民認同，但因為使用了一般人的語言而進一步站在他們的立場說話，在情理上是完全說得通的。

68　《警鐘日報》，1904.10.22。

69　《大公報》，1904.4.27。

70　包天笑就提到，和他一同辦《蘇州白話報》的表兄尤子青，本來就打算把報紙像善書一樣的免費送人。《釧影樓回憶》，頁169。有這樣想法的人也許不是少數。

71　參見方漢奇，前引文，頁63-65。

72　引見同前注，頁63。

　　至於革命報刊如《中國日報》，其所登載的白話方言戲曲，則多半以時事作文章，對清朝政府或保皇黨加以嘲笑、抨擊。譬如南音〈裴景福拜月〉就是根據廣東某縣知縣畏罪潛逃的時事加以改編，對裴的逢迎、貪腐、潛逃、就捕有非常生動、譏諷的描寫。[73] 班本〈何化龍嘆監〉，講的是廣西生員何化龍，原為康有為的弟子，後來熱心功名，改變志節，作駁革命軍一書，為清貴室賞識，寅緣直上，後來卻因招搖撞騙而繫獄。[74] 還有一些粵謳等歌謠則對武備學堂冷嘲熱諷。[75] 另外一篇用白話寫的〈種界〉，則明白了當地攻擊滿清，提倡種族主義。[76]

　　就白話文的內容來分析，除了上述的激烈作風和言辭值得注意外，對本文的論旨來說，更值得重視的現象是，很多文章的對象非常明顯地並不侷限於下層社會的人，或者根本就不是針對「下等人」。我們可以把從1908年8月31日到9月26日陸續在《大公報》連載的〈違警律白話釋義問答〉，看成當時主政者或知識分子意欲將新的法律知識普及到一般社會大眾的苦心，但像〈說政治〉[77] 之類的文章卻很難說成是只為下等社會而發。像〈勸學說〉[78]（勸一般私塾教師學新學）、〈私塾改良說〉[79]、〈講訓蒙當改用善政〉針對的是教師及其他有能力改革的人；〈敬告我直紳〉、[80]

73　《中國日報》，1904.4.4、4.5，對裴景福一案的報導則見4.18-20。

74　《中國日報》，1904.4.23。何化龍事件的實際報導，則見該報4.21。

75　如雜曲〈武備學生謠〉，粵謳〈一百零五日〉、〈笑〉，分見《中國日報》，1904.4.1、4.5、4.8。

76　《中國日報》，1904.4.12-15。

77　《大公報》，1909.3.12。

78　同前註，1908.4.6。

79　同前註，1908.4.26。

80　同前註，1908.7.6。

〈勸士〉[81]〈對於懷柔高等小學生勸學白話〉、[82]〈為福壽全事忠告京津一商會諸公〉[83]都有明確的對象;〈敬勸直省人民父老莫放棄了選舉權〉、[84]〈天津縣城選民注意〉,[85]固然可以看出當時推行憲政的努力,但有選舉權的卻都不是下層社會的人。又如〈為什麼必得求外部出禁入公文〉,目的在呼籲外務部速出公文,禁止英國輸入鴉片,以配合英國國內歸還中國禁煙主權的努力。[86]〈論順直國民禁煙會舉代表赴京〉,標題下注明國民請注意、政界大老請注意、外務部諸公請更要注意。[87]〈勸立同志會〉是希望大家組織起來,要求速開國會,這和〈再忠告國會請願諸代表〉[88]同樣不是以一般人為主要訴求對象。而像〈賣煙賣酒的應當有個締制辦法〉,[89]雖然和販夫走卒有關,但顯然是寫給官府看的。類似的例子還很多,這裡就不贅舉了。

(二)其他類型的白話文

討論清末的白話文運動,除了白話報紙的蓬勃發展外,也不能忽視其他類型的白話。這些白話有相當大的比例是各級政府的文告、宣傳,另外一部分則是私人寫的宣傳或告誡性的文字,或

81　同前注,1909.2.8。
82　同前注,1908.12.2。本文是直隸視學陳恩榮所寫,顯然是對懷柔一地學生的演說稿。
83　同前注,1908.5.19。
84　同前注,1908.12.9。
85　同前注,1911.4.21。
86　同前注,1911.4.10-11。
87　同前注,1911.3.23。
88　同前注,1910.7.4。
89　同前注,1910.9.19。

是單張，或是以小冊子的形式。

　　講到當時的白話官方文告，第一個該提到的就是岑春煊。岑在1903年作四川總督的時候，出了一份白話勸戒纏足的告示。[90]此後很多人就以此為榜樣。岑的這張告示主要是為了響應光緒二十七年十二月二十三日勸戒纏足的諭旨而發。根據當時人的看法，「諭旨者僅可及於上流社會，若下流社會則不能普及」，岑則是第一個將諭旨的意思寫為白話以為下流社會說法者；由於這份白話告示在公布以後流傳得非常廣，所以四川人停止纏足的也比其他省多。這位作者因此主張各官府應該仿效岑的作法。[91]另外一位作者也主張仿照岑出白話的例子，並且除了把告示貼在通衢大道外，還應該貼在茶社等人煙稠密的地方，以達到實際的效果。[92]在一篇比較廣泛地討論開民智之道的文章裡，作者主張把小學教科書和官府對下等社會和中等社會的告示，全部改用白話。[93]一個京官認為官府出的告示常常過於深奧，一般人不但不懂，反而經常誤解其義，所以上了一個條陳給某京堂，建議以後大小衙門的告示都用白話。[94]

　　類似這樣的看法，可能對官府產生了相當的影響。以纏足為例，浙江宣平縣的縣令在1903年出淺白韻示，告誡婦女。[95]山東青州太守在1904年出過半白話的告示。[96]兩江總督周馥在山東巡

90　同前注，1903.4.2-5。

91　同前注，1903.7.29。

92　同前注，1903.12.1。

93　〈開通民智的三要策〉，《大公報》，1904.3.26-28。

94　《大公報》，1905.6.11。

95　同前注，1903.7.24。

96　同前注，1904.11.18。

撫任內曾出過不纏足的淺說，移節江南後也如法炮製。[97]順天府的房山縣令畢承絪在1905年出了一份白話告示，勸戒纏足，他還特地命令把這些告示裱糊在木板上，懸掛在避雨的地方，以期長久保存。[98]民政部也共襄盛舉，示諭一般民眾改良風俗。[99]1909年時作兩江總督的端方也出過六言的白話告示勸戒纏足，以為中下流社會說法，後來又進一步令江南自治局將天足說演成白話，刊印數萬張，發給各州縣自治會廣為演說。[100]吉林省當道和川督趙爾巽則都為禁煙出過告示。[101]北京警局等衙門為了禁鴉片和煙照的問題，也採用同樣的辦法。[102]

官府的告示內容相當廣，不限於禁煙和禁纏足。除了一般的內政，為了推廣新政或解決新政帶來的問題，各級政府都覺得有必要用白話周告眾知。1904年，川督出了一張告示給「精強力壯」的男子和年輕婦女，要他們不要仰仗粥廠、煖廠等一類政府慈善機構的救濟，而應該自食其力。男子可以進勸工局，婦女可以進女工廠，以期學得一技之長。[103]湖北常備軍的統領為文對所屬諄諄告誡，要他們遵守營規，不要私自外出，做出不法的勾當，他還命令各營的營官和哨官，要常常將這些懸掛在營門的規條念給士兵聽。[104]河北清苑縣縣令為了防止軍隊行軍操演時與一

97　同前注，1905.1.16、3.17。

98　同前注，1905.6.12-13。

99　《順天時報》，19070.3.19？

100　《大公報》，1909.1.9、3.4、6.6。

101　同前注，1909.3.30、1908.4.30；《順天時報》，1909.1.27。

102　同前注，1907.1.7、1908.10.7。

103　同前注，1904.4.8。

104　同前注，1904.4.9。

般民眾發生衝突，特地出告示曉諭百姓。[105]興辦新式學堂是當時
厲行的新政之一，為了達到招生的目的，天津的官立學堂出過這
樣的告示：「眾位呀！現時又快到年底了，河北老鐵橋、東藥王
廟兩等官小學堂，又招考學生了。眾位家裡子弟，有願意上學堂
的，或八九歲，或十三四歲，念過幾年書的，全可以到我們學堂
裡報名……。眾位呀！快來報名罷！快來報名罷！別太晚了才好
呢！」[106]內務府也將學堂的招生廣告寫成白話遍貼各處。[107]吉林巡
撫為了改良警政和私塾，特別寫了白話告示，分發各處張貼。[108]
河北密雲縣則凡是曉諭百姓的事，在正式的告示後都會附加演說
一段白話，所以「街上俗人」，都樂於傳述，有人曾經從店中的
伙計處抄到勸種樹的白話一張，[109]可以想見這類的白話大概傳布
得非常廣。另一個報導則說從古北口到密雲縣一百餘里的大道兩
旁，栽滿了楊柳。[110]密雲縣的作法似乎收到不少成效。

　　巡警局由於和一般人的日常生活息息相關，再加上新政的推
行，所以特別多的白話告示。從我們現在蒐集到的資料，天津和
北京在這一方面表現得特別突出。北京外城巡警局的告示還從
1906年起一律改成白話。[111]（北京工巡局的告示則已在前一年一律
改為白話[112]）內容則從禁止買賣春藥到失火時，巡警應如何應

105 同前注，1905.8.15。
106 同前注，1906.1.7。
107 同前注，1907.3.2。
108 同前注，1908.6.16、6.26。
109 同前注，1904.5.12。
110 同前注，1904.5.13。
111 同前注，1906.2.3。
112 同前注，1905.12.16。

變，無所不包。[113]茲舉數例如下：1905年10月，天津巡警總局公布了一張勸諭，大意是說這幾年在各種開民智的舉措後，天津的風氣已經改善了很多，但是燒冥紙的「陋俗」依然如故。這種習俗不僅本身沒有意義，還常常讓消防隊誤認為有火警而徒勞往返。因此為了改革陋俗和維護安全，希望民眾停止這種作法。[114]另外一個告示則表示河間一帶不久要實施新兵操演，並且請了各國官員前往觀閱，不料「愚民無知」，一傳十，十傳百，到最後居然傳出六國要跟中國開戰，不少人聽後恐慌而打算搬家逃離。巡警局為了安定人心，特出告示，並希望各地士紳四處演講，把實情告訴民眾。[115]天津在1906年已經通行電車，對一般人來說，這還是相當新鮮的事，常常有大人小孩跟著車子跑，非常危險。巡警局為此不止一次的出白話文告，除了對上述的行為嚴加禁止外，還要求家裡的父兄對自己的孩子多多管教。同時對乘客也加以約束，禁止在車子停妥前跳車；又由於拉洋車的很容易和電車相撞，還對車夫作了一些限制。[116]北京的警部則對各地的警兵出告諭，要求他們改正違背警章的行為。[117]有時對一些芝麻蒜皮之類的小事，像各店鋪的門燈高低不齊，形式互異，他們也不放棄「明白曉諭」一番。[118]而為了推行地方自治，並讓一般人對地方自治包括的一些日常行事有所了解，北京警局也四處廣貼告示。[119]

---

113 《順天時報》，1905.9.27？；《大公報》，1905.5.13。

114 《大公報》，1905.10.11。

115 同前注，1905.10.16。

116 同前注，1906.2.21、10.15。

117 同前注，1906.4.15。

118 同前注，1906.8.5。

119 同前注，1907.4.22。

除此之外，由警局出的白話告示還包括規定養狗的人家在晚上十二點以後要把狗關在家，以免成群嚷鬧，擾人清夢，也可以防止路人和巡警被咬傷；[120]賣水和飲水的人都必須講求衛生，以防制惡疾，[121]禁止燒香、盂蘭盆會等迷信；[122]禁止赤身裸體；[123]要求民眾清掃街道，維護公共衛生以防止瘟疫，[124]以及如何防止火災、如何保持健康等。[125]

　　由官廳發布的白話，也有很多不是以單張的告示形式出現。像1903年，四川的警察局就刊印了一種教學用的白話課訣，共印行了5萬本之多。[126]同一年，江西的警察總辦又因為警察兵的日漸腐敗，而刊行訓誡 一本，編成白話，發給每個警兵。[127] 1904年，四川鹽亭縣的一位縣令刊刻了一本淺白的廣蠶桑說，散發給鄉農，讓他們知道選種改良的方法。[128]直隸學務處則曾公開徵求用淺白文字寫的教科書供小學堂的學生使用，[129]這次徵求的結果如何，我們不得而知，但直隸學務處的作法卻絕非特例，御史杜彤就曾經奏請學部，把中國歷史及各種時務演成通俗白話，頒發各省蒙小學堂作為教科書。[130]也有大臣建議學部編纂立憲白話講

120　同前注，1907.5.29。

121　同前注，1907.6.6。

122　同前注，1908.5.12、8.10、1907.8.19、1909.2.1。

123　同前注，1907.7.20。

124　同前注，1905.9.6。

125　同前注，1908.6.9、8.12。

126　同前注，1903.5.4。

127　同前注，1903.11.24。

128　同前注，1904.11.9。

129　同前注，1905.4.30。

130　同前注，1906.3.26。

義，令各地宣講。[131]學部本身為了推廣通俗教育，在1908年頒布的宣講用書章程中，也鼓勵用白話和小說體裁的講本。[132]此外，奉天將軍為了改善邊地的教育，開啟民智，也曾飭令學務處編撰白話講義，頒發各處，令地方官派員宣講。[133]北京的練兵處為了增加兵士的知識，讓他們熟悉軍律，就打算把古今戰士效命疆場的事蹟和各國的戰史，編成一本白話，名曰《行軍要義》，頒發給各營隊，每天演說給兵士聽。[134]湖北提學司則令人將咸同光三朝政要編成白話通俗講本，給各地宣講所的講員作演說時的依據。[135]京師勸學局為了推廣教育，特別編了一本勸諭父兄淺說，分送各學區廣為傳布。[136]北京的巡警總廳則為了地方自治，在1910年編了一份選舉淺說，挨戶分送給選民。[137]這些例子的對象雖然有別，但用意、精神卻是一樣的。

　　私人寫的傳單、講本之類的白話作品，在內容上也包括得很廣，這裡只舉幾個代表性的例子。和官府的告示一樣，戒纏足也是一個重要的議題。如上海的天足會為了讓一般人深切地了解纏足的弊害，特別製作圖說，在各處街道張貼。圖說上半部畫圖，下半部是白話，觀看的人有的把全篇撕去，有的撕上半截的圖畫，有的人則用鉛筆抄下半截的白話。[138]天津一個叫劉孟揚的寒

---

131 同前註，1906.9.11。
132 同前註，1908.3.12。
133 同前註，1905.12.10。
134 同前註，1906.3.15。
135 同前註，1908.12.17。
136 同前註，1909.10.23。
137 同前註，1910.6.22。
138 同前註，1903.5.10。

士組了一個公益天足社，並且寫了一篇勸戒纏足說，印成傳單分送；劉還提供別人送他的一些勸纏足的文字，包括上述岑春煊的示諭、張之洞的戒纏足會章程敘文、袁世凱的勸不纏足文小冊和一些不知作者的宣傳像救弊良言、去惡俗說、勸放足論、纏足兩說演義等，供人翻印。[139]四川成都圖書局的傅樵村則作了一篇勸戒纏足俗歌，刊印分送。[140]

　　1905年美國禁止華工的條約公開後，在中國各地引起了軒然大波。很多地方都發起抵制美貨運動。北京各學堂的學生在六月初的時候就印製了傳單，列舉美貨的名單，勸人拒買。[141]保定有三個志士寫了一篇禁買美貨約，上面橫寫了「快看」兩個大字，貼在各胡同口，圍觀的人非常多，還有不識字的要求別人講說。一些天津和山東的愛國商人則寫了一篇〈中國愛國的商民請看〉，準備印一萬張送人。[142]北京一商會則把《京話日報》上抵制美禁華工的演說印了一萬份，分送給各商號。[143]天津東門外則有一個人挨家挨戶的分送傳單，標題是「敬勸同胞不買美貨」，東馬路上也貼著這份傳單，引起一大堆人圍觀。[144]廣東寧陽的幾位志士則公議把美約的要件印成白話，託輪渡的旅客四處散發。[145]

　　此外，一些突發的事件，像1907年的江北大水災，也會帶來白話宣傳的高潮。北京中國婦人會的英淑仲就為此印了幾萬張附

---

139 同前註，1904.1.5、1905.5.31。

140 同前註，1904.5.28。

141 同前註，1905.6.7。

142 同前註，1905.6.11。

143 同前註，1905.6.19。

144 同前註，1905.6.21。

145 同前註，1905.7.9。

有難民圖的啟事，到處散發。[146]地方上的銀行、善會、志士也紛紛印發傳單勸募。[147]而像國民捐的勸募，[148]民立學堂、工廠的招生廣告，[149]介紹地方自治，請求速開國會等憲政事宜，[150]也透過白話引起了更大的注意。

二、重新看胡適在中國近代白話運動史上的地位

　　從上面的敘述，我們可以很清楚地看出白話文的發展，在清末已經成為一個重要的思想、文化與社會運動。這當然不是說白話已經取得絕對的優勢，成為當時中國各地普遍使用的書寫工具。毫無疑問的，白話的使用基本上還是一些大城市裡比較風行。事實上，這跟整個中國的現代化的趨向若合符節。最近Keith Schoppa對浙江的研究就指出明顯的區域性的差異。他根據人口、財政等幾個因素，把浙江分成內、外核心與邊陲等四個區域。內核心（inner core）區的現代化發展最見績效，其他以次遞減。[151] 20世紀初期之際，清政府鼓勵各地設立議會等各種自治機構，以及商會、農會、教育會等職業性的團體；這些團體就成為當時各項改革和新政的主要推動組織。[152]而不論是這些團體的數

---

146 同前注，1907.3.23。

147 同前注，1907.2.8、8.2、2.20、2.23。

148 同前注，1905.11.22。

149 同前注，1906.1.3、1.30。

150 同前注，1910.2.3、5.16、10.2、11.15、12.29。

151 Keith Schoppa, *Chinese Elites and Political Changes: Zhejiang Province in the Early Twentieth Century* (Cambridge: Harvard University Press), 1982, pp. 17-22.

152 同前注，pp. 6-7.

目或是推行的新政，都是越核心的地區越多，也越見成果。核心
區的領袖對變革有敏銳的感觸，致力參與政治和公共事務，積極
提倡教育、經濟方面的改革；邊陲地區則變革遲緩，傳統的勢力
依然有著強大的影響。[153] 以現代式的新聞事業而言，到 1920 年代
中葉為止，就只存在於內核心區。[154]

　　準此而論，白話文在大城市的特別風行，無寧是非常自然
的。當然這也不是沒有例外。像以寫鴛鴦蝴蝶派小說著稱的包天
笑，年輕時也在家鄉辦過《蘇州白話報》。報紙出刊後，他們並
不向城市裡銷售，反而往鄉村城鎮進攻，並且特地派人到鄉間去
貼招紙。這份每冊只有八頁的旬報，第一期共計售出七、八百
份，都是由各鄉鎮的小航船帶去賣的，許多市鎮的小雜貨店也代
為寄賣。[155] 而上文舉的一些告示等宣傳品，特別是各縣政府印行
的，很有可能傳布到鄉間。即使類似的例子不多見，也不會影響
到本文的論旨。因為這裡我要特別強調的是，過去我們對清末白
話文的發展，多半都忽略掉了，更沒有人把這項發展放在清末開
民智的思潮和運動中去估量其意義。事實上，即使我們僅從清末
白話文在數量上的統計著眼（像上文中提到的白話報的數目、
《京話日報》的銷售量、某些傳單印發的張數等），也足以讓我們
思考它們在質量上可能造成的轉變和意義。進一步看，整個清末
的下層社會啟蒙運動和白話文運動在思想、文化和社會史上的重
要性，在於它們為日後中國歷史發展上的一些重大動向（這些動

---

153 同前注，pp. 100, 103, 113-114, 118-122, 126-130.

154 同前注，p. 71.

155 包天笑，《釧影樓回憶錄》，近代中國史料叢刊續輯（新北：龍文出版社），
　　48-1，頁 169。

向如果用一句話來概括，可以說是共產黨和非共的知識分子在思想、文化、社會的層面走向人民的各種運動），開啟了具有實質意義的源頭。Schwartz教授認為康有為、嚴復、梁啟超、譚嗣同、章炳麟、王國維那一代是中國近代史上真正突破的一代，可以說是一個有洞燭力的論斷。[156] 就白話文而言，我們也可以說清末最後十年的發展是中國近代白話運動史真正的開端。五四的白話文運動絕不是一個突如其來的異物，而是清末發展的延伸和強化。換句話說，清末的白話和五四的白話並不是兩個互不相干的發展，而是同一個延續不曾斷絕的新的歷史動向的產物。

　　我們說五四白話和清末的白話屬於同一個不曾斷絕的傳統，最直接的證據是領導1910年代白話文運動的兩個台柱——胡適和陳獨秀——都在1900年代的主要白話刊物上寫過大量的文字，而且其中的一些主張都成為1910年代啟蒙運動中新思想的要素。像陳獨秀在《安徽俗話報》中連載了好幾期的〈惡俗篇〉，就對傳統的婚姻制度大加抨擊。對陳來說，傳統婚姻制度的最大問題是「不合情理」，他特別對女性在這種制度下所受到的迫害，大發不平之鳴。他還舉了安徽「等兒媳」的風俗來說明。在這個習俗下，沒有兒子的人家常常先娶了媳婦，等兒子出生。如果不幸這戶人家一直沒有子嗣，先娶過門的媳婦也要等到二十多歲才可以另外擇配。即使這戶人家有了兒子，也總是「十八歲大姐周歲郎」、「那媳婦也少不得守十幾年青春活寡，才能夠成親婚配」。「你道這是天地間何等不合情理的慘事哩！」[157] 陳獨秀這種質疑的口氣和態勢，已經頗有五四時期魯迅所謂「吃人的禮教」的味

---

156 同注5。

157 《安徽俗話報》，第3期，頁1-4，引文見3-4。

道。陳在討論了其他一些不合理的婚姻習俗後，對男女平等之義再三闡述，並提出女性應該有自由離婚的權利，有不守節改嫁的權利。[158] 他還對女子為了取悅男人而裝扮自己的作法冷嘲熱諷，認為是像對囚犯的刑罰，女子的種種飾物就像是腳鐐、手銬、枷鎖一樣。他因此要婦女們反省：「受了許多苦處，裝扮得似蝴蝶兒一般，到底是要給他人看呢？還是自己看呢？」分析到最後，婦女努力裝扮自己的現象背後所透露的訊息不過是「混帳的男人，拏女子來當作玩弄的器具。」[159] 這句話和胡適後來寫易卜生主義，大力推銷娜拉時，說娜拉的先生最大的錯處，「在他把娜拉當作『玩意兒』看待」，[160] 幾乎如出一轍。陳獨秀要女人自省，不要作男人的囚犯；主張女人有離婚的權利，雖然不像後來娜拉為了對自己的責任，為人發展個人的自由意志而離家出走那麼的戲劇化，[161] 也沒有像胡適那樣全面而深入的點出個人主義的題旨，但在本質上已經強烈地顯現出五四的啟蒙精神。他對西洋婚姻的羨慕，[162] 在當時就已經得到迴響，在他主編的《安徽俗話報》上不久就出現了主張婚姻自由的議論。[163] 雖然我們不知道寫這篇〈再論婚姻〉的真正作者是誰，但這一點也不影響我們前述的論斷：即清末的白話和五四的白話在本質和精神上有許多一脈相承之處，即使前者在論證或演繹上不及後者的周延、深入，在立場上也不及後者那麼激烈或極端，但發展的脈絡和痕跡卻歷歷可見。

---

158 同前注，第6期，頁1-4。

159 同前注，第12期，頁1-4。

160 〈易卜生主義〉，《胡適文存》，第1集，頁644。

161 同前注，頁643-644。

162 同前注，157。

163 雪聰，〈再論婚姻〉，《安徽俗話報》，第16期，頁1。

　　這個發展的過程在胡適的夫子自道中看得格外清楚，上文中引用胡適自己的話說他在《競業旬報》上寫的幾十篇文字，「不但給了我一個發表思想和整理思想的機會，還給了我一年多作白話文的訓練」，[164] 就是一個最好的說明。這一年多的訓練不僅使白話從此成了他的一種工具，也不僅預示了他日後文章的風格，「長處和短處」，另外一個值得重視的地方是胡適日後思想的一些要素，在此已可以看出它們的活水源頭。用胡適自己的話來說：「有一些思想後來成為我的重要出發點的，在那十七八歲的時期已有了很明白的傾向了。」[165] 舉例來說，他從旬報的第3期起開始連載一部長篇小說，題目叫「真如島」，目的在「破除迷信，開通民智」。寫到第八回時，胡適借主角孫紹武之口，大談起因果問題來，說：「譬如窗外這一樹花兒，枝枝朵朵都是一樣，何曾有什麼好歹善惡的分別？不多一會，起了一陣狂風，把一樹花吹一個『花落花飛飛滿天』，那許多花朵，有的吹上簾櫳，落在錦茵之上；有的吹出牆外，落在糞溷之中。這落花的好歹不同，難道說這是這幾枝花的善惡報應不成？」[166] 這大概是范縝的「神滅論」第一次被人用這麼淺近的白話翻譯出來。用范縝的反駁因果關係的思想來宣揚無神的觀念，並攻擊宗教信仰中的種種迷信，在不到十七歲的胡適的思想中已經牢牢地生根，並成為他一生的基本信念。後來到美國留學期間，他又對神滅神不滅的問題作進一步的探討，並回憶自己這個見解的發展過程。他說在十二歲時讀通鑑，「見范縝此書，以為精闢無倫，遂持無鬼之論，以此為

---

164 同前注，35。
165 《四十自述》，頁66。
166 同前注，頁63-64。

中堅。17歲為《競業旬報》作無鬼語，亦首揭此則。」到了美國後，因為「稍讀書治科學」；才知道范縝在某些地方用類推法作比喻，在論理上有瑕疵。[167] 不過這並未影響到他對鬼神之說的立場，反而更足以說明他對這個問題的持久的關注。在1919年第一次發表的名著〈不朽——我的宗教〉一文中，胡適又再度引用神滅論來說明他的觀點。[168] 一直到1945年他55歲的時候，還是對范縝不能忘情，在英國康橋修正寫定了〈考范縝發表『神滅論』在梁天監六年〉一文。[169]

胡適另外一個不要兒子的理論，也在五四時期反孔非孝的辯論中掀起過漫天波瀾，而這種思想的核心也同樣見於他此時的言論。在1908年於上海發刊的《安徽白話報》的創刊號上，胡適寫了一篇〈論繼承之不近人情〉（這篇文章後來轉載在《競業旬報》第29期）。在文章中，他用激烈的口氣批評「把兄弟的兒子承繼做兒子」這件事，認為是一件「最傷天害理，最背倫理豈有此理的風俗」，「是一種剝奪人權的野蠻制度」。[170] 他並由此更進一步，不但反對承繼兒子，並且根本疑問為什麼一定要兒子。在這篇文章的最後，他提供了一套嶄新的看法：「我如今要薦一個極孝順的兒子給我們中國四萬萬同胞。這個兒子是誰呢？便是『社會』」。這番議論，後來因為留美期間讀了培根的論文，而得到進

---

167 《胡適留學日記》，二（以下簡稱日記）（新北：臺灣商務印書館，1980），頁360-361。

168 見《胡適文存》，第1集，頁693-702。

169 《胡適之先生年譜長編初稿》（台北，1984），第5冊，頁1902-1906。

170 這段引文轉引自陳匡時，〈安徽白話報〉，《辛亥革命時期期刊介紹》，第3期，頁499。

一步的發揮，成了胡適有名的「無後主義」。[171]據胡適日記的記載，他是看了培根的〈婚娶與獨處論〉及〈父子論〉而深有所感。培根在文章中說道：「天下最大事功為公眾而作者，必皆出於不婚或無子之人，其人雖不婚無後，然實已以社會為妻為子矣！「吾人行見最偉大之事功皆出於無子之人耳。其人雖不能以形體傳後，然其心思精神則已傳矣！故唯無後者，乃最能傳後者也。」胡適原有的「以社會為兒子」的獨特見解，培根在這裡用更具煽動性的言辭表達出來。胡適雖然對培根的人品頗有微辭，但對這番議論則大表佩服，不斷誇獎其魄力、見地，甚至說出「吾嘗疑吾國二千年來無論文學、哲學、科學、政治，皆無有出類拔萃之人物，其最大原因，毋為『不孝有三，無後為大』一言歟」之類的話。他因此提出「無後」之說，要人人「知後之不足重，而無後之不足憂」。[172]上文提到的〈不朽——我的宗教〉一文，也是由此演變而來。[173]此外像〈我的兒子〉等文章，基本上也是這個觀點的引申。[174]

不但陳獨秀和胡適在五四時的一些思想可以追溯到1900年代發表的白話作品中，胡適一些有關白話文學的獨到見解，在此之前也有人提出過。1904年發表的一篇提倡白話報的文章中，就提出了「文學進化」的觀點。這篇文章開宗明義先表明「白話報者，文明普及之本也」，接下來就討論文學由文言到白話的演化。作者引用一個叫澀江保寫的羅馬文學史，認為中國文學的進

171《四十自述》，頁66-67。

172 同前注，頁392-393。

173《四十自述》，頁67。

174《文存》（一），頁687-692。

化和羅馬文學的發展相同，都是韻文完備後有散文，史詩工善後
有戲曲。宋以下，「文詞益淺，而儒家之語錄以興。元代以來，
復盛行詞曲，此皆語言文字合一之漸也，故小說之體即由是而
興。」作者並認為水滸傳、三國演義等書，實在是白話報和歷史
傳記的先導。這種一步一步的演變，正是「進化之公理」。[175] 這些
看法和胡適在〈歷史的文學觀念論〉中的議論相比，已經可以說
是規模粗具了。

　　而在另一篇文章中，作者有感於官話報既不普及，又不易了
解，而提出了「國文」與「國語」統一的要求。[176] 這篇文章在這
方面的論述雖然籠統、簡略，但說它已經有了一點「國語的文
學，文學的國語」的意思，應不為過。

　　除了這些例子，前文中提到的許多白話報激烈抨擊當政者的
作風和它們的啟蒙性格，以及許多白話論述中強烈批評傳統習俗
的文字，也已經和五四反宗教、反傳統、反權威與提倡啟蒙的幾
個重要主旨前後輝映。

　　上面的論述，應該已經把五四和清末白話的傳承、延續關係
闡釋得相當清楚。但這裡必須特別強調的是，說五四白話和清末
白話有明晰可察的傳承、延續關係，卻並不表示這兩個時期的白
話運動是相同的東西。我們如果把清末的白話比成樹苗，五四的
白話文就應該是枝葉扶疏的大樹了。大樹雖由樹苗衍生出來，但
卻不表示大樹和樹苗是一個東西。事實上，五四的白話文運動和
清末的白話發展確實有著重大的差異。胡適，正是造成這種差異
的主要因素之一。

175〈論白話報與中國前途之關係〉，《警鐘日報》，1904.4.25。
176〈祝京津各日報〉，《大公報》，1910.5.9。

在這篇文章的開頭，曾經提到胡適對清末白話文的發展有相當的了解。但基本上，他認為這個時候的白話運動有兩個重大的缺點：一是「白話的採用，仍舊是無意的、隨便的，並不是有意的」。相形之下，民國六年的文學革命則是一種有意的主張。[177] 在另外一個地方，他對這種看法稍加修正，認為前此提倡白話文的人，是「有意的主張白話」，但卻不曾「有意的主張白話文學」。[178] 第二個缺點是清末提倡白話的人，還存有「我們」、「他們」的心理。[179]「他們」應該用白話，我們則繼續作古文古詩。「我們不妨依舊吃肉，但他們下等社會不配吃肉，只好拋塊骨頭給他們吃去罷！」[180] 上等的士大夫明知道白話文可以作「開通民智」的工具，可是自己卻瞧不起白話文，認為白話只能用於無知的百姓，而不可用於上流社會。他們依然「迷戀著古文字的殘骸」，繼續認漢字，唸八股，作古文，而另外作一些白話、字母、拼音文字給下等人使用。[181]

胡適所指陳的這兩個缺點，大體上指出了清末白話文運動的特色或不足之處，這裡打算進一步加以引申。如前所述，清末提倡白話的原因最主要的是為了啟蒙救亡，對象則以下層社會為準。也有一些人主張藉白話來開發「中下等社會」，但基本上，仍然以下等人為最大的訴求對象。這從當時白話文在風格上與傳統的說書或是善書、聖諭廣訓之類的文字有許多類同之處可以看出。[182]

177《文存》（二），頁183。

178 同前注，頁246。

179《小史》，頁15。

180《文存》（二），頁246。

181《小史》，頁16-17。

182 有關明末善書的流行和明中葉以後白話的各種太祖「聖諭六言」的解釋及清

不過另外一方面，前面已提到，這個時候也有不少文章有意無意
的以上等社會或受過不少教育的人為對象，而它們實際的讀者中
也有不少是思想前進的學生、老師一類的知識分子。[183] 很顯然
地，某些白話報刊已經成為宣傳新思想、新知識的主要媒介。由
這裡我們可以明顯地看出清末白話的過渡性質。這種過渡不僅顯
現在它的內容、風格和表現手法上，也表現在讀者的身分上。胡
適說這個時期的白話作者仍然存在著「我們」、「他們」的分別，
固然大體不差，但我們也要注意到清末白話逐漸向「中等社會」
乃至「上等社會」移動的現象，特別是對有新視野的知識分子的
影響，更值得重視。

就第二點而言，胡適說清末在白話的使用上依舊是無意的、
隨便的，而缺少「有意的主張」，可以說是大錯特錯。但他又說
他們只是「有意的主張白話」而不曾「有意的主張白話文學」，
則是值得玩味的解釋。清末白話因為以下等人為主要對象，目的
在為他們「說法」、「開智」，所以多半只是想怎麼樣用最簡單的
表達方式把意思傳達清楚。為了遷就對象、為了達到他們最關懷
的目的，這些文字往往「質勝於文」，流為說書或傳統勸戒文字
的窠臼中。用這種未經刻意琢磨、修飾、精鍊的文字而想贏得講

代白話聖諭的各種版本流通情形，見酒井中夫，《中國善書的研究》（東京：
圖書刊行會，1973），頁45-57。

183 這些思想前進的知識分子喜歡讀白話報刊，當然和這些報刊的「開明」、「進
步」作風有關。有一個報導說1904年某處會試，出了一道美禁華工的題目，
某號中全號的舉子都不知出處。剛好在考試前，有人分送紹興白話報而其中
剛好有此事的報導，一個應試者於是將自己攜帶的那份報紙拿出來供全號的
人索觀。這個有趣的插曲就很典型的說明了白話報的進步性。見《警鐘日
報》，1904.5.18。

求詩章，長久接受文字訓練的傳統讀書人的青睞，在科舉沒有廢除，傳統的秩序仍然沒有完全解體的年代，其困難是可以想像的。要他們為下等人寫一些俚俗的宣傳文字當然可以，但要他們「盡廢古書，改行用土語為文字」，[184] 卻是抵死難從。林琴南在清末的時候寫了不少白話文，[185] 但對胡適等人的文學革命主張卻聲嘶力竭地痛加撻伐，可以說是最戲劇性地透露出箇中癥結。

　　胡適提出的革命十字真言「國語的文學，文學的國語」，乍看之下，實在模糊難解，但如果放在這樣的脈絡下來看，就可以很容易地看出他的命意所在。清末的白話講求的只是把文字作為載道的工具，胡適卻知道只載道，而不對文字本身加以精鍊，是無法取得上層社會認同的。他在介紹歐洲的文藝復興時，特別提到各國國語復興的過程，本來在「中古之歐洲，各國皆有其土語，而無有文學」，一直等到但丁等人用義大利文創造了一些偉大的文學作品後，本來是地方方言的義大利文才取代了拉丁文，成為通行的國語。其他各國的情形也類似。[186] 而在中國，水滸傳、西遊記、紅樓夢、儒林外史等正是和但丁等人用土語、方言創造出偉大的文學作品一樣，是建設白話成為新的中國語的過程中，必不可缺的寶藏。清末的白話用來載道固不成問題，要用來言志，表達複雜的人生感情，卻是力有未逮。這就是為什麼提倡白話文學的原因了。

　　白話必須加以鍛鍊，讓它足以用來創造文學作品，這樣白話才能夠成為眾人皆愛的文字（國語）這一層意思，胡適在1916年

184　林紓，〈致蔡鶴卿太史書〉，收於林的《畏廬三集》，頁672。
185　見包天笑，前引書，頁168。
186　《日記》（四），頁1152-1155。

7月寫給梅光迪的一首白話詩中已經可以窺見端倪。這首詩是這麼寫的：[187]

今我苦口嘵舌，算來卻是為何？

正要求今日的文學大家，

把那些活活潑潑的白話，

拿來「鍛鍊」……拿來琢磨，

拿來作文演說，作曲作歌──

出幾個白話的囂俄，和幾個白話的東坡

而他在用自話寫小說、詞曲、演說的主張得到論敵梅光迪、任叔永的大致認可後，[188] 還緊追不捨，堅持要用白話作詩，以搶奪下白話文學這場戰爭中的最大壁壘，分析到最後，還是因為詩畢竟是文字最精純的結晶，是文學藝術的極致表現。詩這個用以言志的戰場可以攻下，白話文的成功才可以得到終極的保障。

　　所以胡適對五四白話文運動的最大貢獻，就在他把清末已經蓬勃發展的白話文重新定位，將它的對象從下等社會或中下等社會，擴及到每個層面；將它的使用者從「都下引車賣漿之徒」提升到大學教授和文學、藝術殿堂的守衛者。用他自己的話來說，「白話並不單是『開通民智』的工具，白話乃是創造中國文學的唯一工具，白話不是只配拋給狗吃的一塊骨頭，乃是我們全國人都該賞識的一件好寶貝。」[189] 清末仍然帶有泥土味的白話在胡適的

187 同前注，頁973。

188《小史》，頁60-61。

189《文存》（二），頁246。

往復辯難和大力提倡下，終於升堂入室，發展到一個新的境地。

從這個角度來看，胡適在他晚年的自述中說，對五四時期的「新文化運動」或「新思想運動」，他寧願用「文藝復興」這個名辭來指稱，是完全可以理解的。他雖然知道文藝復興的涵義甚廣，帶來了「新文學、新文藝、新科學、新宗教」，但他更重視的無寧是「文藝」這兩個字一般性和最明顯的意思：文學與藝術。他在提到「新潮社」的成員可能受到他的影響，而把整個五四運動叫做「文藝復興」之後，接著說：[190]

> 更具體的說，他們都清晰地看到歐洲文藝復興時期對新語言、新文字、新（文化交通）工具——也就是新的自我表達的工具之需要，雖然當時中國的（新文化）運動尚未涉及藝術，而文學革命對這批成熟的北大學生來說，也已經是雙方極其相同之點的一環了。這實在是徹頭徹尾的文藝復興運動，是一項對一千多年來所逐漸發展的白話故事、小說、戲劇、歌曲等等活文學之提倡和復興的有意識的認可。

這段晚年的自白，確切無疑地說明了胡適是如何看他所領導的五四白話文運動。[191]

---

[190] 唐德剛，《胡適口述自傳》（台北：傳記文學出版社，1983），頁174-175。

[191] 胡適在留美時期，對文藝復興的看法則不太相同，認為「文藝復興」幾個字並不足以道盡歐洲15、16世紀歷史的精神和發展。因此他主張用「再生時代」來代替，見《日記》（四），頁1151。Grieder教授對這個「再生」的意義特別強調，並對五四時期「再生」一辭的意涵有相當精闢的分析。他還對「文藝復興」、「啟蒙運動」這兩個辭彙在中國和歐洲所代表的意義的「異同」有詳備的討論，見 Jerome B. Grieder, *Hu Shih and the Chinese Renaissance:*

　　「時勢造英雄，英雄造時勢」這個成語用在胡適與白話文運動的發展上，是再恰當不過了。如果沒有1900年代開始的白話文運動，如果不是因為在他提出「文學革命」的口號前十幾年，白話文已經有長足的發展，使一般人的心理上已經有了相當程度的準備、了解，我們很難想像胡適的主張是否能一舉中的，並讓他「暴得大名」。更重要的，如果不是因為白話已經漸漸成為當時前進，有變革意願的知識分子採行的工具（雖然只是工具之一，白話的創品並為這些人所接受、所喜愛，如果不是有這股強烈的啟蒙風潮讓胡適、陳獨秀等未來的「文變」領袖在其中浸淫、成長，如果不是有那麼多的園地，可以讓他們來試煉這個工具，那麼不用說這個工具是不是會在不斷的試煉後漸趨鋒利，我們甚至根本懷疑胡適會不會生出用白話寫文章的念頭，更不用說「文學革命」了。換句話說，如果不是在清末這個特殊的環境、土壤中成長，並身與其役，我們懷疑胡適白話文學的念頭會有萌芽、茁壯的可能。

　　但另一方面，如果不是因為胡適思想個性有一種「一視同仁」的激進傾向，那麼即使有廢除科舉，推翻帝制這些客觀因素的助力，[192]我們也很難想像白話文運動會在五四時期取得那麼重大的成就。這個「一視同仁」的態度加上他「截斷眾流」的勇氣等因素，使他寫的《中國哲學史大綱》在當時的學術界引起了強烈的震撼，並為中國的學術思想研究建立了新的典範。[193]同樣一

　　Liberalism in the Chinese Revolution 1917-1937（Cambridge: Harvard University Press, 1970），pp. 314-319.

[192] 胡適對這幾個原因和文學革命成功的關係，有所分析，見《小史》，頁19-20。

[193] 詳細的討論見余英時〈《中國哲學史大綱》與史學革命〉，收於《中國近代思想史上的胡適》（新北：聯經出版公司，1984），頁77-91。

個「一視同仁」的態度，使他無視於當時學術界對今古文的激烈
爭辯，把它們和一個字、一首歌同樣當成歷史的史料和國學研究
的一部分，因而對「新史學」的出現，做了奠基鋪路的工作。[194]
也是這個「一視同仁」的態度，讓他把清末以來的白話文運動逼
上了梁山。上等社會用的文字和下等社會用的文字的區別，因此
而泯滅。同樣的，俗文學和廟堂文學的差異也是不該存在的。工
具只有一種，就是白話。文學革命的目的，一言以蔽之，就是要
「把白話建立為一切文學的唯一工具」。[195]

　　余英時先生認為胡適的聲名和他在中國思想史上的地位之所
以能夠確立，除了他在西學和白話文學上的成就外，他在國故
學、考據學等上層文化中的表現和引發的衝擊，也同樣重要。文
學革命的主張雖然讓胡適「暴得大名」，但如果他的成就只及於
通俗文化層次的白話文，他的影響力將是相當有限的。[196]這個透
徹有力的分析，可以說是一針見血。事實上，這套雅俗、上下的
觀念用來解釋胡適在白話運動中的貢獻，也同樣有效力。在他的
努力下，白話再也不是判斷雅俗、上下的準繩。一些傳統的白話
小說被奉為「文學正宗」，通俗文化被提升到和上層文化等同的
地位；[197]一個嶄新的文學世界也於焉誕生。

---

194 參見拙著，〈胡適與整理國政——兼論胡適對中國傳統的態度〉，《食貨月
　　刊》，卷15，第5-6期（1985），頁69-70。

195《小史》，頁12。

196 余英時，《中國近代思想史上的胡適》，頁29-42。

197 同前注，頁30。

附錄一

社會史與文化史
西方視野與中國觀點

一、

　　中國當代史學的發展，在1949年隨著中共新政權的建立，而
進入了一個新的階段。一方面，就像新政權所立基的馬列思想一
樣，新的史學似乎引入了新一波，最前進、最國際化的理論潮
流；另一方面，就像中共所不斷強調的民族特色或具有中國特色
的社會主義一樣，新一波的史學發展，其實有相當長一段時間，
是與西方複雜多端的理論、思潮斷絕聯繫。在教條化、僵固化的
趨向下，中國的史學界固然發展出一些具有中國特色的課題（如
16世紀以降的資本主義萌芽、中國的封建社會、中國的啟蒙思想
等），但相較於1950年代以降，西方史學界的蓬勃、多元發展，
中國學者的中國史研究，卻因為其閉關自守，而缺少了推陳出新
的氣象與能力。

　　這種因為畫地自限而缺少創新能力的現象，在中國社會史的
研究上可以明顯地看出。我之所以特別選擇中國社會史作為切入
點，一方面固然是基於實際的專業考量，一方面則是因為社會史
在1950年代既是中國史學的主流，也是西方史學及西方中國史研
究的主要典範。西方的社會史研究在馬克思主義等思潮的影響
下，對傳統偏重少數政治人物和政治制度的政治史研究提出批
判，將研究重點移向下層群眾和所謂的整體歷史。中國的社會史
研究，同樣受到馬克思主義的影響，對下層群眾寄予無限的同
情。但很明顯地，中國社會史在1950年代以後，有幾十年的時
間，因為將理論的重心侷限在馬克思主義，特別是所謂的「庸俗
的馬克思主義」一個據點，再加上森嚴的政治、思想管控，讓它
的發展受到極大的限制。

　　在這篇文章中，我將介紹幾本在美國漢學界的中國社會史研

究中，具有典範意義的作品，分析這些論著的特色及其背後的理論意涵與影響，進一步，我將指出這幾本社會史專著中，逐漸向文化史移動的痕跡，最後，我將試圖用我自己這幾年在中國各地考察的經驗以及我自己的研究心得，來討論一下我們可以發展出什麼樣與西方學者不同的視野，為中國社會史與文化史的研究，增添一些新的圖貌。

二、

　　Philip kuhn（孔復禮）的 *Rebellion and Its Enemies in Late Imperial China: Militarization and Social Structure*（Harvard University Press, 1970）（《中華帝國晚期的叛亂及其敵人：1976-1864年的軍事化與社會結構》）[1] 在1970年出版後，受到西方學術界極高的評價，Paul Cohen認為 此書在相當大的程度上，跳脫了傳統／近代的思想模式，（頁159）代表了一種新的趨向，即「從中國，而不是從西方著手來研究中國歷史，並儘量採取內部的（即中國的），而不是外部的（即西方的）準繩來決定中國歷史哪些現象具有歷史重要性」（頁165）。

　　事實上，美國漢學把眼光移開中國內部和基層社會的，並不始於Philip Kuhn，從1950年代開始，第一批移民往美國的華裔學者，包括蕭公權、何炳棣、張仲禮等人，在各自的著作 *Rural China: Imperial Control in the Nineteenth Century*（Seattle:. University of Washington Press, 1960）、*The Ladder of Success in Imperial China: Aspects of Social Mobility, 1368-1911*（New York:

1　我用的中譯本由謝亮生、楊品泉、謝思煒合譯（台北：時英出版社，2004）。

Columbia University Press, 1962）、*The Chinese Gentry: Studies on their Role in Nineteenth-century Chinese Society*（Seattle: University of Washington Press, 1955）中，早已經從中國的地方社會及士紳在其中所扮演的角度，做了發凡奠基的工作。杜贊奇（Duara Prasenjit）並引用 Philip Kuhn 及 Susan Mann 的看法，簡要地為蕭、何、張等人所代表的「鄉紳社會」（gentry society）的典範，作了一個學術史的定位，認為他們糾正了馬克思及韋伯以及第一代西方史家對中國國家與社會關係的錯誤看法。[2]孔復禮很明顯地是在這些中國學者及其他一些日本學者奠定的基礎上，推展他個人的研究，但值得重視的是，作為美國中國研究者費正清（John King Fairbank）第一代學生中最傑出的代表人物，孔復禮的這一本著作確實代表了研究典範和研究取徑的轉移。這個轉移，我們固然可以像 Cohen 一樣，視為對費正清所開啟的現代化的典範的挑戰，但換一個角度來看，其實也和西方整個學術界從 1950 年代以後，對政治、外交史的反動息息相關。

　　就像何炳棣利用社會科學家的「社會流動」的概念來研究明清士紳一樣，孔復禮的分析模式，很明顯地可以看出社會史家所受的社會科學的影響。知名的英國馬克思主義學者 Eric Hobsbawn 在 1971 年所寫的一篇文章 "From Social History to the History of Society" 中，很清楚地指出從 1950 年代開始，社會史就已經強烈地受到社會科學的影響，這些影響一方面來自社會科學專業化的

2　Prasenjit Duara, *Culture, Power, and the State: Rural North China, 1900-1942* （Stanford: Stanford University Press, 1988）, pp. 38-39。中譯本參見王福明譯，《文化、權力與國家：1900-1942 年的華北農村》（南京：江蘇人民出版社，1994）。

結構（例如，大學生都必修一些社會科會方面課程）、方法及技巧，同時也來自他們研究的問題。[3]更具體一點說，「社會史是要注意社會結構的持續及變遷」、「社會的歷史是研究確定單位的人群」「社會的歷史指的是人類社會，或是某種型態的社會或社會關係（例如「中產階級」或「遊牧」社會，或者把人類發展的一般趨向作為整體來考慮）。[4]

　　而孔復禮的第一本專著，書名中就清楚地標舉出「社會結構」一辭，在探討國家民兵的起源府兵制時，也無巧不巧地討論到府兵制和北方遊牧民族的關係。而書中的副標題的另一半「1796-1964年的軍事化」則明顯地顯示出作者其實是要處理中國近代歷史上一個重要的整體趨向。兩個來自不同學術傳統，研究主題也不相同的學者，彼此之間會有這些類同之處，當然不是偶然的巧合，背後其實反映了社會史在當時西方史學界的主流地位，研究中國史的西方學者自然不能自外於這股學術潮流，而在他們的專門研究中，有意無意地反映了整個時代的脈動。

　　在《中華帝國晚期的叛亂及其敵人》一書中，我們雖然看到各個階層的士紳和武將，在不同的領域和軍事活動中扮演重要的角色，但全書中最讓人印象深刻的，卻無寧是作者對組織、結構的分析描述。作者詳細地介紹了晚清保甲、團練組織的淵源和演變，並進一步分析了1850年左右，各個地方團練的基本型態和層級：從單一村落為主體的「小團」到二十個，甚至更多村落組成

3　原文發表於Daedulus 1971年冬季號，我用的是中文譯本，霍布士班著，康樂譯，〈從社會史到社會的歷史〉，收於康樂、黃進興主編，《歷史學與社會科學》（台北：華世出版社，1981），頁104。

4　同前注，頁109。

的「複合團」（或稱「大團」），再到一個或更多的複合團組成的「擴大的複合團」，一層一層非人格性的組織、結構，成為晚清集體活動——不論是叛亂軍的起義或中央政府的鎮壓——的根本動源。在中國史學中以個別戰役、活動的細節、敵對雙方的領導人物的細瑣的事實描述為最大特色的史實紀敘，至此轉而以非人格性的結構、組織為推動歷史發展的主要承載體。換句話說，在同時期中國史學中，依然偏向政治史、軍事史的研究途徑，在西方同僚手中，被轉化成一種典型的社會史的取徑。

孔復禮企圖建立一套詮釋模式與理論的雄心，在他進一步將團體的地方自衛組織型態和家族及市場的組織相結合的努力中，更清晰地彰顯出來。在這本書中，他巧妙地將地方自衛武力的層層結構和施堅雅（William Skinner）的集市體系理論和人類學者佛利德曼（Maurice Freedman）的中國民族的階層式組織聯合在一起，試圖在中國基層社會的幾個重要組織框架——家族、市場、武裝團體間，建立某些呼應、聯繫。這個企圖抓住地方社會的基本規律或組織框架的努力，顯然和當時許多中國同僚對歷史細節的關注，有極大的區別。

在孔復禮對基層社會的結構和叛亂活動的開拓性研究之後，裴宜理（Elizabeth Perry）關於捻亂的研究 *Rebels and Revolutionaries in North China, 1845-1945*（Stanford: Stanford University Press, 1980），將中國基層的暴力活動，帶入另一個視野。孔復禮在他的書評中，對裴宜理此書的成就讚譽備至，認為是「近年代中國學術研究中最好的社會史論著之一」。儘管這本書無所不在的理性主義和功能主義的論調讓孔復禮略感不安，但他卻認為這本在時間上跨越19、20世紀，在課題上從傳統的捻亂、紅槍會到近代的共產黨革命活動的論著顯示了作者處理重大課題的一流史家的

才能。從孔復禮的析論中，我們其實也可以看出裴宜理的著作中除了極強的理性主義和功能主義色彩外，她還處理了一個孔復禮在自己第一本專書中還不曾觸及的課題：民間信仰與宗教。裴宜理對紅槍會中神明附身的儀式所作的記敘解釋──「紅槍會的儀式和信仰，許多雖然看起來詭異，主要的目的卻在支撐社群的防禦」。（頁195）「對一個運動的成員，如此明鮮地來自各階層而言，這些儀式特別有用。」（頁196）──在孔復禮看來，和傳統士紳的看法──宗教與儀式，是領導者用來動員群眾的工具相似，在孔復禮看來，價值系統和以村落為基礎的軍事化傾向間的互動，遠比我們所知道的複雜。[5] 裴宜理的解釋也許仍有所不足，但這個向「民間文化」的轉折，就像Susan Naquin 1976年對八卦教的研究[6]一樣，為千年至福，刀槍不入，神明附身與民眾叛亂的關係，帶來了一個新的視野。原來對人格的組織、結構、市場的研究，至此已添加入了一層文化的因素。

　　但除了價值、信仰、儀式這個添加物外，裴宜理此處的創新之處，在於她導入另一個近代西方史學研究的重要典範：以年鑑學派，特別是布羅岱爾（Ferdinand Braudel）為代表的生態地理學研究，裴宜理讓她的人物──不管是捻軍、紅槍隊還是共產黨──都活在一個大的舞台之上。這個大舞台就是因為天災不斷，而成為千年盜賊淵藪的淮北地區。

　　根據裴宜理在本書序言裡的描述，她原來希望從思想傳統的取徑著手，試圖找出一個長期存在的叛亂傳統，為傳統的白蓮教

5　Philip Kuhn的書評，見*Pacific Affairs*, 1981, pp. 513-515。

6　Susan Naquin, *Millenarian Rebellion in China: The Eight Trigrams Uprising of 1813*（New Haven: Yale University Press）, 1976.

和共產革命之間，建立聯繫。但在仔細翻閱史料後，卻發現其實並不存在這個長期不斷的叛亂的思想傳統——在中國許多地區，叛亂常常是為了惡劣的地理環境和生存條件，所作出的一個「合理的選擇」。

相較於中國的同行，對叛亂活動和細節的重視，裴宜理用了許多篇幅來描述淮北地區的生態環境、自然災害、過去的叛亂歷史、農民的生存條件和政府不聞不問的政策取向。在這一層一層的鋪陳之後，叛亂自然而然地成為她所說的合理的抉擇。由於這種研究取徑的原創性，下文打算用較長的篇幅，將裴宜理所搭建的舞台和背景，作一番摘述。[7]

在裴宜理的捻亂之外，周錫瑞（Joseph Esherick）的《義和團運動的起源》（*The Origins of the Boxer Uprising*, Berkeley: University of California Press, 1987），是一另從生態學和地理環境的角度出發，研究大模民眾叛亂活動的代表作品。就像孔復禮的書一樣，施堅雅的理論（在此處是地理區劃及中心／邊緣）明顯可見，甚至更為強烈、直接。

周錫瑞根據施堅雅將中國分為八（九）個鉅區（macroregion）的理論，略加修正，將山東全省分為膠東半島、濟南昌邑一帶、魯南山區、濟寧和魯西南、魯西北等六個區域。再進一步，根據每平方公里的人口數、產量指數、出租土地、非農戶的百分比、災重指數及每5萬人中的舉人數等六項指標，來判斷六個地區的城市化、商業化和教化的程度，這種利用量化的指標來考察區域間異同的作法，相當符合七十年代社會史盛行時，力圖將史家變

7　我此處用的是池子華、劉平的譯本，《華北的叛亂者與革命者，1845-1945》（北京：商務印書館，2007）。

成一種科學的根本精神。

　　根據這個量表和一些具體的描述，周錫瑞得出的結論是膠東半島和濟南昌邑一帶這兩個區域，是山東省經濟最發達的地區，同時也是政治上的重心。[8]相形之下，魯南山區，作為長江下游邊緣地區的角色則相當清楚。但全書真正的重點，則是在魯西南和魯西北兩個區。魯西南天災的次數是濟寧的2倍，盜匪是濟寧的3倍，舉人數則是濟寧的四分之一，每5萬人中只有0.81個，是山東士紳最少的地區。歙州更以盛產土匪為名，是水滸傳草莽英雄的老巢。[9]

　　義和團運動的中心魯西北平原，是六個區中面積最大人口最稠密的地區，人口密度每平方公里達250人，其中93%是農民，是山東省最純粹的農業地區，但糧食平均產量卻是全省最低。和裴宜理描寫的淮北地區類此，魯西北因為黃河改道，天災不斷，其他河流也常常泛濫，水災和旱災頻繁。[10]

　　19世紀末，一位美國傳教士醫生經過了義和團運動的中心地平原縣，對殘破、貧窮的村莊，作了如下帶有偏見的描述：

　　　我們現在穿過一片平原，那裡的人口照樣稠密。大約每隔一英里就有一個村莊，村裡有土坯房，屋頂用麥秸或蘆葦蓋成。這些村莊大都有久經風雨的土圍墻，有的甚至還有門樓和笨重的大門。村裡有樹，但曠野上卻根本沒有任何樹木或

8　周錫瑞書，張俊義、王棟譯，《義和團運動的起源》（南京：江蘇人民出版社，1994），頁11-12。

9　同前注，頁15。

10　同前注，頁15-21。

灌木，每一寸可利用的土地上都種著穀物。這些沉悶的現象
令我很想家。到處都是骯髒、行將坍塌的土坯房，一些過年
時糊的褪了色的紅對聯依然殘缺不全地留在破敗的門洞上。[11]

就在這片令人昏睡的沉悶土地上，刀鎗不入，神明附體的幻
術，打破了華北農村平坦、單調，甚至令人絕望的循環和桎梏。
周錫瑞冷靜、長型焦距的「科學式」剖析，也一步步地迫近，利
用一個典型的紀爾茲（Clifford Geertz）式的探索意義的手法，為
荒謬、怪誕的民間信仰和宗教儀式，作了最同情的詮釋。年鑑式
的生態／環境取徑，科學化的數據分析，左派的反帝國主義立場
再加上對大眾文化同情的解析，讓周錫瑞的這本著作成為另一本
西方學者中國社會史研究的典範作品。

如果我們接受Peter Burke的說法，把「大眾文化」的研究劃
入「文化史」的範疇，[12]那麼周錫瑞的義和團研究顯然已經有了很
強的「文化史」的氣息。我們知道，「新文化史」的研究，在
1980年代開始成為一項顯學，並且一度把「社會史」當作批判的
主要對象。放在這個大的學術史脈絡下來看，周錫瑞在1987年出
版的義和團研究，攫取了某些文化史研究的課題，其實是有跡可
尋，並不讓人意外。放在同樣一個文化史與社會史爭雄的學術史
脈絡來看，杜贊奇（Prasenjit Duara），*Culture, Power and the
State: Rural North China, 1900-1942*（Stanford: Stanford University
Press, 1988）的文化史取向，尤足耐人尋味。

11　同前注，頁1-2。

12　見Peter Burke, What is Cultural History?（Cambridge, U.K. Malden, Mass.: Polity
　　Press, 2004），pp. 27-28。

　　首先，和他的老師孔復禮的第一本專著一樣，杜贊奇在全書的破題，就已經充分反映出時代學術潮流的影響，唯一不同的是：孔復禮在書的標題中用了「社會結構」，杜贊奇則是用了「文化」一辭。在文化史興起的過程中，「文化」一辭就像之前的「社會」一樣，變成了一個神祕、無所不包的萬能用語。[13] 杜贊奇全書的標題一開始就用了「文化」一辭，恰足以反映時代的影響。更進一步，從全書中所建立的兩個核心理論——「國家內捲化」（state involution）和「權力的文化網絡」（the cultural nexus of power）——我們更可以看出文化理論及文化史的研究。

　　「國家內捲化」主要是要指出，20世紀中國的國家在現代化過程雖然扮演越來越多的角色，建立了更多現代化的國家體制，但卻無助於社會的整體發展，反而加速了鄉村社會的解體。而根據杜贊奇自己的說法，「內捲化」這個概念是借自於知名人類學家紀爾茲，紀爾茲最早利用這一個概念來研究爪哇的水稻農業，根據紀爾茲的定義，「內捲化」是「指一種社會或文化模式在某一發展階段達到一種確定的形式後，便停滯不前，或無法轉化為另一種高級模式的現象」。[14] 我們都知道紀爾茲所提倡的「象徵人類學」對新文化史的研究影響至鉅，由此我們已不難看出杜贊奇受到「文化轉向」的影響。

　　而全書的另一個主要理論——「權力的文化網絡」——更清

13　相關的討論，見 William Sewell, *Logics of History: Social Theory and Social Transformation*（Chicage: University of Chicago Press, 2005）。我在〈從鄉村到城市：社會史和文化史視野下的城市生活研究〉一文中，有比較詳細的討論，收於《八方風來：復旦文史講堂之一》（北京：中華書局），頁205-230。

14　Peasengt Dwarc, p. 74，我這裡用的是王福明的譯本，《文化、權力與國家：1900-1942年的華北農村》（南京：江蘇人民出版社，1994），頁66。

楚地標示出作者的「文化取向」。我在前文中提到，從孔復禮到
周錫瑞都受到施堅雅關於市場體系和地理區劃理論的影響，但杜
贊奇卻對施堅雅市場體系的理論提出挑戰，而意圖用「文化」來
取代「市場」，對中國基層社會的運作模式，提出一套截然不同
的詮釋模式。根據杜贊奇自己的定義，「文化網絡由鄉村社會中
多種組織體系及塑造權力運作的各種規範構成，它包括在宗族、
市場等方面形成的等級組織或巢狀組織類型。」[15]杜贊奇雖然像孔
復禮及施堅雅一樣重視村莊社會的組織（不管是垂直的等級組織
或水平的巢狀組織），但他卻認為施堅雅的市場體系和中國村落
的社會結構並不完全重合，所以必須用一更複雜，涵蓋面更廣的
理論來取代之。[16]

在另一個地方，杜贊奇對他所使用的「文化」一辭的意涵作
了更進一步的說明：

> 「權力的文化網絡」中的「文化」一詞是指各種關係與組
> 織中的象徵與規範，這些象徵與規範包含著宗教信仰、相互
> 感情、親戚紐帶以及參加組織的眾人所承認并受其約束的是
> 非標準。這種象徵性價值賦予文化網絡一種受人尊敬的權
> 威，它反過來又激發人們的社會責任感、榮譽感──它與物
> 質利益既相區別又相聯繫──從而促使人們在文化網絡中追
> 求領導地位。[17]

15　同前注，頁13。
16　同前注，頁14-15。
17　同前注，頁20。

　　換句話說，雖然杜贊奇對結構、組織仍有極大的興趣，卻試圖用一種看似抽象的感覺（尊敬、責任、榮譽），取代具體，並帶有極強的經濟意涵的「市場」，作為根本的切入點，而此處所謂的「象徵」，不僅是紀爾茲「象徵人類學」的基本命意所在，也是另一位對文化史研究有重大影響的社會人類學家布爾迪厄（Pierre Bourdieu）的核心理論之一。

　　在全書的後記中，杜贊奇對「權力的文化網絡」這一概念的使命，作了更具野心的詮釋：

　　　我們需要創造的是一些兼容并包的新概念──這些概念能夠連接社會發展規律和歷史偶然性，能夠溝通上層文化與大眾文化，能夠將各個對立各方面調和起來而不使任何一方受損。安東尼·葛蘭西（Antonio Gramsci）的「文化霸權」和皮埃爾·布羅代爾（Pierre Bourdieu）的「習慣」均是這類概念中的很好事例。雖然這兩個概念調和了上層文化與大眾文化、結構與功能等對立面，但對研究某一特定文化細節的社會史學者來說，它們過于廣泛和抽象。確切地說，我們所需要的是能夠將我們觀念的普遍性與所研究的特殊文化相連接起來的概念。

　　　「權力的文化網絡」正是這樣一個起連結作用的概念。它是一位歷史學家在某種制度背景中記敘事件展開的方法與社會分析學家對我的發現而產生的、又通過不同社會──時間領域來指導我的假設不斷作出評判的長期互相影響的結果。

　　　「文化網絡」不僅彌補了中國學研究的方法論不足──將帝國政權、紳士文化與鄉民社會納入一個共同框架，并將權

力、統治等抽象概念與中國社會特有的文化體系連結起來。[18]

　　有趣的是，雖然這篇後記是以「社會史研究方法淺義」的標題為名，但上面的引文中不論是研究的課題（大眾文化）或引用的人物（葛蘭西及皮埃爾‧布羅代爾）（本文譯作布爾迪厄），其實都和新文化史有更密切的關係。杜贊奇這裡要做的是將在西方文化中所產生的他所謂的「過于廣泛和抽象」的觀念和他所研究的特殊文化體系連接在一起，並讓他所熟悉的細部的資料和廣泛的概念指導下產生密切的辯證關係。雖然表面上是以「社會史研究方法」之名入手，但杜贊奇所受的文化史的影響，卻比前文所舉的每一位社會大眾都來得更強烈，也為從文化史的視野切入中國鄉村社會，做了開拓性的工作。

　　作為西方中國社會史研究的傑出代表人物，Philip Kuhn的第二本專著 *Soulstealers: The Chinese Sorcery Scare of 1768*（Cambridge: Harvard University Press, 1990）〔中譯本由陳兼、劉昶譯，《叫魂：乾隆盛世的妖術大恐慌》，（台北：時英出版社，2000）〕，出版時間，上距他的第一本書，相隔了二十年。這二十年間，西方史學的發展，也歷經了翻天覆地的改變，文化史快速崛起，以社會史作為標靶，駸駸然有取而代之的態勢。以我個人的了解，孔飛力雖然對許多文化史研究的教條和口號抱持著不屑一顧的態度，但對紀爾茲的人類學研究，卻深有體悟，也許正因為這個原因，我們在《叫魂》一書中，其實看得出極強烈的文化史取向。我們都知道，紀爾茲的象徵人類學對西方文化史的研究，有極大的影響，在Robert Darnton的 *The Great Cat Massacre and Other*

18　同前注，頁247-248。

Episodes in French Cultural History（New York: Basic Books, 1984）
〔中譯本見羅伯·丹屯著，呂健忠譯，《貓大屠殺：法國文化史鉤
沉》（新北：聯經出版公司，2005）〕一書中，我們清楚地看出紀
爾茲的峇里島鬥雞的影子。如果我們了解到紀爾茲對1980、1990
年代西方文化史的深刻影響，那麼在《叫魂》中看出《貓大屠
殺》的影子，也就不足為奇了！

　　《叫魂》一書，講的是乾隆三十三年（1768）在杭州以北六
十多里的德清縣城，首先引爆的一件石匠叫魂案。類似的叫魂、
剪辮案，隨即在南方各地擴散開來，而引發出本書副標題所謂的
「乾隆盛世的妖術大恐慌」。和孔飛力在1960年代開始研究中國晚
清社會時不同的是，經過了二、三十年的發展，美國漢學早已跳
脫費正清的現代化及西力衝擊的典範，而對前現代（或更精確地
說，1840年以前）的中國社會累積了豐富的研究成果。《叫魂》
第2章中對乾降盛世的描寫，在極大程度上，可以看成美國學術
界對盛清帝國的研究的回顧與綜述。

　　在這個盛世帝國中，我們看到了全國性的整合市場、高度的
商業化、全國性的資訊網絡，我們也看到了人口的快速成長、米
價的上揚、白銀流入的急遽增加，以及因此衍生的各種社會問
題。在經濟擴張的同時，我們看到人口持續的向外與向下流動：
「移民與過客，商人與江湖騙子，僧人與進香者，扒手與乞丐，
壅塞在18世紀的道路上。人們外出旅行，有的是為了雄心勃勃的
事業，有的是基於獻身精神，有的則是出於絕望與無奈。」（陳
兼、劉昶，《叫魂：乾隆盛世的妖術大恐慌》，頁56。）而與叫魂
案有關的嫌疑人，多半是社會向下流動的過程中所產生的流浪
者。他們多半是一些來歷不明、沒有根基的陌生人，社會中對陌
生人的恐慌，很容易就與和尚、乞丐等邪魔外道的惑人妖術牽扯

在一起。最終爆發了一個延及十三省的群眾歇斯底里症。

　　雖然孔飛力在結論中藉由韋伯的專制權力和常規權力的理論，對乾隆與官僚的關係作了許多深入的分析，而讓原本是一個對下階層民眾的巫術信仰的小歷史式描述，一下子具備了更宏大的政治史與制度史的意涵，但全書核心部分關於叫魂、剪辮妖術的分析，卻和丹屯的《貓大屠殺》一樣，都對看似荒謬的行為背後一層一層的文化意涵，作了紀爾茲式的意義的詮釋，因而顯現出極強的文化史氣息。而對「恐懼」等飄忽不定的群眾感情的分析，純以研究課題而論，更足以讓本書躋入文化史的前沿作品之列。

三、

　　在社會史的理論預設中（不管是馬克思、韋伯或現代化理論），都蘊含著一個普世的日程，或一套以西方為中心的價值準則。這種硬套一套西方模式的研究取向，不論是在費正清所開啟的第一代美國中國研究或中國自己在1949年後所奉行的馬克思史學中，都可以明顯地看得出來。

　　但另一方面，社會史研究在實際的實踐過程當中，卻發展出一種反啟蒙、反單一標準的取向。透過對非主流、下階層民眾或邊緣性人物（如婦女、黑人、清教徒、勞工、罪犯）的研究，社會史家往往對人性提出不同的假設，並發展出對歧異、紛雜性的重視。這樣的取向和態度，又和文化史的根本主張，有不謀而合之處。

　　Paul Cohen 1980年代「在中國發現歷史」的呼籲，相當程度上，反映了整個西方及美國史學界對以西方為中心的啟蒙史觀的批判，而由他舉的例證來看，我們也確實看到像孔飛力等新一代

的美國中國社會史學家，嘗試著發展出以中國為中心的視野。

作為一個受過美國訓練的台灣歷史學家，我對近年來中國史學界陸續形成的中國視野觀或由中國人來詮釋中國歷史的論述，既能理解，也深表同情。但我想強調的是，西方學者對諸如視野、觀點之類的議題，不論在理論和實踐上都作過極深刻的省思，這些省思也反映在他們的實際著作中。我們似乎不宜簡單地從一種民族情緒的角度出發，低估了西方學者在中國研究上的貢獻，以及他們對中國社會、文化的理解。

不過作為一個深受美國中國研究啟發的台灣學者，我確實也感覺到西方的中國研究——特別是主流的社會史研究——似乎缺少了什麼東西。這份不足之感，隨著我自己研究方向的改變和這幾年在中國內陸、村落的考察，而日益清晰、突顯。簡單來說，我覺得美國的中國史研究，在過去半個多世紀，在社會史和鄉村研究上，貢獻良多，但在文化史和城市史上，卻明顯不足。過去的研究，在社會（村落）組織、民眾叛亂及非人格的力量與面向上，彌補了中國人自己研究的不足，但對個人的、生活的、感情的及文化的面向，卻較少關懷。對中國人生活中的色彩、聲音、溫熱，及中國文學、藝術經典作品中蘊含豐富的資源，也明顯地忽略。

事實上，西方中國學者也注意到將焦點集中在社會史及中國鄉村的研究範式的不足，而在過去十幾年間，出現了一股新的文化史研究風潮，將城市、日常生活乃至戲曲、飲食都納入中國史的研究中。如何利用我們在語言及對中國文化的感知能力上所具有的優勢，對中國人的生活、文化、美感經驗和傳統世界，作更深入而同情的理解，也許是我們這一代中國學者都必須面對的課題。

附錄二

從鄉村到城市

社會史和文化史視野下的城市生活研究

一、社會史和文化史的脈絡

　　我去年去了徽州，是一個完全喚醒的過程，去了六、七個村落，社會史的訓練完全被喚回來了。特別是到了那個汪口，有兩條路線，一條是從山路到村落，山路走到一半，我的同事突然說：山路下面有一個墓碑，我們去看了一下，是民國十六年（1927），我想也許是文革之後對國民黨幹部的報復。後來仔細看了一下墓碑的內容，並不是，講的是一個女人偷採了山裡的樹，後來給她一個嚴重的教訓，就把她的墓碑變成階梯，千人騎萬人跨。這個給人一種很強的感覺，就是中國村落的束縛力、制約力是這麼強，雖然我讀了中國各種組織、關於宗族的東西，對我來說當然是個非常大的啟發。但是那個啟發對於我過去兩年所有的田野經驗是有差距的。看了六、七個村落，我對中國社會史的傳統，開始有了更真切的體認。這些經驗，加深了我原有的疑問：我的研究其實是越來越偏向文學，與社會史越來越遠。

　　芝加哥大學的一位教授William H. Sewell曾用計量的方法研究法國社會史，研究馬賽、勞工，然後到了1970年代、1980年代有極強的文化史轉向。他雖然做的是這麼科學的計量與社會史，可他覺得這個問題非常強，他又轉向了文化史，中間不斷地省思，2005年他把過去寫的所有的作品都結集成書。

　　這是我今天第一個要講的部分：社會史與文化史的脈絡，也就是我剛剛講的，我希望把我所讀到的關於西方學者講中國社會史的這些研究，放在西方本身更廣大的學術的脈絡來看。而Sewell由社會史轉向文化史再轉回來社會史的這位法國史學家這本著作，給了我非常多的理論上的啟發，跟我過去兩年在中國大陸做的田野和文學性比較強的文化史跟城市，剛好是一個相當鮮

明的對比，我就想我要怎麼調和這個差異。

　　其實今天第一部分我想先來介紹社會史與文化史從1960年代在美國這兩個最主要的學術思潮，它們背後的演進過程。「社會」跟「文化」如果照傳統的講法都覺得這好像是天經地義的，就是在那個地方，所有文化史學家跟這個後現代最重要的就是給你另外一個超越的觀點讓你去檢討，這個觀念本身演變的歷史，它怎麼被創造出來，Sewell引用了另外一位在美國史丹佛大學非常有名的教授Keith Baker，學術地位非常崇高、專研法國大革命，他其實是非常激烈的後現代主義者，先前他的一本書叫《Inventing The French Revolution》，我沒有看過那本書，大概知道講的就是法國大革命是如何被建構出來的。

　　他還有一個貢獻是追溯了「社會」這個觀念是怎麼演變出來的，因為社會史本身是跟這個自然科學緊密牽扯在一起的，他就追溯「社會」這個詞的演變，在17世紀之前，「社會」原來的拉丁文意思是緊密的人際關係，就是兩三個人或是朋友，是非常Personal的關係，可是從17世紀下半葉開始，「社會」的觀念就開始變化，從17世紀到18世紀啟蒙運動最重要的是盧梭的契約觀，所以社會的觀念也開始慢慢地轉變，從原來指的只是兩三個人的關係，變成是講一個群體的關係，而這個群體很重要，它有一個前提，它是要對抗專制王權，所以社會從兩三個人的簡單的觀念變成群體（totality）的契約論，是一個整合的東西。而背後非常大的意涵「社會跟國家是對抗的」，是這些自由主義者用來對抗國家的。

　　社會這個詞原來只是很簡單的東西，而後來兩個世紀的發展過程中，它變成非常神祕的龐然大物，你真的去追究社會跟文化到底什麼意義，就是它是非常神祕有各種可能、無所不包的東

西。所以「社會」有不同的意涵，在18世紀它慢慢發展出這樣一個「社會對抗國家」的自由主義觀點。

到了馬克思主義所謂的社會或下階層人民的研究，他有非常強的道德意涵。1950年代之後，在西方出現的社會史的最根本的意涵「關懷下層社會」是一個重要的源頭。所以社會史處理的議題有幾個不同的源頭，一個是國家社會，這是自由主義者提出來的；一個是19世紀下半葉，馬克思主義對「社會」的解釋。

在過去20年整個社會史的發展受到社會學的影響非常大，而各位知道社會學的創始者是18世紀的孔德。孔德當然受到了聖·西蒙的影響，孔德創建社會學最重要的背景是自然科學已經發展到極端複雜，物理學開始出現、數學開始出現。到18世紀啟蒙哲學家就想到怎麼樣在人世間建立一套學問，可以像物理學、數學一樣精準地描寫我們這個社會。所以他慢慢地創建「社會學」這個名詞，社會學原來作為最根本的性質是要去模仿自然科學。

整個社會學從創建之初，目標就是建立一套像自然科學這麼精準，可以用法則來解釋人世現象的學問，這對50年代社會史發展有極強的影響。所以我們仔細去回顧過去幾十年各位所熟悉的社會史研究，不管是在中國大陸還是在西方，有幾個重要的影響，在中國大陸或是在英國，其實馬克思主義是最大的影響。而所有馬克思主義影響下的社會史學，就是要追尋基本的律則，跟自然科學一樣。

哈佛大學Theda Skocpol在其最傑出的作品《國家與社會革命》（*States and Social Rovolutions*）中，她對歷史表現出相當的同情。對於社會科學家來說，人文學科是不值一顧的。因為人文學科整個運作中的自由，歷史或文學或是藝術，它完全是違背了自然科學精神。它不追求律則，而追求個體性。

　　她在導言裡特別反駁所有過去對革命的，不管是從意識形態，從文化，從宣傳，從心理層次去解釋，她覺得都是錯的。革命不是這樣的，革命的背後一定有一套不變的性質，特別就是三大革命，現在她是哈佛頂尖的女性社會主義的代表。

　　從1950年代到1970年代，社會史是西方學界一個最主要的史學學派，就是要反對以前的政治史的研究，要開始做下層。

二、社會史學家的文化轉向

　　到了1970年代有一個極強的反動，就是所謂的「文化轉向」，其中最重要的代表就是人類學，而人類學的代表當然就是Clifford Geertz。這些人最重要的貢獻就是把文化的概念提出來了。從1970年代文化轉向之後，在人文科學或整個社會科學特別是在歷史科學裡面，文化基本上取代了科學這個範疇。可是文化這個概念基本上和社會一樣，是非常神祕的，有各種不同的解釋。而最根本的前提就是要反駁這些社會史學家極強的自然科學或所謂實證主義的傾向，他把文化抬舉到最重要的位置，覺得真正建構人類經驗的不是一些普遍的社會歷程，而是所謂的一種「文化」。

　　Geertz有一個重要的論證，在人的世界裡，文化是一種程式化，就是人除了有一些動物的本能，這些基本的程式決定你一生的行為。

　　另外，我覺得非常重要的就是民族志，這是社會史學家其實非常了解的。這也是我過去兩年不管是在做中國城市、做中國社會，我一直在重讀Geertz。

三、文化史研究

社會史充滿了道德的內涵在裡面。這時在道德上會覺得不安，你完全沉浸在美學的經驗裡，可是美學經驗或它所建構的中國城市的回憶是假的嗎？

社會史處理民眾、處理下層那是一個重大的發現。社會史學家是一個極大的進步，發現這個邊緣的下層社會。可是社會史學家原來議題裡面其實是沒有女性的，到了文化史學家他來告訴你，你們所有白人、所有統治者建構起來的歷史，是你們自己建構的歷史，還有一大群人因為你們所建立的範疇（像陰陽、像天地，或者像國家，或是三綱五常）而犧牲掉，這些範疇後來人看起來都是那麼天經地義，可是文化史學家最大的貢獻就是跳出來，告訴你，這些東西是有生命的。就像我講的社會的觀念，它是演進的觀念，它背後有不同的，跟權力、跟什麼不同的結合。所以這些都可能是建構出來的，這是極端的文化史的發展。

四、社會史視野下的鄉村

西方研究裡面除了士紳社會這個典範之外，另外一個讓我覺得非常震撼的，就是民眾叛亂。簡單地舉幾個例子，一個是周錫瑞的義和團，另一個是裴宜理（Elizabeth Perry）做的撚亂。

Perry在書的序言裡面講，她原來想這個地方不斷地發生叛亂，一定是有一個結構性的或是有一個傳統的存在，她在沒有看檔案前先假設，這背後是有一個思想的傳承在，是有一個叛亂的傳統，一個思想性的東西影響了這個地方。可她後來看了資料她修正，她覺得這個地方所以會變成千年盜賊的淵藪，陳勝、吳廣

起義是在這個地方，宋代的一些叛亂也是在這個地方，所以這個地方是一個千年盜賊的淵藪。她後來分析為什麼這個區域會變成一個千年盜賊的淵藪，她用了一個非常結構性的分析，就是生態環境。整個淮北是一個雞不生蛋，鳥不拉屎的地方，她分析得非常細緻，就是因為黃河、長江，或是淮水的不斷地改道，所以這個地方的土質是非常貧瘠的，這些人再努力就是種不出莊稼來。

我剛剛特別提到了在所有結構性的分析裡面沒有個人的因素在。長時間的結構是真正影響人的結構。其實Perry的研究可以很清楚地看到年鑑學派對她的影響，就是把這個大的舞台，大的生態環境，長時間不動的因素放在這個地方，她覺得這個地方的生態環境的結構性因素是造成這個地方之所以變成千年盜賊淵藪的最根本因素。

可是我覺得她分析得非常精彩的一點，她不是結構決定論的。她最大的貢獻是分析不同的團體，他們為什麼在這個同樣的環境之下會有不同的選擇，像紅槍會，跟撚亂就完全不一樣，撚亂是同一區域裡的民眾，有的選擇保家衛國，有的選擇去做土匪，做叛徒，她覺得到最後就是個人主觀選擇，或是團體的主觀選擇依據因素。

在同樣的結構性因素之下，人的反應並非完全被制約的，不是只有一種反應。你的抉擇當然根據很多，你可能根據經濟的計算，根據你家族的考慮，你有不同的抉擇，而在Perry看起來，所有這些抉擇都是理性的，都是基於生存考量的合理性的選擇，而個人性的選擇會影響到結構給你帶來的制約性力量。

Sewell到最後強調，他有幾個論點，其中最重要的覺得社會史學家可以跟文化史學家對話的，就是結構跟人格因素裡面、跟人的因素中間，不是單面相的，而是人的一些抉擇，一些事件，

如何會影響到這個結構。

西方的漢學研究，獨立起來看當然那個貢獻和啟發非常大，可是如果你能夠了解它的來龍去脈，了解到背後它那個複雜的學術淵源，我覺得非常大的好處就是你不要隨便跟著這個潮流去走。

五、文化史視野下的城市

我們比較熟悉文化，可是仍然是屬於下層的東西，慢慢地增加到這個社會史的研究。可是這個基本是做鄉村的，我覺得鄉村是西方漢學，西方社會史研究的非常非常重要的領域跟典範。

回到傳統中國，傳統中國是不是只有鄉村？這是我要問的一個問題，就是中國文明除了悲苦性的東西，這麼壓迫性的東西，中國文明難道就沒一些輝煌性的，讓你覺得比較快樂的東西嗎？

然而這些東西在藝術史，在文化，在城市裡面是有的，可是傳統都不去做，所以我看到李歐梵研究「上海摩登」我覺得非常興奮。

最近幾年，有一些從比較文化史或者是已經結合了社會史與文化史的研究來做明清城市的，一個就是梅爾清，梅爾清當然文化史的成分其實非常強，而且她背後現代的因素是隱隱若現的。她處理了四個非常具體的目標，開始進入這個城市。另外一個方面，她其實背後是受到新的後現代主義的影響。

澳洲的一位學者，出了一本書叫《說起揚州》，有一些社會史的東西在裡面，也有文化史的東西，所以我覺得這代表一個新的轉向。當然還有韓書瑞（Susan Naquin）研究的北京，是另外一個做明清北京的重要文獻。

　　所以其實城市已經開始出現了不同。第一有現代城市，現代城市我們可以有完全不同的兩個視野，一個是盧漢超怎麼看上海，一個是李歐梵怎麼看上海；一個是標準的文化史視野下的上海，一個是非常標準的社會史下的上海。然後在這個之外慢慢開始有人做明清。當然我跟一些同事開始慢慢地轉向明清、轉向城市，當然中間也有一兩個是社會史傾向比較強，他們原來的訓練有的是社會史，有的是經濟史，可是其中有一個比較強的就是文化史，這個文化史中間比較大的特色我們做到士大夫。這個是傳統不太做的，而且我們用了很多文學性的資料，用了戲曲的資料。所以一開始時我讀的那些東西就覺得非常愉悅，我們做下去了，我們也寫出了一些新的作品，可是做了幾年之後我就開始檢討，到底這些文學性的資料所建構出的明清的士大夫文化，它背後真正的意涵是什麼。做這些戲曲、做園林、做逸樂、做名妓、做宗教，到底它跟這個中國城市的所謂真實面有什麼差別，這是我剛才一再提起的一個問題。

　　我現在覺得這個問題基本在這個方向上大致有一個解決，要把這些社會史的東西，還有比較有理論性的、結構性的因素帶進來，當然一方面跟我這幾年做的田野考察有很大關係。

六、社會史與文化史視野下的城市

　　在這樣的結構，這樣的重重的組織，這些網絡的限制之下，城市到底還代表什麼東西。其實我剛開始做城市有一個很大的背後的原因，就是要逃離各種組織的束縛，我們幻想我們在城市中可以找到更多的自由，更多的選擇，這個在我幾次進入中國鄉村的考察裡面感覺格外強烈。村落的束縛感，從它具體的結構，到

宗族的龐大的力量，壓迫性其實是非常非常強烈的，你覺得你無
所遁逃。這可能千年以來中國的部落都是一樣，有各種各樣的組
織結社把你限制起來，或是有各種各樣的封建道德把你層層限制
起來。所以你要問，在這個鄉村裡面到底有多少的自由。我其實
不覺得在鄉村裡面完全沒有自由，我自己在做18世紀婦女的情欲
的時候，我覺得有另外一個不同的世界，跟我們看到的道德論述
的世界、禮教的束縛是不太一樣，所以我覺得鄉村裡面也可能有
自由。可是這兩年的鄉村考察對我最大的震撼其實是鄉村的束縛
性，就是它有各種各樣的組織性的力量把你限制住，當然可能還
有是經濟生活的限制。你其實選擇性不太多的，你的文化不是不
構成叫你行動的制約，這是另外一個問題。可在城市裡面是不是
不同，是不是在城市裡面你有更多的空間，因為那個結構性是變
了，它可能具有開放性，跟鄉村不一樣。你是不是有更多的對抗
這些組織跟道德束縛的自由？這個自由很大程度是從文學作品、
詩詞作品裡面來的，所以這是第一個要問的。第二個就是對西方
人來說，城市象徵著什麼意思？城市象徵更多的自由。當然馬克
斯‧韋伯也問過這個問題，到底城市代表什麼東西，所以城市也
可能最重要的意義是你有更多的選擇，更多的自由，城市可能有
更多的商業活動，城市也可能有更多的藝術活動，這些是處理鄉
村、處理聚落、處理民眾我們都避不掉的，這也是我一再要問的
問題。其實跟我剛才講的Perry，或者我用的Sewell的這些理論，
我覺得背後的關懷是有一些類似的。就是我們不能因為做了文
化，做了這麼結構性的東西，我們以為文化史是完全逾越的，沒
有背後的結構性的東西。你看原來人類學家，我舉的例子，他們
其實要不斷地強調，雖然人類學對歷史學的影響這麼大，把自由
變成一個非常前衛的、抗議繼承體這一個非常重要的學科，可是

人類學家很重要的關懷，是要追尋一個不變的結構。所以還是要問，在城市裡面除了這些結構之外，如果太過偏向文學、美感、經驗，太偏於士大夫的文化，我們可能會把社會史學家問的這些結構性的因素忽略掉，而很可能對士大夫來說，這些限制是非常大的。

徽商如果到了城裡面，可能原來有些團體不管是限制性或是制約性的，在城市裡面各種各樣的組織可能還是有限制性的、結構性的因素在裡面。所以進到城市裡面，問的還是同樣的問題，就是結構跟自由，自由的空間。

其實還有另外一個問題是：城鄉的差異。如果悲觀一點，完全從社會史學家，從盧漢超或是David Strand對北京黃包車的研究，你覺得中國的城市跟鄉村沒有差別。特別是十年前，恕我冒昧，進入中國的城市，感覺大概跟進入中國的鄉村沒有什麼差別。

可是城市真的沒有意義嗎？再看Sewell，城市其實是對整個人類的發展非常非常重要的出現，非常非常重要的經驗，甚至他認為根據英國人的研究，城市其實是整個文明的最重要的發展，原始的人類只有聚落。回到半坡去看村落，村落裡面只是空大，其實也沒有什麼東西，也就是墓葬，和一些基本的經濟生活。你如果回到五千年的聚落裡面，它很多就是被一些結構性因素限制在那個地方，它沒有發展高度的文化。而進入城市之後，原來鄉村具有的一些扁平組織已經不能應付城市龐大的需要，城市要統治，有文字，有宗教，慢慢發展出各種各樣的文化的成分。而這些文化的成分都使城市的生活跟鄉村的生活完全大大的不一樣，所以城市在人類整個歷史發展中代表文明的高度發展。

我回到中國，看見中國的城鄉沒有差別。可是再進一步分

析，我們會問幾個問題：在城市裡面，生活方式是不是不一樣？城市裡面，不管士大夫或是現代上海城市，城市人民的生活品味是不是不一樣，他們的感官經驗是不是不一樣，他們是不是有更多的耳目之愉？城市是不是給你更多建築上的可能性、更多建築上的美學？因為建築性基本上也是一個結構，大大限制了生活的可能性。

當然我可以把問題搞得更複雜，難道說這些東西只有城市裡有，鄉村裡沒有嗎？鄉村也有戲曲啊，鄉村的老百姓有沒有他的美感的經驗呢？有沒有他的耳目之愉呢？有沒有一些美感的經驗呢？這就是我到宏村最大的震撼。我去了中國的幾個村落，一方面他們有非常強烈的結構的限制，讓你覺得非常窒息，完全被人家監控；可另外一方面它又提供了極大的美感經驗。

而這個美感經驗是不是只有鄉下民眾有，到底有多少士大夫生活在其中？而我聽說整個宏村的設計是一位女性設計的。同樣去到汪口，村裡的一些建築非常令人震懾，是因為兩方面：一方面它竟然發揮這麼大的制約性作用，村落裡面的宗族對人們起了多麼大的規範作用；另一方面，它其實在美學上是極大的享受，同樣在鄉村裡面，它可能有兩個完全不同的面貌，所以我越講把這個問題講得越複雜。

我們一方面想探討城市生活中各種的特殊的經驗，想拿來跟鄉村作對比，可是另外一方面我們馬上想到，城鄉在中國的差距到底有多大？還是真的也沒那麼大，或者是以不同的形式出現？我們在城市中看到的各種生活的可能性，在鄉村裡面到底有多少？差異的同義詞是連續性，中國的鄉村跟中國的城市到底有多大的連續性，而特別重要的是，在城鄉中間可能還有一個過渡性的、所謂「鎮」的組織。

　　二、三十年前，普林斯頓大學一位很有名的漢學家牟復禮寫過一篇非常重要的文章，講明清的南京。他問了一個問題，就是中國的城鄉差異真的就有這麼大嗎？特別拿來跟歐洲、跟俄國重要的城市像巴黎或是莫斯科相比，根據這些人的描述，在這些西歐的主要城市裡，城市跟鄉村是有極大落差的，你進入城市真正是進入了另外一個世界。

　　而這些做中國城鄉研究的西方漢學家，他們一直覺得中國是一個相對整合性，整合性相當高的，這個整合性的因素當然有很多，其中的市場是很重要的因素。跟宗教的祭祀，從不同角度來探討中國的城鄉性、中國的整合，中國的城鄉的連續性，所以這也是我們要在未來的探討裡面要問的問題。就是我不斷強調的中國城市生活，我還是覺得它是有非常特殊的不一樣的東西，這也就是為什麼我們在做明清的城市覺得這麼感動，這感動不是自我陶醉，我也不覺得是那些文學作品建構出的完全虛幻的世界。我還是覺得中國的城市有一些特殊性的東西，是我們傳統的研究沒有看到的。還是要把社會史處理的面相帶回來，再來看中國的城市，這樣的整合對我們去看中國的城市，跟看中國的鄉村都會有一些不同的看法。

明清以降的宗教城市與啟蒙

2019年11月初版　　　　　　　　　　　　　定價：新臺幣580元
有著作權‧翻印必究
Printed in Taiwan.

著　　者	李	孝	悌
叢書主編	沙	淑	芬
校　　對	陳	佩	伶
封面設計	兒		日
編輯主任	陳	逸	華

出　版　者	聯經出版事業股份有限公司	總編輯	胡	金	倫
地　　　址	新北市汐止區大同路一段369號1樓	總經理	陳	芝	宇
編輯部地址	新北市汐止區大同路一段369號1樓	社　長	羅	國	俊
叢書主編電話	(02)86925588轉5310	發行人	林	載	爵
台北聯經書房	台北市新生南路三段94號
電　　　話	(02)23620308
台中分公司	台中市北區崇德路一段198號
暨門市電話	(04)22312023
台中電子信箱	e-mail：linking2@ms42.hinet.net
郵政劃撥帳戶	第0100559-3號
郵撥電話	(02)23620308
印　刷　者	世和印製企業有限公司
總　經　銷	聯合發行股份有限公司
發　行　所	新北市新店區寶橋路235巷6弄6號2樓
電　　　話	(02)29178022

行政院新聞局出版事業登記證局版臺業字第0130號

國家圖書館出版品預行編目資料

明清以降的宗教城市與啟蒙/ 李孝悌著 . 初版 . 新北市 .
聯經 . 2019年11月 . 320面 . 14.8×21公分
ISBN　978-957-08-5405-3（精裝）

1.宗教文化　2.明清史　3.文集

214.07　　　　　　　　　　　　　　　108016524